Droit au but!

cours avancé
deuxième partie

DEUXIEME EDITION

ROD HARES
DAVID MORT

Author acknowledgements

Rod Hares wishes to thank Pauline Hares for her proofreading and many invaluable suggestions; Jackie for her help, cheerfully given; Gareth and Ceri for their general help; all the branches of the Martin family and especially Alain, Carmen and Nelly for their encouragement, their lively conversations and for having adopted the Hares family; Robert Mirbeau for his deep knowledge of his native France and for his friendship; Graham Johnson for his encouragement and for his wise words on the French cinema, for which he and Rod share a lifetime passion; Mr Bill Price, one-time Head of Modern Languages at Bridgend Boys' Grammar School for his outstanding teaching.

Rod Hares would like to dedicate his share of this work to the memory of Odile Cauchi, a truly kind woman, who died during the writing of *Droit au but!*, after a lifetime which brought joy to her family and committed teaching to generations of students in North Africa and in France.

David Mort wishes to thank Linda, Andrew and Daniel for their unfailing support; Merton College, Oxford, for their hospitality; Chris Wilshaw for her lost weekends; and the sixth-form students at Stockport Grammar School for their good-humoured tolerance of his idiosyncrasies.

Both Rod and David wish to thank their editors Carolyn Burch and Talya Baker for their constant support and good nature.

First published 1993
by John Murray (Publishers) Ltd
50 Albemarle Street
London W1S 4BD

Second edition 2000

Layouts by Jenny Fleet
Artwork by Art Construction, Mike Flanagan, Linden Artists
Cover design by John Townson, Creation

Typeset in 10½/12pt Walbaum Regular by Wearset, Boldon, Tyne and Wear.
Printed and bound by G. Canale, Torino, Italy.

A CIP catalogue record for this book is available from the British Library.

ISBN 0 7195 7536 2
Teacher's Resource Book 0 7195 7537 0
Cassette set 0 7195 7538 9

Contents

La France métropolitaine

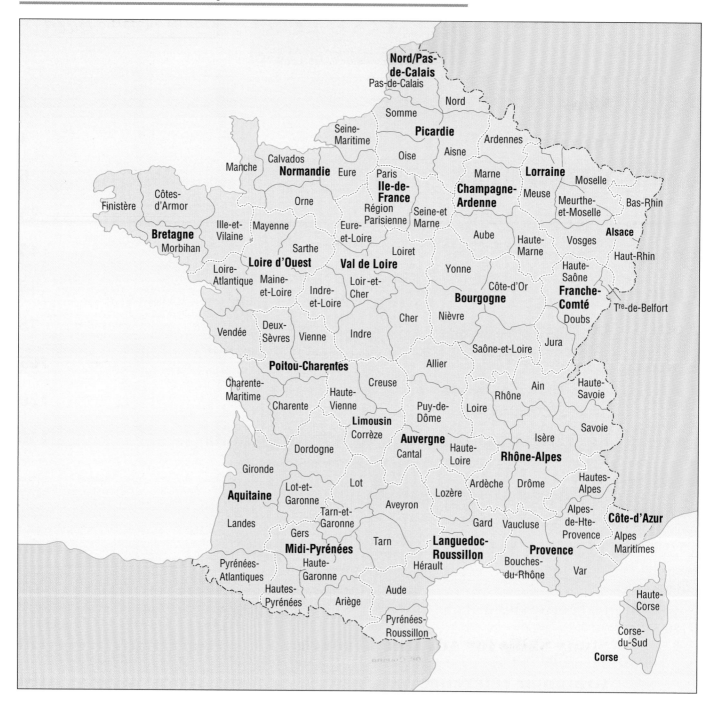

La francophonie

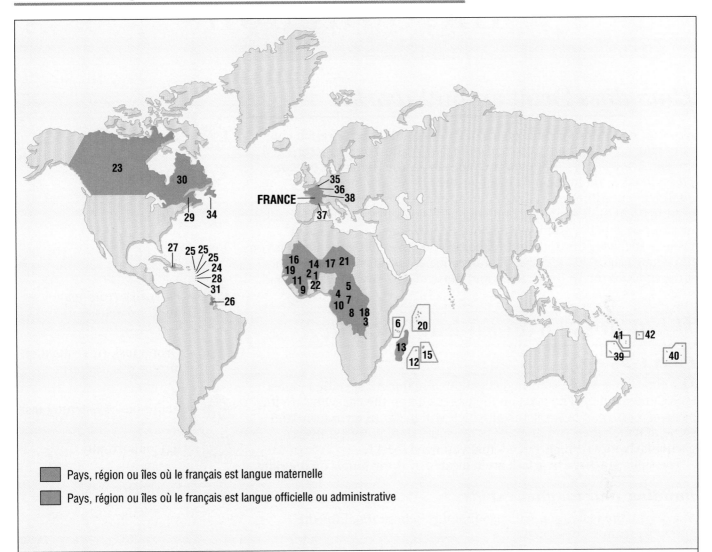

Pays, région ou îles où le français est langue maternelle

Pays, région ou îles où le français est langue officielle ou administrative

Afrique et Proche-Orient		**Amérique**	**Europe**	**Océanie**
1 Bénin	**16** Mauritanie	**23** Canada	**35** Belgique	**39** Nouvelle-Calédonie
2 Burkina Faso	**17** Niger	**24** Dominique	**36** Luxembourg	**40** Polynésie française
3 Burundi	**18** Rwanda	**25** Guadeloupe	**37** Monaco	**41** Vanuatu
4 Cameroun	**19** Sénégal	**26** Guyane	**38** Suisse	**42** Wallis-et-Futuna
5 Centrafrique	**20** Seychelles	**27** Haïti		
6 Comores	**21** Tchad	**28** Martinique		
7 Congo	**22** Togo	**29** Nouveau-Brunswick		
8 Congo (Zaïre)		**30** Québec		
9 Côte-d'Ivoire		**31** Ste-Lucie		
10 Gabon		**32** St-Barthélemy		
11 Guinée		**33** St-Martin		
12 Réunion		**34** St-Pierre-et-Miquelon		
13 Madagascar				
14 Mali				
15 Maurice (île)				

Introduction

How does Droit au but! *work?*

Droit au but! is the second stage of a two-part advanced French course, following on from the first part, *Tout droit!* While *Tout droit!* bridged the gap from GCSE (or Standard Grade) to AS (or Higher), *Droit au but!* will take you to the next level for the full A2 advanced qualification. Although you will find strong reinforcement of your grammatical understanding and language skills throughout the course, in *Droit au but!* the emphasis is more on investigating aspects of French-speaking life and culture, using and developing the French you have mastered. This reflects the difference in emphasis between the three modules of AS (or Higher) and those of A2 (Advanced Higher).

What does Droit au but! *include?*

Units 1–8

The eight units guide your investigation of major A2 specified topics (see Contents list). The texts on the pages and on the cassettes are the basis of a range of tasks, some of which will be familiar in form and some of which give you practice in the more demanding skills – particularly in writing French – that you need for A2.

The skills practised by a task are indicated by the symbols on the right.

Building your language skills

Apart from the tasks, you will also find throughout the units the following features designed to develop various language skills:

Case-phrases presents key vocabulary which you can re-use in a range of contexts, often to express an opinion or carry forward an argument.

Consolidation practises a specific grammar point arising from the text.

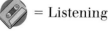 *Coin infos* presents background information about France and French life.

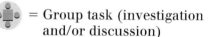 *Coin accent – prononciation* and *Coin accent – intonation* provide tips to improve your French accent, using a recording and practical guidance.

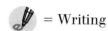 = Listening

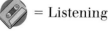 = Reading

= Writing

= Speaking

= Pairwork (role-play and/or discussion)

= Group task (investigation and/or discussion)

= Radio-based listening task

= ICT opportunity

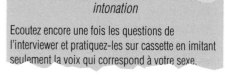 = Workplace task

CASE-PHRASES

je ne peux pas m'empêcher de penser à …
c'est une vraie obsession
je le trouve épatante

CONSOLIDATION

A consulter: Conditional pp.198–9

Modifiez les expressions en italiques dans ces phrases tirées de l'extrait, en remplaçant le sujet

coin infos *i*

le Jules* parfait

A l'occasion de la Saint Jules, le 12 avril, Ipsos et Rocher Suchard ont demandé aux Françaises de dresser le portrait de leur conjoint. Le « Jules » idéal

coin accent 🎤

prononciation

Les voyelles nasales

Ecoutez les premières paroles de Valérie ou de la voix masculine et imitez-les en faisant surtout

coin accent 🎤

intonation

Ecoutez encore une fois les questions de l'interviewer et pratiquez-les sur cassette en imitant seulement la voix qui correspond à votre sexe.

4

The Study Skills unit

Droit au but! includes a Study Skills unit (pages 174–183) which provides you with guidance on the specific French language skills you will need to demonstrate for the A2 qualification.

- Read it through before you start.
- Refer back to it as you work through the units.

Grammar reference and Vocabulary

After the Study Skills unit comes the **Grammar reference**, with clear explanations in English of all the grammar points practised in the course. Use it:

- to look up points of grammar when you are carrying out your work or checking it;
- to help you do the *Consolidations*;
- for revision.

Finally, at the back of the book, is the **Vocabulary** – the French–English vocabulary list. This is for your quick reference, but you will develop your language skills much better if you build the habit of using a dictionary effectively. There is a section on dictionary skills in the Study Skills unit.

Plus . . .

There are two supplementary units in the Teacher's Resource Book that goes with this course:

- **Interpreting English documents** – providing practice for this aspect of the examination;
- an A2 **Assessment unit** – to test your readiness for the A2 exams in due course. Your teacher or supervisor will guide you on when and how to use these.

Dans cette unité on vous offre un aperçu sur les rapports entre les jeunes et leurs parents, et sur le profil changeant de la famille.

Dans cette unité on va consolider votre compréhension des points suivants:

- Le conditionnel *(conditional)*
- Les comparatifs et superlatifs *(comparatives and superlatives)*
- Les verbes pronominaux *(reflexive verbs)*
- Les pronoms d'objet direct/indirect *(direct/indirect object pronouns)*
- Le subjonctif *(subjunctive)*
- Usage de *dont (use of* dont*)*
- Usage de *en (use of* en*)*
- Construction avec *de* et *à (construction with* de *and* à*)*

1.1 *La famille, ça va?*

Dans *Le jeu des sept familles,* on se moque gentiment des divers types de famille – et on pose aussi quelques questions sérieuses.

Le jeu des sept familles

1

On les reconnaît de loin, à leur air hagard, les yeux exorbités à force de scruter l'écran de leur ordinateur et celui de la télé. Les parents bossent, font du pognon. L'aîné de la famille sera ingénieur électronicien, le plus jeune ne décanille pas de ses jeux vidéo. Quant à la jeune fille de la maison, en seconde TSA, elle suit la mode avec acharnement, ne manque jamais un film de Schwarzenegger et adore se peindre les ongles en d'incroyables couleurs fluo qu'elle compose grâce à sa palette électronique. Chacun a ses écouteurs sur les oreilles, personne n'écoute personne. Chez ces gens-là, monsieur, on ne parle pas, on «communique».

2

Ils se font les lits en portefeuille et se cachent leurs lunettes. Ils se racontent des blagues en permanence, se déguisent pour un oui ou pour un non, déforment tous les mots, imitent tous les accents. Ils s'adorent mais comme ils prennent tout à la rigolade, ce n'est pas chez eux qu'il faut aller s'épancher quand on a un vrai coup dur.

B Famille folle-dingue

A

Famille humour

3

Les parents ont fait de très longues études supérieures. Ils n'ont pas eu le temps d'avoir plus d'un enfant. Les soirées sont d'un calme . . . à mourir. Dès la dernière bouchée avalée, tout le monde prend son bouquin et lit. Et si quelqu'un écoute de la musique, c'est avec un casque pour ne pas gêner la lecture des autres. Ils ne parlent pas, ils discutent. De quoi? Des grandes questions qui animent le monde. Et quand ils jouent, c'est au Trivial Pursuit, of course. . .

C Famille tradi

4

Ils vivent à quinze dans une immense baraque à la limite de la ville et de la campagne. Ne cherchez pas de siège pour vous asseoir, ils sont encombrés de tonnes de fringues et de gros matous qui laissent leurs poils partout. Les parents, hyper cool, laissent leurs enfants se débrouiller tout seuls. La maison, toujours pleine de copains, est un immense bazar, qui résonne de cris, de fous rires. Car si on se dispute souvent, en fait on s'adore.

D

Famille chaotique

5

Combien sont-ils dans cette famille? On ne sait pas exactement. Un jour, le père est parti vivre sa vie ailleurs. Ils ne sont plus que trois. Puis il revient avec un enfant qu'il a eu avec une autre femme et les voilà cinq. Pour combien de temps? Dès qu'ils parlent, c'est tous ensemble et cela se termine toujours par des cris et des claquements de portes. Bref, on aimerait bien de temps en temps aller se reposer chez les intellos. Ou chez les «tradi».

E

Famille intello

F

Famille techno abrutie

6

Cette famille-là, on la déteste. On la charge un maximum. Ce sont des gens superficiels, qui n'ont rien à dire mais n'arrêtent pas de parler: les potins, les petits soucis. On fait un monde de rien. *«Truc ne m'a pas dit bonjour. Machin s'est acheté une nouvelle voiture.»* Bigre, ça ne vole vraiment pas haut chez ces gens-là.

7

C'est une famille unie: leur plaisir, c'est de se retrouver à table, ensemble. Pas question d'interrompre celui qui parle ou de filer avec son assiette pour finir le repas devant la télé. Ici, l'éducation des enfants est une priorité. Il y a un temps pour le sport, pour le piano, pour les études, pour le catéchisme sans oublier les repas de famille le dimanche.

G

Famille nian nian

A Faites correspondre les descriptions des sept familles imaginaires aux sept légendes.

B Laquelle de ces familles ressemble le plus à la vôtre? Ecrivez une description de votre famille puis lisez-la aux autres membres du groupe, qui doivent décider à quelle catégorie appartient votre famille!

1.2 *Cinq ados parlent de leur famille*

Peut-être que vous avez reconnu votre propre famille dans l'une des descriptions que vous avez lues aux pages 6–7 (1.1). Mais chaque famille est unique, et chacun a sa propre opinion sur le rôle de la famille dans sa vie.

A Ecoutez ces cinq ados et, pour chaque question, écrivez le nom approprié pour indiquer qui a dit cela: Sam, Alain, Aurélie, Nathalie ou Armelle. Qui . . .

1 s'entend bien avec sa famille nombreuse?
2 se confie de préférence à des amies?
3 a un père qui ne s'intéresse pas à ce qu'il/elle fait?
4 subvient aux besoins de sa famille?
5 a des parents qui n'acceptent pas qu'il/elle grandisse?
6 trouve que la famille le/la soutient quand ça ne va pas?
7 semble avoir une vie de famille idéale?
8 a une vie de famille plutôt confuse?
9 ne parle pas de tout avec ses parents?
10 ne croit pas que ça ira mieux?
11 est content(e) de sa famille?

B Ecoutez encore les cinq ados, puis faites deux colonnes où vous noterez en français les points positifs et négatifs, selon eux, de la vie familiale.

C Ecoutez les ados une dernière fois, puis écrivez les mots qui manquent dans ces phrases résumant ce qu'ils disent. Ecrivez <u>un seul</u> mot pour remplir chaque blanc.

Sam   Il se **1** .... avec ses parents à propos de ses **2** ...., des notes qu'il **3** ...., et de sa chambre, qui est toujours en **4** ....

Alain   Je ne **1** .... pas souvent mon frère, qui est **2** .... à Lyon. C'est avec lui que je m'entends le **3** ....

Aurélie   La **1** .... chose qui me manque, c'est l'amour **2** .... Mon père ne **3** .... aucun intérêt à ce que je **4** .... à l'école. Il ne savait **5** .... pas que ça **6** .... deux ans que j' **7** .... l'allemand.

Nathalie   Parler de l' **1** ...., c'est tout à **2** .... impossible, **3** .... avec mon père.

Armelle   Je **1** .... totalement de ma famille. Nous avons l'habitude de nous **2** .... Moi, qui **3** .... la **4** .... de la famille, j'ai profité de la générosité de mes sœurs.

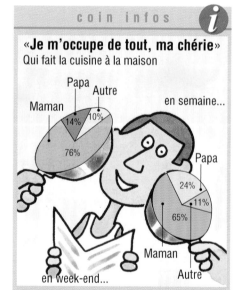

«Je m'occupe de tout, ma chérie»
Qui fait la cuisine à la maison

Maman
Papa
Autre
en semaine...
14%
10%
76%

Papa
24%
11%
65%
Maman
Autre
en week-end...

Question: Ces chiffres sont-ils …?

• surprenants, mais ce n'est pas un problème, *ou*
• choquants, il faut que ça change!, *ou*
• pas du tout surprenants, les hommes font leurs tâches domestiques à eux.

Justifiez votre choix.

1.3 *Le bonheur à deux?*

Pourquoi se marie-t-on? Les raisons sont nombreuses.

SONDAGES

Premier sondage

Presque un quart des Françaises reconnaissent s'être mariées par respect des traditions.

Question:
Pour quelles raisons surtout vous êtes-vous mariée? (Réponse sur liste.)

Pour faire plaisir aux parents
Par respect des traditions
Parce que vous attendiez un enfant
Pour faire la fête
Pour sceller votre amour
Pour officialiser votre relation
Pour avoir des enfants
Pour faciliter la vie (avantages fiscaux, trouver facilement à se loger . . .)
Autres

Deuxième sondage

En tête des qualités qui séduisent: l'honnêteté. En dernière position: la sensualité.

Question:
A l'époque de votre mariage, qu'est-ce qui vous attirait le plus chez votre futur mari?

Son allure physique
Sa prévenance, l'attention qu'il vous porte
Son honnêteté, son intégrité morale
Ses idées, sa conversation
Son style de vie
Sa sensualité
Son humour, sa drôlerie
Sa solidité, sa force de caractère
Autres

A Faites comme les sondées du premier sondage (ci-dessus, colonne de gauche): mettez en ordre les raisons que vous jugez importantes pour s'engager dans le mariage.

B *Travail à deux*
1 Discutez avec votre partenaire l'ordre que vous avez choisi.
2 Notez les grandes différences d'opinion entre vous deux.

C *Travail de groupe*
Rassemblez les résultats pour tout le groupe et faites un tableau tel que celui que vous voyez ici. En quoi est-ce que votre groupe diffère d'un échantillon des Français? En quoi est-ce que vous partagez la même opinion? Faites par écrit une comparaison entre votre groupe et l'échantillon français.

D Lisez le deuxième sondage et mettez par ordre d'importance les qualités d'un futur mari. Discutez votre avis en groupe.

coin infos

le Jules* parfait

A l'occasion de la Saint Jules, le 12 avril, Ipsos et Rocher Suchard ont demandé aux Françaises de dresser le portrait de leur conjoint. Le «Jules» idéal tiendrait davantage de Woody Allen que de Sylvester Stallone.

Avant toute chose, un bon Jules doit avoir du caractère. Plus de la moitié des Françaises déclare que c'est la personnalité de l'homme qui les séduit le plus. L'humour reste une valeur sûre dans la panoplie de la séduction, puisqu'il est cité par un quart des personnes interrogées comme le trait de caractère le plus séduisant. Plus rare, mais concernant tout de même 13% des femmes (plutôt plus âgées), le Jules peut éblouir sa compagne par son intelligence. Le séducteur préférera donc la culture au culturisme: à peine 4% des sondées se déclarent en premier lieu séduites par le physique.

Un bon Jules se doit aussi d'être fidèle. La fidélité est en effet la qualité la plus appréciée et la plus recherchée des femmes (37% des réponses, plutôt les femmes vivant en couple que celles vivant seules).

* Jules = boyfriend, bloke

1.4 *Les mobiles du mariage*

Si vous avez des idées assez romantiques sur l'amour, vous n'allez pas rester indifférent(e) à ce dessin de Hoviv, publié dans le grand magazine hebdomadaire, *Paris-Match*.

HOVIV

coin infos

la vie en couple

Le département SOFRES Opinion a réalisé un sondage pour *Marie-Claire*, sur les Françaises âgées de 30 ans en l'an 2000.

Trois quarts des femmes conçoivent la vie de couple comme une expérience de partage à tous les niveaux: non seulement des tâches quotidiennes, mais également des émotions et des idées... le couple n'étant plus vécu par la femme comme un soutien matériel (4%) ou comme le fait de ne plus se sentir seule (6%).

«Qu'attendez-vous en priorité de la vie en couple avec un partenaire?» Parmi les réponses:
74% – Le partage avec l'autre à tous les niveaux
42% – La possibilité d'être mère
32% – Ne plus faire qu'un avec le partenaire
20% – Que cela vous permette de vous réaliser personnellement
6% – Ne plus vous sentir seule
4% – Que cela vous procure un soutien matériel

A Regardez le dessin, puis complétez en français la grille que voici.

	Apparence physique	Attitude	Raison de cette attitude
le futur mari			
la femme			
le curé			

B *A discuter et à décider*

1 Quelles pensées ce dessin vous inspire-t-il?
2 Peut-être trouvez-vous ce dessin sexiste? Est-ce que les rôles pourraient être renversés? Pourquoi/Pourquoi pas?
3 Racontez ce dessin par écrit (50 mots environ).

1.5 *Pourquoi se marier?*

Valérie et Eric, Cathou et Olivier, Laurence et Philippe, Carole, ont tous des raisons un peu différentes pour se marier.

A Ecoutez ces sept personnes. Laquelle...

1 a hésité bien longtemps avant de se décider pour des raisons d'ordre économique?
2 croit qu'il n'y a pas besoin d'être marié(e) pour avoir des enfants?
3 a fait quelque chose qui sort un peu de l'ordinaire?
4 était indifférente à l'idée du mariage?
5 ne voulait pas être hypocrite, du point de vue de la religion?
6 a 22 ans?

coin accent

prononciation

les voyelles nasales
Ecoutez les premières paroles de Valérie ou de la voix masculine et imitez-les en faisant surtout attention aux voyelles nasales. Essayez de faire vibrer les narines en parlant, comme le ferait naturellement un(e) Français(e)!

«**On** a choisi de célébrer le fait qu'**on** s'aime depuis **long**te**m**ps.

On est presque **un** vieux couple: ça fait sept **an**s qu'**on** s'aime.

On s'est re**n**co**n**trés au Club Med. J'étais avec mes par**en**ts, j'avais qu**in**ze **an**s.»

B Ecoutez encore la cassette, puis écrivez les mots qui manquent dans les phrases suivantes. (Il manque plusieurs mots dans chaque phrase.)

1 On a choisi .... longtemps.
2 Au bout de .... qui s'était faite.
3 Jusque-là .... marier.
4 Puis, on s'est dit .... le plus avantageux.
5 C'est moi .... en mariage.
6 Mais je me suis rendu compte .... par amour.
7 Je rentrais chez moi .... depuis un an.
8 Le voyage de noces .... en Thaïlande.

C Ecoutez encore les mêmes personnes. Comment dit-on ... ?

1 We've been living together for nine years.
2 That's really got nothing to do with it.
3 I took the initiative.
4 a private matter which didn't concern other people
5 It was his idea.
6 Neither of us is religious.

1.6 *Une conversation sur le mariage*

Dans cet extrait de *L'Etranger* d'Albert Camus (né en Algérie en 1913), le personnage principal, Meursault, et sa petite amie Marie parlent du mariage.

A Lisez l'extrait, puis complétez le résumé qui suit en écrivant <u>un</u> mot seulement pour remplir chaque blanc.

Albert Camus
L'étranger

Le soir, Marie est venue me chercher et m'a demandé si je voulais me marier avec elle. J'ai dit que cela m'était égal et que nous pourrions le faire si elle le voulait. Elle a voulu savoir alors si je l'aimais. J'ai répondu comme je l'avais déjà fait une fois, que cela ne signifiait rien mais que sans doute je ne l'aimais pas. «Pourquoi m'épouser alors?» a-t-elle dit. Je lui ai expliqué que cela n'avait aucune importance et que si elle le désirait, nous pouvions nous marier. D'ailleurs, c'était elle qui le demandait et moi je me contentais de dire oui. Elle a observé alors que le mariage était une chose grave. J'ai répondu: «Non.» Elle s'est tue un moment et elle m'a regardé en silence.

Puis elle a parlé. Elle voulait simplement savoir si j'aurais accepté la même proposition venant d'une autre femme, à qui je serais attaché de la même façon. J'ai dit: «Naturellement.» Elle s'est demandé alors si elle m'aimait et moi, je ne pouvais rien savoir sur ce point. Après un autre moment de silence, elle a murmuré que j'étais bizarre, qu'elle m'aimait sans doute à cause de cela mais que peut-être un jour je la dégoûterais pour les mêmes raisons. Comme je me taisais, n'ayant rien à ajouter, elle m'a pris le bras en souriant et elle a déclaré qu'elle voulait se marier avec moi. J'ai répondu que nous le ferions dès qu'elle le voudrait.

Le soir, quand Marie a **1** .... visite à Meursault, elle **2** .... savoir s'il avait **3** .... de l'**4** .... Ce n'était pas la **5** .... fois qu'elle lui avait **6** .... cette question. Pour Marie le mariage, c'était quelque chose qu'elle prenait au **7** ...., donc quand Meursault a dit qu'il n'était pas du **8** .... avis elle a **9** .... de parler et **10** .... a regardé **11** .... rien dire. Puis Marie a dit qu'elle n'était pas **12** .... si elle aimait Meursault et qu'à son **13** .... il était bizarre. Meursault est **14** .... sans parler, **15** .... il n'avait rien d'**16** .... à dire. Quand Marie **17** .... a pris le bras, en **18** .... qu'elle voulait **19** .... sa femme, Meursault a répondu qu'ils se **20** .... dès qu'elle le voudrait.

FRANCE

ESPAGNE

Mer Méditerranée

Alger

ALGERIE

B Choisissez l'une des activités suivantes et écrivez environ 200 mots.

Ecrivez cet épisode du point de vue de Marie; commencez: «Le soir, je suis venue le chercher . . .»

OU

Ecrivez le dialogue entre Meursault et Marie; commencez: «Est-ce que tu veux te marier avec moi?»

C *Travail à deux*

Et vous, le mariage, ça vous dit? Travaillez avec un(e) partenaire.

Personne A   Vous approuvez vivement l'idée du mariage, sa nécessité, ses avantages.

Personne B   Pour vous, le mariage est tout à fait démodé, et inutile.

Développez la conversation.

CONSOLIDATION

A consulter: Conditional pp.198–9

Modifiez les expressions en italiques dans ces phrases tirées de l'extrait, en remplaçant le sujet des verbes au conditionnel (présent ou passé) par (a) *tu*, et (b) *elles*. N'oubliez pas d'adapter les terminaisons.

1 Elle voulait savoir si *j'aurais accepté* la même proposition . . .
2 . . . venant d'une autre femme, à qui *je serais attaché* de la même façon.
3 *Je la dégoûterais* pour les mêmes raisons.
4 *Nous le ferions* . . .
5 . . . dès qu'*elle le voudrait*.

1.7 *L'amour n'est plus ce qu'il était*

Anouk Aimée, une grande actrice française, a parlé au journal *Le Figaro* de l'amour, et de la passion. Son avis sur la question est plutôt inattendu. Lisez ce qu'elle dit, puis répondez aux questions à la page 13.

Anouk Aimée nous donne son sentiment sur la question.

Que reste-t-il de nos amours?

Anouk Aimée: «La passion fout le camp!»

«J'ai l'impression qu'il y a de moins en moins de passion, que l'amour a tendance à disparaître. Surtout chez les jeunes.

Les enfants sont bien mieux dans leur tête et dans leur comportement que leurs aînés de 20 ans. Ils sont plus libres. Parvenus à l'âge de l'adolescence, ils sont plus réservés, plus méfiants, moins disposés à vivre des passions intenses. Ils sont le contraire de ce qu'ils auraient dû être s'ils avaient grandi normalement. Leur vie se déroule pour ainsi dire à l'envers.

Un autre phénomène remarquable: un homme de 50 ans, quittant sa femme, choisit quasi systématiquement comme nouvelle compagne une personne beaucoup plus jeune que lui à qui il fait généralement un enfant.

Il agit ainsi non pas parce qu'il ne trouve pas de femmes de son âge qui lui correspondraient, mais parce qu'il est mal dans sa peau. Il a du mal à s'assumer, il a besoin de se rassurer. Je vois là une des conséquences des campagnes féministes qui ont déséquilibré l'homme et qui l'ont empêché de s'exprimer. Les femmes ont donc leur part de responsabilité dans ce déclin amoureux. L'homme mûr a peur de se laisser aller.

Qui est prêt, aujourd'hui, à tout plaquer pour recommencer une autre vie? Bien peu de monde. Je puis assurer que c'était le contraire il y a 40 ans.

Le sentiment amoureux est vécu de façon extrêmement terne, car les hommes et les

A

1 Selon Anouk Aimée, qu'est-ce que la vie amoureuse des jeunes a de surprenant?

2 Selon Anouk Aimée, comment les hommes d'un certain âge essaient-ils de se rassurer?

3 Qui, selon elle, est responsable de cette tendance?

4 Pourquoi l'amour physique est-il plus restreint qu'autrefois?

B

Les mots dans la grille sont utilisés dans l'article. A vous de trouver les formes demandées.

Nom	Verbe	Adjectif
impression	**1**	**2** ....
3	disparaître	**4** ....
5	**6**	méfiant
passion	**7**	**8** ....
9	choisir	**10** ....
11	**12**	disposé
tendance	**13**	**14** ....
15	se dérouler	**16** ....
17	**18**	remarquable
comportement	**19**	**20** ....

C *Face à face*

En travaillant avec un(e) partenaire, choisissez au hasard un mot parmi ceux que vous avez trouvés pour compléter chaque colonne de la grille dans l'activité B. Votre partenaire doit composer, oralement, une phrase où les mots d'une même ligne sont utilisés d'une manière appropriée.

D

Rendez en anglais les deux paragraphes à partir de «Il agit ainsi . . .» jusqu'à «. . . il y a 40 ans.»

A consulter: Comparatives and superlatives, pp.191–2

CONSOLIDATION

Exprimez le contraire des expressions comparatives et superlatives suivantes, tirées de la première moitié du texte.

1 . . . de moins en moins de passion . . .
2 Les enfants sont bien mieux dans leur tête.
3 Ils sont plus libres.
4 Ils sont plus réservés, plus méfiants, moins disposés à vivre des passions intenses.
5 . . . une personne beaucoup plus jeune que lui.

A consulter: Reflexive verbs, p.194
Perfect, pp.195–6
Pluperfect, p.196

Il y a plusieurs verbes pronominaux dans la deuxième moitié du texte (à partir de «Il agit ainsi . . .». Mettez au passé composé et au plus-que-parfait les phrases ci-dessous, formées sur des modèles du texte:

1 Je m'assume mal.
2 Après l'explication, elle se rassure.
3 Nous nous exprimons avec difficulté.
4 Les hommes ne se laissent pas facilement aller!
5 Tu ne t'exprimes pas librement devant le groupe.

Qu'est-ce que tu attends pour venir te coucher? Que je rajeunisse?

femmes ne sont plus à leur place. On ne peut dissocier cette attitude de la crise générale qui nous frappe. Et dans cette crise, il faut bien entendu parler du Sida, cette épée de Damoclès qui empêche l'amour de s'exprimer librement. Or, pour vivre, le sentiment amoureux ne doit pas subir d'entraves.»

1.8 *Mère–fille: tout sauf l'indifférence*

La revue *Prima* a donné la parole à des femmes connues qui évoquent leurs rapports avec leur mère.

Une mère? C'est irremplaçable. Modèle ou contre-modèle, elle reste une référence pour toujours. Qu'ils aient été tendres ou orageux, les rapports qu'on a entretenus avec elle nous marquent pour la vie. On se construit avec ou contre elle, mais sans elle, on ne serait rien. L'amour qu'on lui porte n'est jamais raisonnable, ni raisonné. Il est, tout simplement.

En ce mois de mai où l'on a coutume de fêter les mères, nous avons donné la parole à des femmes connues qui évoquent avec simplicité et cœur, tristesse parfois, les relations complexes qui les unissent, par-delà la mort même, à celle qui leur a donné le jour.

ANNIE ERNAUX
ECRIVAIN

Fille unique, j'ai reçu de plein fouet son influence

La personne la plus importante de ma vie a été ma mère, d'abord par le modèle qu'elle m'a offert. C'était une femme très forte, une vraie personnalité. D'origine populaire, cette ouvrière, commerçante ensuite, m'a ouvert une voie qui n'était pas évidente pour une femme: poursuivre des études et se faire une place dans le monde. Elle aimait beaucoup lire et trouvait tout à fait normal que j'aie envie d'écrire. Son plus grand bonheur a été certainement de voir mon premier livre publié.

C'était aussi un modèle de responsabilité. Grâce à elle, je me suis sentie très vite autonome, ce qui ne veut pas dire insensible. Je n'ai pas besoin d'être protégée. J'ai toujours fait mienne cette chanson de Ferré[1] où il parle de sa «frangine d'amour». Ma mère ressemblait à celle de Colette.[2] Elle adorait la vie, détestait les travaux d'intérieur. Nous faisions ensemble de grandes marches dans la campagne, et je l'accompagnais en ville, où elle aimait aller. J'étais pour elle la compagne idéale.

Il faut dire que, fille unique, j'ai reçu de plein fouet son influence. Il y avait entre nous une symbiose très forte. Elle m'a donné confiance en moi. En même temps, c'est un modèle que j'ai complètement refusé à l'adolescence, parce que je ne la trouvais pas assez féminine. Aujourd'hui encore, je me dis très souvent que je ne serais pas devenue ce que je suis si je ne l'avais pas eue. J'ai deux garçons. Je m'en suis beaucoup occupé, mais pas au point de vouloir sacrifier ma vie pour eux. Je n'ai jamais désiré que mes enfants soient toute ma vie, et d'ailleurs, heureusement, ils ne le sont pas.

1 Léo Ferré (chanteur français).
2 Colette (1873–1954, écrivain célèbre).

FRANÇOISE HARDY
CHANTEUSE-COMPOSITEUR

Un modèle un peu pesant

Une femme de devoir, voilà ce qu'était ma mère. Elle était si dévouée, elle voulait faire tant de choses pour ses deux filles que, en réalité, elle nous maintenait dans un certain infantilisme. Elle a été un exemple et, en tant que tel, assez pesante. Je dirais même écrasante.

De plus, elle avait des jugements très arrêtés. Elle disait: «Du moment qu'on a des enfants, des responsabilités, on ne doit pas craquer.» Elle puisait une grande force en elle-même et se disait que ce qu'elle avait été capable de faire, tout le monde pouvait le faire.

Il m'est arrivé dernièrement de rencontrer deux femmes plus âgées que moi dont je me suis dit: «J'aurais aimé que ma mère soit comme ça.» Douce, compréhensive, maternelle, bienveillante. Capable de dire: «C'est normal à ton âge, ça va s'arranger.» Mais ma mère était aussi un modèle. Je lui dois d'être, comme elle, fiable et responsable.

Je suis très raisonnable sur le plan financier (rire). Elle était aide-comptable et, lorsque j'ai commencé à gagner de l'argent, elle m'a transmis son souci de ne pas dépenser trop et d'économiser.

A Lisez les textes sur Annie Ernaux et Françoise Hardy et notez ce que dit chaque femme. Utilisez ces trois titres: *Points positifs*; *Points négatifs*; *Influence de la mère sur la vie de la fille*.

B Relisez le texte d'Annie Ernaux. Ecrivez les mots qu'elle utilise pour exprimer:

1 adopté
2 sœur
3 issue de la classe ouvrière
4 facile
5 indépendante

C Maintenant relisez les propos de Françoise Hardy. Les phrases suivantes, tirées de l'interview, pourraient être exprimées autrement. Complétez la deuxième version.

1 Elle était si dévouée.
Elle était pleine de ....
2 Je dirais même écrasante.
Elle m'a ....
3 Elle avait des jugements très arrêtés.
Elle .... les gens très sévèrement.
4 J'aurais aimé que ma mère soit ... compréhensive.
Malheureusement, ma mère n'a pu me ....
5 Elle m'a transmis son souci de ne pas dépenser trop.
Elle m'a rendue .... de ne pas dépenser trop.

D Dans le témoignage de Macha Méril, il y a des mots qui manquent. Remplissez chaque blanc en choisissant dans la case le mot approprié.

CONSOLIDATION

A consulter: Direct and indirect object pronouns, p.186

1 Dans les paroles d'Annie, vous trouverez des pronoms compléments d'objet inclus dans les phrases suivantes. Indiquez s'ils sont compléments d'objet direct ou indirect.
  a Le modèle qu'elle **m'**a offert.
  b (Elle) **m'**a ouvert une voie qui n'était pas évidente.
  c Je **l'**accompagnais en ville.
  d Je ne **la** trouvais pas assez féminine.
  e … si je ne **l'**avais pas eue.

2 Maintenant, mettez les phrases suivantes au passé composé, en faisant attention aux accords si besoin est.
  a Elle m'offre des avantages.
  b Elle me ferme cette voie.
  c Je lui raconte tous mes amours.
  d Elle la trouve trop indifférente.
  e Elle me donne tout.

Macha Méril
COMÉDIENNE
Amour et conflit permanent

1 ...., nous avons eu, maman et moi, une relation très forte et contradictoire, faite d'amour et de conflit permanent. Comme mon père est mort **2** .... j'étais toute petite, elle a été à la fois la personne **3** .... laquelle j'ai **4** .... me rebeller, et en même temps, le seul **5** .... que j'avais avec le monde entier.

Je lui **6** .... tout ce que je suis. Mon caractère, mon talent. Je crois que je lui **7** .... Elle m'a transmis son **8** .... Ce rapport inébranlable entre nous nous a **9** .... de traverser en **10** .... toutes les périodes difficiles de notre vie. C'est une femme exceptionnelle, tout le **11** .... n'a pas une mère comme ça.

Aujourd'hui, à 85 ans, elle vit toute **12** .... dans son appartement. **13** .... deux mois, son ascenseur est en panne, alors elle descend tous les **14** .... ses cinq étages pour aller chercher sa baguette de pain. Je l'admire beaucoup. J'aimerais **15** .... être comme elle à son âge.

avec contre depuis dois dû fais humeur humour interdit lien lorsque matins monde nue obéissais passant pendant permis peut-être plaisais problème puisque quelquefois riant seule soirs tellement temps toujours vivant voulu

1.9 *Les familles monoparentales*

Les parents isolés (à 80% des femmes) sont de plus en plus nombreux. Voici un exemple de problème qui peut se poser à une mère qui élève seule son enfant.

A Lisez la lettre de Sandrine (ci-dessous).

1 Comment sait-on que Sandrine est une lectrice régulière de ce magazine?

2 Depuis combien de temps connaissait-elle le père de son enfant quand celui-ci est né?

3 Pourquoi s'entend-elle mieux maintenant avec son petit ami?

4 Comment trouvez-vous Sandrine, en tant que mère? Expliquez pourquoi.

C Rendez en français le texte suivant, en vous référant, si vous le voulez, à la lettre de Sandrine.

Single-parent families can experience great difficulties. Sometimes, by sharing their problems with the readers of magazines, young mothers or fathers receive advice from those who have found themselves in a similar situation. Sandrine wrote to Femme Actuelle *because she felt that her eighteen-month-old baby son needed some sort of fatherly presence. She knows he is misbehaving because of his need, but finds it difficult not to cuddle her child when he cries constantly at night.*

B Relisez la lettre de Sandrine, puis complétez les phrases suivantes, en ajoutant les mots que vous jugez nécessaires, *mais sans changer ni la forme ni l'ordre des mots donnés.*

Exemple: Sandrine – écrit – journal – présent
Sandrine n'a jamais écrit à un journal jusqu'à présent.

1 connaissance – père – mois

2 rapports – meilleurs – ensemble

3 compris – mère – faible

4 voit – façon – comporte – mangeant

5 difficile – embrasser – commence – nuit

Mon bébé souffre d'un manque de présence paternelle

C'est la première fois que j'expose un problème à un journal. Mais celui dont je veux parler est assez important, comme beaucoup de ceux que je peux lire dans *La Main tendue*. Voilà. Je suis maman d'un petit garçon de dix-huit mois. J'ai connu son père il y a deux ans et demi. Depuis, nous nous sommes séparés, puis remis ensemble, et cela deux ou trois fois.

Maintenant le papa habite dans un autre appartement, mais dans la même ville. Nous nous voyons régulièrement, en ville ou à la maison quand il vient voir son fils. Je dois dire que l'ambiance n'a jamais été aussi bonne que depuis qu'on ne partage plus le même toit! Je suis persuadée que mon bout de chou s'en rend compte et je préfère de loin qu'il nous voie nous parler de temps en temps gentiment que de nous chamailler sans arrêt ou pire!

Mais le bébé commence à s'apercevoir que je n'ai pas autant de poigne que son papa et il joue là-dessus. C'est visible dans son comportement quand il mange, par exemple, ou bien quand il faut aller dormir. Le petit se

réveille la nuit et tend les bras pour aller finir la nuit dans mon lit. Chose à laquelle il prend goût, bien évidemment.

Comment lui éviter plus tard des problèmes?

On me dit que cela pourrait avoir des conséquences plus tard quant à nos relations «mère-enfant», d'autant plus que c'est un petit garçon. Mais comment lui refuser un câlin quand il se réveille en pleurant à deux heures du matin? Alors qu'il se rendort aussitôt dans mon lit.

Je voudrais que des familles monoparentales me disent si elles ont vécu ce genre de problèmes, et ce qu'il faut faire pour éviter plus tard des perturbations psychologiques à l'enfant. Qu'en pensent les spécialistes? Je n'ose pas en parler au pédiatre car j'ai peur qu'il me juge. Je préférerais des conseils, des expériences. Merci de tout cœur à tous ceux et toutes celles qui voudront bien me répondre.

Sandrine

coin infos

la nouvelle famille française

Les Français demeurent très attachés à la famille, mais l'envisagent désormais de manière très différente. De sa forme la plus traditionnelle aux divers modes de vie en couple d'aujourd'hui, l'institution familiale s'est profondément transformée.

Le déclin du mariage, la progression du divorce et du concubinage, la chute de la natalité ont eu pour conséquences une sorte d'éclatement de la famille traditionnelle. On a d'abord constaté l'apparition de familles monoparentales. Elles sont environ deux millions (dont 80% de femmes) et comprennent plus de 15% des jeunes de moins de dix-neuf ans.

La multiplication des divorces, des séparations, des remariages a eu pour conséquence la formation de familles recomposées. Elles sont environ un million, constituées d'un couple avec un ou plusieurs enfants qui ne sont pas de lui. Ce sont ainsi plus de deux millions de demi-frères et de demi-sœurs de moins de 25 ans qui cohabitent avec des pères et des belles-mères, des mères et des beaux-pères. Ces familles comprennent donc plus d'enfants que les familles «traditionnelles».

1.10 *Ludovic parle de la séparation de ses parents*

A Ecoutez Ludovic, dix-sept ans, et notez en anglais ce qu'il dit sur sa vie avant et après la séparation de ses parents.

B Ecoutez encore, puis écrivez les mots qui manquent dans les phrases suivantes. (Il manque plusieurs mots dans chaque phrase.)

1 Le jour où .... a basculé.
2 D'un côté .... des limites.
3 Dans une famille .... présents.
4 J'ai perdu .... coup.
5 Elle me confiait .... par les événements.

C Rendez en français les phrases suivantes, formées à partir du vocabulaire et des structures grammaticales dont se sert Ludovic.

1 He felt great pain when his parents split up.
2 His father went off with another woman.
3 Everything stopped after many years of marriage.
4 It suits Ludovic that his mother imposes no restrictions on him.
5 Since his parents separated, Ludovic feels rootless.

coin infos

En France, qui se sépare et comment?

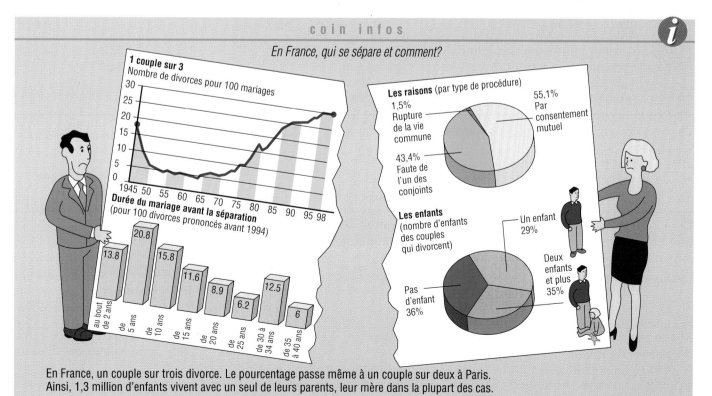

1 couple sur 3
Nombre de divorces pour 100 mariages

Durée du mariage avant la séparation
(pour 100 divorces prononcés avant 1994)

au bout de 2 ans — 13.8
de 5 ans — 20.8
de 10 ans — 15.8
de 15 ans — 11.6
de 20 ans — 8.9
de 25 ans — 6.2
de 30 à 34 ans — 12.5
de 35 à 40 ans — 6

Les raisons (par type de procédure)
55,1% Par consentement mutuel
1,5% Rupture de la vie commune
43,4% Faute de l'un des conjoints

Les enfants (nombre d'enfants des couples qui divorcent)
Un enfant 29%
Deux enfants et plus 35%
Pas d'enfant 36%

En France, un couple sur trois divorce. Le pourcentage passe même à un couple sur deux à Paris. Ainsi, 1,3 million d'enfants vivent avec un seul de leurs parents, leur mère dans la plupart des cas.

1.11 *Les grands-parents*

Les grands-parents aussi peuvent avoir une influence sur leurs petits-enfants.

coin accent

prononciation

les voyelles nasales
Pour se perfectionner, faisons un peu de pratique sur les voyelles nasales **an**, **en**, **in**, **on** et **un**. Ecoutez de nouveau les premières paroles de Claire, notées ci-dessous, et imitez seulement la voix de votre sexe.

Pendant que vous parlez, essayez de faire vibrer les narines. Il y a beaucoup de francophones qui le font sans s'en rendre compte.

«Les grands-parents, c'est important, je pense. Ils peuvent beaucoup apporter aux enfants. Pour prendre l'exemple de mes filles, elles n'ont pas de grand-père et cela leur manque beaucoup. Elles ont connu un de leurs grands-pères quands elles étaient toutes petites et elles en ont de bons souvenirs mais tout cela s'est arrêté lorsqu'il est mort. Quand je repense à mon enfance, je me rappelle avoir vécu de bonnes expériences avec mes deux grands-pères.»

A Ecoutez ce que disent Claire, Mme Croze, et Laurence, en prenant des notes. Décidez qui dit les choses suivantes.

1 Les grands-parents peuvent avoir un rôle central.
2 Elle n'avait pas vraiment connu trois de ses grands-parents.
3 On ne parlait pas devant les grands-parents.
4 Elle avait un grand-parent très ouvert.
5 Elle avait perdu un grand-parent il y a un an.
6 Elle n'avait pas les mêmes rapports avec ses deux grand-mères.
7 On donnait un coup de main dans les vergers.
8 Avec les grands-parents, il est plus possible d'aller au fond des choses.
9 Les grands-parents sont plus jeunes maintenant.
10 La grand-mère peut être vexante.

B Ecoutez encore une fois les interviews, et ajoutez des détails à ce que vous avez déjà noté, afin de pouvoir répondre aux questions suivantes. Expliquez vos réponses.

Laquelle des interviewées semble ...

1 regretter l'absence des grands-parents?
2 contente d'avoir beaucoup de cousins?
3 ne pas apprécier le train-train familial quotidien?
4 garder d'excellents souvenirs?
5 croire qu'autrefois, les grands-parents étaient moins stricts?
6 croire qu'on a de meilleurs rapports avec les grands-parents qui partagent la vie de tous les jours?

C Comment dit-on dans ces conversations ... ?

1 He was very fond of talking about his childhood.
2 There is more of a distance (between us).
3 I hadn't been born.
4 If he raised his voice ...
5 She wants to do all she can to make us happy.
6 I used to see her much more often.
7 You will be closer to her.
8 ... the same role as they used to.
9 The grandparents are still working.

1.12 *Une grand-mère extraordinaire*

Une grand-mère jeune et active peut avoir des rapports très enrichissants avec ses petits-enfants.

1 DANS les tiroirs de sa commode, Marie-France Abrivard a entassé en vrac les photos de sa petite-fille Caroline. Un jour, elle les rangera dans un album photo. «Mais c'est affreux, je n'ai pas encore trouvé le temps pour cela», raconte cette grand-mère de 65 ans, pétillante de vie. Marie-France n'a vraiment rien d'une mamie gâteau abonnée à son fauteuil et à ses pots de confiture.

2 «Je suis ce qu'on appelle une grand-mère hyperactive», explique dans un éclat de rire cette femme au teint rose, que le temps a su préserver. Son secret? Courir toute la journée, fuir le plus souvent possible son deux-pièces au premier étage d'une ancienne demeure de Louveciennes (Yvelines). Et surtout, partager sa joie de vivre avec sa petite-fille.

3 Heureusement, Caroline habite tout près de sa grand-mère. «On ne se quitte pas. On s'entend si bien toutes les deux», confie Marie-France. Tous les mercredis, elle l'emmène au manège faire du poney. A la piscine aussi. «Une fois, pendant les vacances de la Toussaint, je l'ai emmenée dans une piscine où il y avait un grand toboggan. Eh bien! je n'ai pas hésité à le prendre avec elle! Qu'est-ce que j'avais peur… mais j'ai ri pendant toute la descente.» Il y a aussi ces

«Avec ma petite-fille je fais du patin à roulettes»

fréquentes escapades, à Paris, au Trocadéro, où les deux complices s'adonnent à leur passion: le patin à roulettes.

Elle envoie des livres aux enfants roumains

4 Car Marie-France est une ancienne danseuse de revues sur glace. Glisser avec harmonie, c'était son métier. Métier qui la mena aux quatre coins de l'Europe, notamment en Roumanie. «Avec mon mari et mes deux fils, nous y avons vécu près de cinq ans. Je suis rentrée en France en 1982, mais j'adore ce pays», raconte cette infatigable sportive.

5 Alors, pour se rendre «utile», elle a créé une association pour offrir des livres en français aux enfants de là-bas. «Avec une copine, nous organisons des spectacles de patins à roulettes dans des maisons de retraite. Tous les cachets vont dans l'achat de bouquins.» Pour assurer sa généreuse mission, Marie-France s'oblige à continuer le sport. «J'ai souvent envie de rester dans mon canapé au lieu d'aller répéter. Mais c'est ça qui me permet de garder la santé.»

6 Elle sait bien qu'elle est une grand-mère à part. Caroline, son «grand amour», aussi. «Un jour, ma petite-fille a demandé à sa mère: Mamie, elle est quand même un peu vieille. Pourtant, elle fait le cochon pendu!» Et si, à en faire tant, Marie-France se casse un jour quelque chose, elle le prendra du bon côté. «J'en profiterai pour ranger mes photos!» lance-t-elle dans un rire.

Dorothée JONTE

A   Lisez l'article, puis faites correspondre chaque sous-titre au bon paragraphe numéroté. Attention! Il y a un sous-titre de trop.

a   Bonnes œuvres
b   Trop à faire!
c   Elle ne sera jamais vieille
d   Elle ne perdra pas son temps
e   Elle a beaucoup voyagé
f   Elle n'est presque jamais chez elle
g   Toujours ensemble

B Voici une autre version de l'article à la page 19, mais il y a des trous dans le texte. Pour chacun, écrivez <u>un</u> mot approprié.

Marie-France a **1** .... de choses à faire, elle est **2** .... occupée, qu'elle n'a pas eu **3** .... de temps pour ranger les **4** .... de sa petite-fille, Caroline. A 65 ans, elle est en excellente santé, puisqu'elle passe **5** .... de temps dans son **6** ...., **7** .... mieux passer **8** .... de temps que possible avec sa petite-fille. Avec Caroline, Marie-France fait de l' **9** .... et aussi de la **10** .... Mais ce qu'elle aime faire surtout, c'est **11** .... Autrefois Marie-France, une danseuse **12** ...., travaillait dans beaucoup de pays **13** .... Celui qu'elle **14** ...., c'est la Roumanie et aujourd'hui, **15** .... créé une association de bienfaisance pour les enfants de ce pays, elle leur **16** .... des livres en français. Marie-France organise des spectacles pour les personnes **17** ...., et **18** .... l'argent qu'elle **19** .... en livres. Elle se trouve **20** .... de répéter pour qu'elle **21** .... continuer son travail charitable et, en même temps, rester en **22** .... forme. Marie-France n'est pas une grand-mère comme les **23** .... Elle dit que si, un jour, elle a un **24** ...., elle **25** .... ranger ses photos dans son album!

C Vous aviez/avez peut-être un grand-parent extraordinaire, vous aussi? Si oui, écrivez un article à son sujet. Si non, inventez-le et faites la même chose! Ecrivez environ 250 mots.

1.13 *Les parents destructeurs*

La relation parents-enfants n'est pas toujours facile. Même avec de la bonne volonté, les parents peuvent faire du mal à leurs enfants.

LES «BONS PARENTS» QUI DETRUISENT LEURS ENFANTS

Ils n'ont jamais été battus et pourtant ont mal à leur enfance: victimes d'une éducation trop rigide, spectateurs des conflits de leurs parents, jouets d'amour ou objets de haine, leur blessure cicatrise difficilement. Peut-on éviter, quand on est parent, ces violences involontaires, ces cruautés très ordinaires qui laissent tant de traces au cœur? Par Edith Canestrier.

Les enfants martyrs font souvent la une des journaux. Battus, brûlés ou tués. Il en meurt un par jour en France, peut-être deux.

Les adultes que j'ai rencontrés n'ont jamais été des enfants battus. Ils n'ont jamais eu de bleus sur le corps. Ils ont pourtant, comme on dit, des bleus à l'âme. Certains au point d'avoir été ou d'être encore empêchés de vivre; comme piégés dans une enfance qui n'en finit pas de les faire souffrir.

Les coups font mal, les mots aussi parfois et tout autant ces violences qui s'exercent au nom de l'éducation. Celles qu'on ponctue d'un «c'est pour ton bien!».

Elles s'accompagnent quelquefois de raclées mais pas toujours. Elles commencent tôt. Dès la naissance même, quand une puéricultrice bien intentionnée déclare que ce bébé-là est «trop au bras». Quand les cris d'un nourrisson sont suspectés d'être déjà des «caprices». Emilie R. a 50 ans. Elle a reçu selon ses propres termes une éducation «à l'ancienne», autant dire «à la dure». Elle en garde un souvenir amusé car, bien sûr, «tout ça c'est loin». Elle m'attendait pourtant, nerveuse, avec des feuilles à la main. Elle avait tout noté «pour ne rien oublier».

«Mes parents se sont mariés très tôt. Ils avaient dix-neuf ans à peine quand je suis née. Ils étaient anxieux et disent encore aujourd'hui: "On ne savait pas comment s'y prendre." Ils s'en sont remis à leur médecin qui était pour eux comme un dieu. Lui pensait qu'il fallait laisser pleurer un bébé. On disait alors: "C'est bon pour ses poumons!" Il fallait éviter de le prendre dans les bras "pour ne pas lui donner de mauvaises habitudes", le nourrir à heures fixes, etc.

Ma mère m'a nourrie jusqu'à un an. Le médecin a alors décidé le sevrage et lui a même conseillé pour cela de partir seule en vacances. Ma mère raconte qu'à son retour, je ne mangeais plus rien. J'étais devenue anorexique. Le médecin a mis cela sur le compte de la Blédine: je ne la tolérais pas, paraît-il.

«Dès trois mois, j'ai été gardée par une nourrice. Ma mère travaillait. C'était la guerre et mon père était prisonnier en Allemagne. Marie, qui me gardait, était la rigidité même. Elle exerçait sur moi une surveillance de tous les instants. Je dormais même dans son lit. Et son éducation était pernicieuse. Si je pleurais c'était de la "comédie". Si je ne pleurais pas, c'était donc que j'étais insensible.

«Il me fallait manger de tout. Et je détestais la soupe à la citrouille dont elle s'obstinait à me gaver. Je l'entends encore me disant: "Mais mange, ce sont des carottes, les légumes que tu préfères." Je savais qu'elle me mentait mais sa parole était plus forte que ma certitude d'enfant.»

A   Lisez la première partie de l'article, jusqu' à «... ma certitude d'enfant», et définissez en français les termes suivants.

1   un enfant martyr
2   une puéricultrice
3   un nourrisson
4   une éducation «à l'ancienne»
5   une anorexique

B   Relisez la première partie de l'article et complétez les phrases suivantes en utilisant vos propres mots.

1   On entend souvent parler des enfants martyrs mais .... souffrent aussi.
2   Les parents peuvent aussi bien infliger à leurs enfants .... au nom de l'éducation.
3   La détresse peut commencer .... l'enfant est capricieux.
4   Les parents d'Emilie ont suivi les conseils .... mauvaises habitudes.
5   Sa mère a découvert .... un voyage.
6   Bien qu'Emilie n'......... la nourrice la forçait.

C   Lisez maintenant la deuxième partie de l'article à partir de «Curieusement ...». Reformulez les phrases suivantes, en utilisant vos propres mots.

1   Elle est en perpétuelle tension.
2   Les mots se bousculent sur ses lèvres.
3   Elle a lâché son travail.
4   Les enfants, ça vous quitte.

D   Relisez les deux parties de l'article, puis répondez en anglais aux questions suivantes.

1   Do you sympathise with Emilie's story? Why? Why not?
2   Was Emilie's mother to blame for what happened to her daughter? Give your reasons.
3   In what respects are the two cases similar?
4   How could Claude's mother have improved her relationship with her daughter?

Curieusement, la sensation d'avoir été «dévoré» d'amour n'est pas plus facile à vivre que celle de se sentir mal aimé ou pas du tout.

«Ma mère, raconte Claude, me répète toujours: "Le seul reproche que tu puisses me faire, c'est de t'avoir trop aimée."» Claude a 28 ans. Elle est brune, vive et en perpétuelle tension. Les mots se bousculent sur ses lèvres, ce qui l'oblige parfois à de longues inspirations pour reprendre son souffle.

«C'est vrai, poursuit-elle, ma mère s'est sacrifiée pour ses enfants. Elle a lâché son travail dès ma naissance. Elle a toujours été là. A la sortie de l'école, je me souviens encore des goûters amoureusement préparés pour mes frères et moi. Ses trois enfants ont été toute sa vie. Comment lui reprocher cela?

«Aujourd'hui, elle se plaint sans cesse: "S'il fallait recommencer, non, je n'aurais pas d'enfant. Les enfants ça vous quitte." Quand je ne vais pas la voir (et je vais la voir presque tous les week-ends), je suis sûre d'avoir un coup de fil aigre-doux le lundi: "Alors? On te croyait morte. On ne te voit plus."

«Mon père est malade en ce moment: "Tu sais, dit-elle, que papa ne va pas bien. Il ne vous dira jamais qu'il est triste de ne pas vous voir. Mais à moi il me le dit. Il vous adore, tu sais. Tu ne viendras pas dimanche? Tu ne vas pas lui faire ça ...".»

E Relisez encore la deuxième partie, page 21, et rendez en français le passage suivant.

Although, in the end, an old-fashioned education may convince a child that he is not loved, a liberal upbringing is no less difficult to bear. Sometimes the only thing with which one can reproach parents, is that they loved their children too much! Many parents sacrifice themselves for their offspring. These children remember having been spoiled but they will also remember their parents' complaints: "We never see you any more. You can't do this to us! We would never have had children if we had known what was going to happen." How can we blame them for these remarks, which force us to consider how we would treat our own children?

CONSOLIDATION FIN DE L'UNITE

A consulter: *Dont*, p.188

Dans cette unité vous avez rencontré bon nombre de phrases incorporant le mot *dont*. A vous, maintenant, de rendre en français les phrases suivantes, en utilisant *dont* dans chaque cas.

1 Two women whose sons I know.
2 The problem about which I want to talk.
3 Annie Ernaux, whose mother was a shopkeeper.
4 Parents by whom he is no longer loved.
5 This poem whose meaning I have never understood.

A consulter: *De or à?* in the texts from Unit 1

Complétez chacune des phrases suivantes en y mettant la préposition appropriée.

1 L'amour a tendance .... disparaître.
2 .... la fois grand-père et père.
3 Il est bon .... vous inquiéter.
4 Qui est prêt, aujourd'hui, ... tout plaquer?
5 Il ne s'intéressait .... rien.
6 Agé .... dix-huit ans.
7 Il n'y a rien .... alarmant.
8 Elle a besoin .... les câliner.
9 .... longueur d'année.
10 Vous êtes nombreuses .... répondre .... *La Main tendue.*
11 Ils n'ont pas le temps .... le lui dire assez.
12 Ils forcent l'enfant .... poursuivre des études.

A consulter: *En*, p.187

Vous avez rencontré dans cette unité bon nombre de phrases contenant le pronom *en*. Ci-dessous vous trouverez la traduction anglaise de certaines phrases. Remettez-les en français.

1 I have two boys; I've had a lot to do with them.
2 What do the specialists think about it?
3 I daren't talk about it.
4 I've heard about it.
5 She saw three (of them).

A consulter: Subjunctive, pp.199–200

1 Ecrivez la forme correcte de chaque verbe entre parenthèses dans les phrases ci-dessous.
   a Ma mère trouvait tout à fait normal que j'*(avoir)* envie d'écrire.
   b Je n'ai jamais désiré que mes enfants *(être)* toute ma vie.
   c J'aurais aimé que ma mère *(être)* comme ça.
   d Je préfère qu'il nous *(voir)* de temps en temps.
   e J'ai peur qu'il ne me *(juger)*.
   f Pour que *(vivre)* notre chaîne d'amitié!
   g Il faut qu'il *(faire)* un effort!
   h Afin qu'il lui *(convenir)*.
   i Pour que personne n'*(entendre)*.
   j Pour qu'une grand-mère *(pouvoir)* jouer son rôle.
   k Qu'ils se *(souvenir)* à quel point c'était agréable!

2 Maintenant, rendez ces phrases en anglais.

1.14 *Travail de synthèse*

1 **Au choix:**
   Ecrivez la conversation entre deux personnes: la première, mère/père de famille, est très enthousiaste à l'égard de ses enfants; la deuxième personne prétend que les enfants, ça coûte trop cher et n'apporte que de la tristesse. Ecrivez 250–350 mots.

   OU

   Vous voilà maintenant mère/père de famille! Est-ce que vous feriez comme vos propres parents? Que feriez-vous d'une autre façon? Ecrivez 250–350 mots.

2 **Au choix:**
   «La famille traditionnelle en France a disparu pour toujours – ce qui représente une catastrophe nationale.» Etes-vous d'accord? Ecrivez 250–350 mots.

   OU

   «Les jeunes de la nouvelle génération et leurs parents ne se comprendront jamais les uns les autres, donc ils ne savent pas s'aider.» Trouvez-vous cette opinion pessimiste ou bien réaliste? Ecrivez 250–350 mots.

unité 2
Dépendances et santé

*E*n France comme ailleurs, de plus en plus de gens se trouvent pris dans l'engrenage des produits nocifs. Dans cette unité, on va considérer le problème des dépendances, ainsi que des mesures prises pour les combattre.

Dans cette unité on va consolider votre compréhension des points suivants:

■ Le futur *(future)*
■ Le conditionnel *(conditional)*
■ Le passé *(past tenses)*
■ Usage de *chez (use of chez)*
■ Pronoms *(pronouns)*
■ *Faire … à quelqu'un*

2.1 *Le Nord est malade*

En France comme en Angleterre, on discute parfois des différences entre le nord du pays et le sud. L'article ci-dessous révèle qu'en France il y a des différences réelles en ce qui concerne la santé et les dépendances, et que c'est le nord qui souffre.

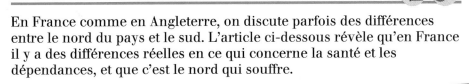

Santé: le Nord/Pas-de-Calais est mal placé!

Notre consommation d'alcool et de tabac en accusation

LE Nord est malade. L'état de santé de ses habitants est le plus mauvais de France.

Tous les indicateurs sont au rouge. Ainsi la mortalité infantile, qui avait connu une baisse régulière dans les années 80, recommence à augmenter depuis plusieurs années. Sur mille nouveaux-nés, 90,9 meurent avant l'âge de un an: c'est presque deux fois plus que la moyenne française. Un indicateur qui mériterait toutefois d'être modéré car nous figurons quand même parmi les meilleurs en Europe et la cause de cette surmortalité pourrait être attribuée à l'existence de très grandes familles d'immigrés.

Pourquoi le Nordiste a-t-il l'espérance de vie la moins longue de France: 67,5 ans pour les hommes et 76,4 ans pour les femmes? Le Nordiste vit trois ans de moins que le Français moyen et sa femme voit son existence raccourcie de deux ans.

Bière + pastis + tabac = mélange explosif

Deux causes principales expliquent ce phénomène: l'alcool et le tabac.

Selon le Conseil Régional, le Nord/Pas-de-Calais détiendrait le record du monde de consommation d'alcool pur par habitant: l'équivalent de 20,5 litres d'alcool pur par an (contre 16,4 litres en France). C'est qu'on cumule ici la consommation traditionnelle de bière (60 litres chaque année par habitant – y compris les enfants) et les habitudes plus récentes, notamment celle de «l'apéro» anisé dont nous avons la plus forte consommation nationale. Valenciennes et Dunkerque sont en tête du palmarès des grandes agglomérations «imbibées» (2ème et 3ème) et Douai comme Lille ne sont pas loin derrière.

Il en résulte une mortalité précoce pour les hommes de moins de 44 ans et l'on constate que 35% des internements en psychiatrie, 30% des hospitalisations et 50% des accidents mortels de la route sont dus à l'alcool.

Et l'on peut ajouter à ce bilan catastrophique 1 000 suicides réussis chaque année et 10 000 tentatives, soit plus que les accidents de la route.

Et ce n'est pas fini, nous détenons aussi le «pompon» en ce qui concerne la consommation de tabac avec une consommation de 1 790 cigarettes par an et par habitant contre 1 650 pour la France entière.

Tabac + alcool = cancer de la gorge, de la bouche, de l'œsophage et des poumons où, là encore, nous détenons des records mondiaux.

A Faites correspondre les deux moitiés de chaque phrase afin de faire le résumé de l'article de la page 23.

1 Ce sont les habitants du Nord ...
2 Presque 10 pour cent des bébés ...
3 Ce phénomène afflige surtout ...
4 L'espérance de vie du Français moyen ...
5 Valenciennes et Dunkerque sont les villes ...
6 Chaque année mille personnes ...
7 Quant aux cigarettes, chaque Nordiste ...

a dépasse de trois ans celle du Nordiste.
b où on boit le plus d'alcool.
c se donnent la mort.
d ceux qui sont d'origine étrangère.
e dont la santé est la moins bonne du pays.
f en consomme 140 de plus que le Français moyen.
g n'atteignent pas leur premier anniversaire.

B Les mots dans le tableau sont utilisés dans l'article. A vous de trouver la forme demandée.

En utilisant vos propres mots, remaniez les expressions et les phrases suivantes.
1 Notre consommation d'alcool en accusation.
2 Tous les indicateurs sont au rouge.
3 Le Nordiste a l'espérance de vie la moins longue de la France.
4 Valenciennes et Dunkerque sont en tête du palmarès.
5 Nous détenons aussi le «pompon» en ce qui concerne ...

C Rendez en français le texte suivant, en vous référant à l'article.

Northern France holds the record for illnesses which can be attributed to an excessive consumption of tobacco and alcohol. And that's not all: for several years this region has been experiencing an increase in the rate of premature deaths not only among adults but also very young children. If the people of Dunkirk and Lille drank and smoked less, these towns would no longer head the list of those where, on average, the life expectancy of their inhabitants is among the shortest in the entire country.

Nord

•Paris

A consulter: Future and conditional, pp.197–9

CONSOLIDATION

Mettez les verbes dans les phrases suivantes, tirées du texte, au futur et puis au conditionnel.

1 le Nord est malade
2 la mortalité infantile ... recommence à augmenter
3 90,9 meurent ...
4 nous figurons
5 le Nordiste a-t-il l'espérance ....
6 le Français moyen ... voit ...
7 deux causes principales expliquent ...
8 on cumule ici
9 nous avons la plus forte consommation
10 il en résulte ...
11 l'on constate que ...
12 l'on peut ajouter ...
13 nous détenons aussi ...
14 en ce qui concerne ...

coin infos

La forme de l'Europe
Pourcentage de personnes qui se déclarent en «excellente santé»...

Portugal	8
Allemagne	18
France	19
Espagne	19
Pays-Bas	20
Italie	20
Belgique	27
Luxembourg	28
Royaume-Uni	37
Irlande	46
Grèce	48
Danemark	53

coin infos

la santé des Français

Les Français dépensent beaucoup d'argent pour leur santé: actuellement, plus de 10% du budget des ménages contre 5% en 1960, ce qui constitue une dépense moyenne de 14 000 francs par personne et par an. Cela comprend les consultations et visites des médecins, les médicaments, les hospitalisations, les frais d'assurance maladie, etc.

L'augmentation continue de ces dépenses résulte de l'amélioration des soins, du vieillissement de la population, des hausses des tarifs médicaux et des médicaments, du coût de la Sécurité sociale (à peu près la totalité de la population est assurée, contre 80% en 1970).

Les Français se préoccupent de plus en plus de leur santé. Ils se rendent chez le médecin (deux tiers chez les généralistes, un tiers chez les spécialistes) 8 fois par an contre 3,5 fois au début des années 60. Si l'on ajoute les visites ou soins paramédicaux (5,5 fois, dont 3,2 avec des infirmières et 1,9 avec des kinésithérapeutes), dentaires (1,4) et les analyses en laboratoire (1,4), on arrive à un total de 15 par personne et par an.

Les femmes consultent deux fois plus que les hommes, mais ceux-ci effectuent davantage de séjours à l'hôpital.

Outre les différences entre hommes et femmes, l'âge est un élément important: les personnes de 60 ans et plus (18% de la population) assurent 50% des dépenses de pharmacie.

2.2 *Une célèbre histoire d'alcool:* L'Assommoir

Le fléau de l'alcool, pourtant, existe depuis très longtemps. Au XIXe siècle, Emile Zola, dans son roman célèbre *L'Assommoir*, se préoccupait de ce problème. Dans cet extrait, Gervaise Macquart, le personnage principal, rentre chez elle après avoir passé la soirée avec Lantier, un ami de son mari Coupeau.

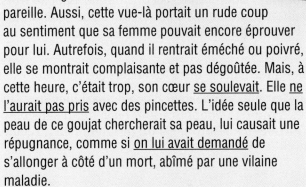

La porte s'ouvrit, mais le porche était noir, et quand elle frappa à la vitre de la loge pour demander sa clef, la concierge ensommeillée lui cria une histoire à laquelle elle n'entendit rien d'abord. Enfin, elle comprit que le sergent de ville Poisson <u>avait ramené</u> Coupeau dans un drôle d'état, et que la clef devait être sur la serrure.

«Fichtre! murmura Lantier, quand ils furent entrés, qu'est-ce qu'il <u>a donc fait</u> ici? C'est une vraie infection.»

En effet, ça puait ferme. Gervaise, qui <u>cherchait</u> des allumettes, marchait dans du mouillé. Lorsqu'elle fut parvenue à allumer une bougie, ils <u>eurent</u> devant eux un joli spectacle. Coupeau <u>avait rendu</u> tripes et boyaux; il y en avait plein la chambre; le lit en était emplâtré, le tapis également, et jusqu'à la commode qui se trouvait éclaboussée. Avec ça, Coupeau, tombé du lit où Poisson devait l'avoir jeté, <u>ronflait</u> là-dedans, au milieu de son ordure. Il <u>s'y étalait</u>, vautré comme un porc, une joue barbouillée, soufflant son haleine empestée par sa bouche ouverte, balayant de ses cheveux déjà gris la mare élargie autour de sa tête.

«Oh! le cochon! le cochon! répétait Gervaise indignée, exaspérée. Il <u>a tout sali</u> . . . Non, un chien n'aurait pas fait ça, un chien crevé est plus propre.»

Tous deux n'osaient bouger, ne savaient où poser le pied. Jamais le zingueur <u>n'était revenu</u> avec une telle culotte et n'avait mis la chambre dans une ignominie pareille. Aussi, cette vue-là portait un rude coup au sentiment que sa femme pouvait encore éprouver pour lui. Autrefois, quand il rentrait éméché ou poivré, elle se montrait complaisante et pas dégoûtée. Mais, à cette heure, c'était trop, son cœur <u>se soulevait</u>. Elle <u>ne l'aurait pas pris</u> avec des pincettes. L'idée seule que la peau de ce goujat chercherait sa peau, lui causait une répugnance, comme si <u>on lui avait demandé</u> de s'allonger à côté d'un mort, abîmé par une vilaine maladie.

«Il faut pourtant que je me couche, murmura-t-elle. Je ne puis pas retourner coucher dans la rue . . . Oh! je lui passerai plutôt sur le corps.»

Elle tâcha d'enjamber l'ivrogne et dut se retenir à un coin de la commode, pour ne pas glisser dans la saleté. Coupeau barrait complètement le lit.

A Dans cette autre version de l'extrait, certains mots ont été supprimés. A vous de remplir les blancs, tout en gardant le sens du texte original.

Quand elle a **1** .... la porte, Gervaise n'a **2** .... vu parce qu'il **3** .... noir dans le porche. En **4** .... à la vitre, elle a **5** .... sa clef à la concierge mais celle-ci, qui avait **6** ...., lui a dit qu'elle l'avait déjà **7** .... au sergent de ville, avec **8** .... Coupeau était **9** .... parce qu'il avait trop **10** ....

Dans la chambre, il y avait une **11** .... affreuse. Après avoir **12** .... une bougie, Gervaise a **13** .... son mari qui se trouvait **14** .... terre et qui avait **15** .... partout. Coupeau avait dû **16** .... du lit et, sans s'être **17** ...., ronflait bruyamment. Gervaise, pleine d' **18** ...., se disait qu'il était **19** .... à un chien crevé, non, plus **20** .... qu'un chien mort.

B Maintenant, rendez en anglais le paragraphe suivant, à partir de «Tous deux n'osaient bouger . . .» jusqu'à « . . . une vilaine maladie».

C En relisant la dernière partie de l'extrait, il est clair que Gervaise ne pourra pas regagner son lit. A votre avis, qu'est-ce qui se passe maintenant?

Ecrivez la suite de cet épisode. Commencez avec la phrase: «Gervaise ne savait pas quoi faire.»

2.3 *L'alcoolisme féminin*

Zola a écrit *L'Assommoir* il y a plus de 100 ans. Pour les femmes du XXIe siècle la vie est naturellement bien différente. Mais est-ce que le progrès et l'émancipation féminine ont libéré la femme du fléau de l'alcoolisme? Au contraire, il semble qu'aujourd'hui, les Françaises sont toujours nombreuses à consommer plus de trois verres par jour et 1,5 million d'entre elles sont atteintes par cette maladie. Lisez l'histoire de Solange Meillier, à la page 27.

A Identifiez dans le texte les détails qui <u>réfutent</u> les phrases suivantes.

1 Les femmes supportent l'alcool aussi bien que les hommes.
2 Les femmes alcooliques sont en général sans emploi.
3 L'alcoolisme féminin est un problème bien reconnu par tout le monde.

B Les phrases suivantes font le résumé de l'article mais elles sont mal rangées. A vous de les remettre dans le bon ordre.

1 Bien que Solange soit allée vivre ailleurs, sa situation ne s'est pas améliorée.
2 Pas mal de gens refusent de croire que les femmes puissent mourir d'alcoolisme.
3 Cela fait plus de 20 ans que Solange résiste à l'alcool.
4 Certains changements dans la vie familiale de Solange l'ont rendue dépendante de l'alcool.
5 Un nombre croissant de femmes commence à boire quand elles sont encore adolescentes.
6 Aujourd'hui, c'est Solange qui soutient d'autres personnes, dont la plupart sont des femmes.
7 Celles qui travaillent ont quelquefois recours à l'alcool afin de pouvoir faire face à leur vie quotidienne.

D Traduisez en français:

Some women think that a little pick-me-up will help them to resolve their problems but they can soon acquire a habit which they are afraid to face up to. It is not just those who are unemployed or who live in a council flat who have become victims of alcoholism. There are many other factors which lead to this scourge which is often considered as a weakness. When a woman drinks in secret, it is perhaps because she is ashamed of a vice she refuses to admit.

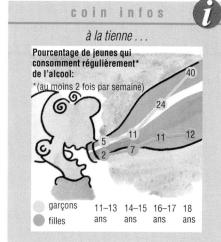

coin infos

à la tienne . . .

Pourcentage de jeunes qui consomment régulièrement* de l'alcool:

*(au moins 2 fois par semaine)

40
24
11   11   12
5
2   7

○ garçons
● filles

11–13 ans   14–15 ans   16–17 ans   18 ans

A discuter:

• qui boit le plus: les filles ou les garçons? Pourquoi?
• pourquoi est-ce que cette différence augmente entre onze–treize ans et dix-huit ans?

C Le journaliste a sans doute posé beaucoup de questions à Solange Meillier avant d'écrire son article. A vous d'en formuler cinq, en utilisant pour chacune une forme interrogative différente.

Qui...? Pourquoi...? Où...?
Qu'est-ce que...? Quand...?
Combien (de)...? Comment?

Alcool

Le fléau des femmes fragiles

Troisième cause de décès en France, l'alcoolisme féminin est un phénomène que beaucoup veulent nier. Pourtant, si l'on en croit de récentes études, les femmes consomment de l'alcool de plus en plus jeunes (moins de 20 ans).

Chômage, précarité de l'emploi, situation familiale difficile ne sont pas les seuls facteurs qui conduisent à l'alcoolisme. Une femme seule, divorcée avec quatre enfants, au chômage, vivant en HLM, est aussi vulnérable qu'une autre. Selon Martine de Borde, membre du comité scientifique de l'IREB, l'institut de recherches scientifiques sur les boissons, on a remarqué que les femmes actives sont victimes d'un mal nouveau: l'alcoolisme d'affaires, ce verre de trop que l'on boit pour surmonter une vie professionnelle surbookée, une vie familiale exténuante associée aux contraintes ménagères...

Si l'augmentation de la consommation d'alcool par les femmes est régulière, elles restent en deçà de la capacité d'absorption des hommes: «Neuf verres d'alcool par jour, contre 16 aux hommes», précise Isabelle Mourad, psychiatre au CHU de Colombes. Les femmes boivent seules, en cachette, pour 92% d'entre elles. Seules 8% osent aller dans des bars. Et 46% refusent de parler de ce qu'elles considèrent comme un vice, un péché.

Conjonction

La soixantaine coquette, Solange Meillier a un jour osé s'avouer qu'elle avait un «problème». Jusqu'à l'âge de 40 ans, cette directrice d'une école de Villeneuve-la-Garenne ne connaissait de l'alcool que les verres pris entre amis le samedi soir. Une conjonction de facteurs a modifié sa vie: «Mon fils est parti de la maison, raconte-t-elle. Gérer des adultes en permanence me pesait, mon mari a commencé à me tromper avec une jeune fille... Un jour, j'ai pris un remontant, de la mirabelle de Lorraine. La fatigue a disparu d'un coup. J'ai alors pris l'habitude du verre d'apéritif pour affronter mon mari, les problèmes de l'école...»

Après un déménagement près de Saint-Cloud, au bord de la Seine, dans un quartier chic, qui ne résout en rien son problème, elle se lève la nuit pour aller déposer au pied des arbres ses bouteilles vides, par peur que sa concierge ne la surprenne... Malade, elle reçoit alors une aide, celle d'une femme de service, qui lui tend la main: «Votre problème, cela se soigne.»

Aide

«Elle ne m'a pas jugée, poursuit Solange, elle m'a aidée à me faire soigner. J'ai fait une rechute, failli mourir en ayant mélangé alcool et médicaments. Et mon fils m'a dit alors: "On va avoir besoin d'une grand-mère". J'ai compris que cela valait la peine de vivre. Mais seule, je n'y serais pas arrivée. L'association La Croix d'or m'a aidée au sevrage.»

Depuis septembre 1978, date de la rentrée scolaire, Solange Meillier n'a pas rebu une goutte d'alcool. Par goût. Par choix. Aujourd'hui, à Cergy-Pontoise, elle a créé une Croix d'or. Parmi la vingtaine de personnes qui sont venues lui demander son aide, quinze sont des femmes.

Malgré la honte qu'elles ressentent, certaines femmes tombent dans un engrenage inexorable

2.4 *Dépendance? – Mais c'est comme ça que je me décontracte!*

Tout comme l'alcool, le tabac semble nous offrir une illusion de calme. Mais il y a d'autres raisons pour lesquelles les gens sont attirés par une habitude qui va aussitôt augmenter plutôt que réduire leur niveau de stress. Lisez les avis exprimés par ces jeunes Français.

Nazim

Les gens fument souvent parce qu'ils ont des copains qui fument. Ils essaient de s'intégrer; il y a un effet d'entraînement. Moi, je ne fume pas, ça ne m'empêche pas d'avoir des copains. Je ne me prive de rien. Je sors, je fais du sport. Ce n'est pas le fait de fumer qui va m'ouvrir l'esprit. J'ai déjà essayé la cigarette, mais c'était par simple curiosité. Et je pense que je ne fumerai plus. Ça ne va rien m'apporter de positif dans la vie.

Marie

Je suis souvent tentée de fumer. Ça occupe, tu fais comme les autres, tu es dans l'ambiance. Quand tu fumes, tu es avec ta cigarette, pas toute seule. Ça permet de se donner de la contenance. Et puis la cigarette est un plaisir; il y a tout un rituel du fumeur.

Le problème, c'est que ça crée une dépendance et aussi que ça coûte vraiment très cher. J'évite d'essayer la cigarette, parce que sinon je sais que je vais me lancer dedans. Une fois qu'on commence, on ne s'arrête plus. Et puis après la clope, c'est l'herbe…

Eve

Je fume depuis deux ans et demi. Au départ, c'était pour la frime. J'allais au café avec des copains. Ils fumaient tous, alors je prenais une cigarette. Maintenant, je suis un peu dépendante; je fume 10 à 15 cigarettes par jour… Mais j'aime fumer, je trouve ça agréable. Quand je sors de cours, ça me permet de sortir un peu de l'ambiance travail. Et quand je ne vais pas bien, la cigarette est un peu ma copine. Si je suis seule ou avec des gens que je ne connais pas, j'ai l'impression d'avoir quelque chose qui vit avec moi, quelque chose de mon entourage. Je sais que c'est une copine qui me fait du mal. Mais je préfère être bien psychologiquement que bien dans mon corps.

Amaury

On commence bêtement à fumer. On est avec des copains, on s'ennuie, donc on y vient. Mais ce n'est pas la seule raison pour laquelle je suis venu au tabac: au début, je voulais aussi me donner une contenance. J'étais timide; j'avais du mal à discuter avec les autres. Fumer me donnait un certain sentiment de supériorité. Mais maintenant, j'admire plutôt ceux qui ne fument pas: je joue de la clarinette et je sens que j'aurais plus de souffle si je ne fumais pas. D'ailleurs, j'ai réussi à réduire ma consommation à deux ou trois cigarettes par jour.

Mais je pense que je fumerai toujours un peu, pour le plaisir. Je continue à apprécier le tabac, un peu pour son goût, mais surtout parce que ça détend. Tu ne fais rien pendant un laps de temps. C'est une sensation de relâchement.

A Qui ...

1 cherche à justifier sa dépendance?
2 a bien réfléchi aux avantages et aux inconvénients?
3 a rejeté la cigarette?
4 fume pour se décontracter?
5 n'a fumé que pendant peu de temps?
6 s'est montré(e) différent(e) de son entourage?

B

Répertoriez en français les raisons pour lesquelles on fume ou on ne fume pas, selon chacun de ces jeunes.

David

Il m'est arrivé de fumer. J'avais 13 ans, j'étais en colonie. C'était histoire de paraître plus grand, de m'affirmer en tant qu'adulte. Ça a duré une ou deux semaines et j'ai arrêté. Je fais énormément de sport (du judo, du basket). Quand je fume, ça me coupe le souffle. À l'époque où je fumais, j'ai complètement loupé une compétition de judo! Alors, si je veux avoir mes chances en sport. . .

Les trois quarts de mes copains fument. Beaucoup ont commencé en arrivant en seconde. Je pense que c'est pour se donner un style, paraître mature aux yeux des autres. Je pense que ça fait toujours bien d'allumer sa clope au café. Ça les aide peut-être aussi à déstresser. Moi, quand je suis nerveux, je joue avec un stylo ou un briquet! Je ne pense pas que je refumerai un jour. De toute façon, ce qui me déstresse vraiment, c'est le sport.

Hélène

Tous les fumeurs que je connais ont commencé en fin de collège pour faire comme les autres. C'est pour ça que je ne l'ai pas fait. Pour ne pas être un mouton de Panurge. Par la suite, mes copines n'ont pas réussi à s'arrêter. Fumer procure un certain plaisir, mais aussi une dépendance.

Propos recueillis par **Frédéric FOLLIOT**

C

A vous de reconstruire l'avis d'un autre jeune. Vous trouverez les lignes qui manquent dans la case. Exemple: **1e.**

La cigarette, c'est un plaisir de
1 ...
pour fumer une clope. C'est
2 ...
copains. Ça peut aussi servir à
3 ...
c'est aussi un moyen de
4 ...
quelque chose de relaxant:
5 ...
Quand tu es stressé, tu as
6 ...
une clope tranquillement.
7 ...
montré que, quand tu fais toujours
8 ...
quand tu fumes), la répétition
9 ...
Si je ne fumais pas, je serais sur
10 ...
faudra arrêter un jour; je
11 ...
l'instant, tout ça est moins fort
12 ...

a	Certains médecins ont
b	c'est une pause dans ta vie.
c	déstresser un peu. Ça a
d	que l'envie de fumer.
e	la vie. J'aime aller faire un tour
f	permet de te relaxer.
g	envie de t'asseoir et de fumer
h	un moment d'intimité entre
i	connais les dangers. Mais pour
j	les nerfs. Je me dis bien qu'il
k	les mêmes gestes (comme
l	faire connaissance. Fumer,

D *Face à face*

L'un(e) de vous fume, l'autre ne fume pas.

En vous servant du vocabulaire noté – voir l'exercice B – faites une conversation sur la cigarette, en ajoutant vos propres idées. Regardez les phrases aux pages 178–9 pour vous aider à exprimer votre opinion.

E *A vous maintenant!*

Ecrivez une composition d'environ 300 mots qui se termine: «Et c'est à cet instant que j'ai décidé de ne jamais fumer!»

2.5 *Tabac: le plaisir qui tue*

Décider de ne pas fumer, ce n'est pas simple pour tous. Ecoutez ces jeunes qui parlent du tabac.

A

Identifiez la personne qui parle: Sabrina, Romain, Jérémy, Clémence ou Céline? Il y a deux opinions ici qu'aucun(e) de ces jeunes ne donne. Lesquelles?

1   Elle/Il dit que la plupart de ses camarades ne fument pas.
2   Elle/Il dit que fumer, ça rapproche les gens.
3   Elle/Il a commencé à fumer pour faire comme ses parents.
4   Elle/Il est carrément contre le tabac.
5   Elle/Il dit que fumer, ça vous donne l'air plus sophistiqué.
6   Elle/Il dit que ça l'aide à cacher sa peur.
7   Elle/Il dit que l'on fume parce que l'on n'a rien d'autre à faire.
8   Elle/Il fume après ses leçons.

C

Vous allez compléter une grille comme celle que vous voyez ci-dessous. Le premier exemple est déjà fait pour vous aider.

1   Trouvez tous les adjectifs dans l'article *Cigarettes et stress* (il y en a dix, en plus de *cérébraux*).
2   Décidez si chaque adjectif est positif, négatif ou ni l'un ni l'autre.
3   Pour chaque adjectif, donnez toutes les formes.

Adjectif	positif/négatif/ ni l'un ni l'autre	masculin singulier	féminin singulier	masculin pluriel	féminin pluriel
cérébraux	ni l'un ni l'autre	cérébral	cérébrale	cérébraux	cérébrales
etc.					

D

Résumez en anglais les points principaux de ce petit article. Ecrivez 100 mots maximum.

B

Ecoutez maintenant Caroline, seize ans, qui donne son opinion sur la cigarette, puis complétez cette autre version de ce qu'elle dit. Ecrivez <u>un</u> mot seulement pour chaque blanc.

Lorsque tu **1** .... avec tes copains, à une boum, par **2** ...., tu as beaucoup de **3** .... à **4** .... à la **5** .... de fumer. Si tu **6** ...., on te **7** .... vraiment idiot. Il y a pas **8** .... de mes amis qui fument. **9** .... parents n'en **10** .... rien , ça va **11** .... dire. Des **12** .... ils fument **13** .... lycée, dans les toilettes. A mon **14** ...., on fait ça par snobisme – je ne pense pas qu'ils **15** .... un réel plaisir. Moi, je fume de temps à **16** ...., histoire de m'amuser. Je **17** .... que l'on **18** .... de graves **19** .... si on fume **20** ....

CONSOLIDATION

Etudiez l'utilisation du mot *chez* dans le mini-article. Ici, *chez* n'a rien a voir avec le domicile ou les locaux commerciaux d'un particulier. Le mot équivaut plutôt à l'anglais «with/in the case of». Comment dit-on donc en français . . . ?

1   With the French, it's a question of . . .
2   In the case of the majority, . . .
3   With Molière it's very clear.
4   In the case of the individual, . . .
5   With Depardieu it's a natural talent.

Cigarettes et stress: la ronde infernale

On sait désormais évaluer la nature et le type de dépendance. Si le fumeur inhale la fumée, chaque bouffée correspond à un «shoot» de nicotine. Celle-ci est absorbée par les poumons. En sept secondes, elle se fixe sur les récepteurs cérébraux. Chez certains, la nicotine exerce une action stimulante, euphorisante. Elle augmente la vigilance, la capacité intellectuelle et, à court terme, les activités de la mémoire.

Chez d'autres fumeurs, la nicotine a un effet tranquillisant et anxiolytique. Cependant, le plaisir induit ne dure que quelques instants. Et en moyenne, le fumeur a besoin d'une nouvelle dose de nicotine au bout d'une demi-heure maximum. Pourquoi? Parce que, au-delà de cette limite, les récepteurs cérébraux «accros» réclament leur apport en nicotine. A défaut, lorsque l'envie ou la nécessité se font ressentir, le sujet éprouve un véritable état de manque, de malaise, très souvent accompagné d'une décharge d'adrénaline. D'où les phénomènes d'agressivité et de stress chez le fumeur.

2.6 *Vous fumez?*
Evidemment!

Si les effets nocifs internes ne se voient que lorsqu'il est trop tard,
pensez aux résultats visibles de la fumée de cigarette!

A Dans cette publicité, on a supprimé certains verbes, que vous
trouverez à droite. A vous de choisir dans la case le verbe approprié
pour chaque blanc.

> coûte attaque vieillit souille réduit élève
> enlève rapporte augmente crée
> est responsable incommode provoque tue
> jaunit coupe nuit

la fumée de cigarette ...

ternit le teint, lui **1** .... sa fraîcheur, **2** .... les rides ou les
accuse, favorise la conjonctivite (paupières gonflées, yeux
rougis), **3** .... prématurément et virilise la femme, expose aux
bronchites chroniques et **4** .... le souffle, **5** .... le système
nerveux comme l'alcool, **6** .... la mémoire, favorise l'insomnie,
7 .... l'entourage et **8** .... à sa santé.

le tabac ...

9 .... les doigts, les dents, abîme les gencives, **10** .... l'haleine,
détruit la vitamine C, **11** .... le rythme cardiaque et la tension
artérielle, provoque des complications cardiovasculaires (artérites,
varices...), **12** .... de nombreux cancers du poumon et de la gorge,
13 .... ou **14** .... les risques d'avortement, **15** .... au moins
60 000 personnes en France chaque année (maladies, accidents),
16 .... plus cher à la collectivité qu'il ne **17** .... à l'Etat.

B Maintenant, en utilisant les formes appropriées de certains mots
du texte complété, remplissez les blancs dans les phrases suivantes.

A cause de la fumée de cigarette . . .
1 son teint est ....
2 toute sa fraîcheur a été ....
3 elle a l'air prématurément ....
4 il y a une .... de mémoire.

Et à cause du tabac . . .
5 ses doigts sont .... et ses dents ....
6 sa tension artérielle est ....
7 les risques d'avortement ....

C *A discuter et à décider*

Cette publicité vise-t-elle plutôt les hommes ou les femmes? Quelles
preuves trouvez-vous pour justifier votre opinion? A votre avis, cette
publicité réussit-elle? Quels moyens sont utilisés pour arriver à son but?

1 Discutez de tous les points mentionnés avec votre partenaire.
2 Puis écrivez un résumé de votre discussion.

CONSOLIDATION

A consulter: Perfect, pp.195–6; pronouns,
pp.186–7

Imaginez que vous connaissiez quelqu'un qui
souffre des effets nocifs du tabac. Utilisez une
dizaine des phrases du texte, en mettant les verbes
à la forme appropriée, pour décrire ses problèmes.
Une phrase est donnée ci-dessous, pour vous
aider:

*La fumée de cigarette lui a terni le teint, lui
enlevant sa fraîcheur.*

2.7 *Les drogues et le sport*

On ne voit presque jamais d'athlètes qui fument – tandis que l'argent des fabricants de cigarettes finance pas mal d'activités sportives! Mais si on rêve d'être grand athlète, il y a d'autres narcotiques qui vous tentent. Depuis déjà pas mal de temps, la gloire, semble-t-il, n'est plus la seule drogue à «entraîner» le monde du sport.

LE DOPAGE:
la gangrène du sport

Au fil des années, les enjeux économiques ont transformé l'idéal olympique et l'idéal sportif en général. Tout en permettant une meilleure préparation des athlètes, donc de meilleures performances, l'argent et le professionnalisme ont entraîné le sport dans une spirale infernale dont il a aujourd'hui du mal à se sortir. L'investissement corporel et spirituel est peu à peu devenu financier. Les pressions économiques se sont alors faites de plus en plus fortes sur les épaules des «dieux du stade». L'échec est, pour certains, devenu impossible, alors qu'il constitue l'un des éléments de base du sport: s'il y a vainqueur, il y a vaincu. L'athlète doit alors trouver les ressources morales pour repartir et s'imposer un jour prochain. La peur de l'échec a poussé certains sportifs, ou certains gouvernements trop orgueilleux, à tricher pour obtenir un titre et une médaille.

LA LUTTE

Aujourd'hui, la lutte contre le dopage est devenue l'une des priorités des fédérations et des organismes internationaux. Des contrôles inopinés sont pratiqués dans la plupart des sports, et jouent un rôle préventif considérable. De plus, les vainqueurs des grandes compétitions doivent systématiquement se soumettre à ces contrôles pour obtenir l'homologation de leurs performances.

Désormais, aux Jeux Olympiques, un nouvel examen sera pratiqué pour limiter les risques de tricherie: le test de féminité! Un prélèvement de muqueuses permettra aux médecins de déterminer le sexe d'origine des athlètes. Par le passé, certains hommes ont en effet eu recours à la chirurgie pour changer de sexe, et ainsi concourir dans les catégories féminines. Mariel Goitschel, célèbre skieuse française dans les années 60, s'est vu remettre une médaille perdue il y a plus de 20 ans. La skieuse qui l'avait battue était . . . un homme.

CONTROLES ET SANCTIONS

Lors des Jeux Olympiques, des contrôles sont effectués sur les quatre premiers de chaque épreuve, et sur certains autres athlètes tirés au sort. Une liste de produits interdits est préalablement établie par le Comité International Olympique, et constamment remise à jour. Les examens d'urine sont effectués après chaque épreuve, par un laboratoire choisi par le CIO. En cas de litige, une deuxième étude est pratiquée. Si elle confirme le résultat positif de la première, la commission médicale du CIO propose des sanctions. La sanction finale, prise par le Comité International, peut aller jusqu'à la suspension à vie.

A Les phrases suivantes expriment les idées principales de l'article, mais elles ne sont pas dans le bon ordre. A vous de les ranger correctement. Mais attention! Il y en a une de trop.

1 On a mis en vigueur des mesures pour empêcher le dopage.
2 De nos jours un(e) athlète qui cherche à tricher ne sait pas s'il/si elle devra se soumettre à des tests.
3 C'est le Comité des J.O. qui s'occupe d'effectuer des contrôles sur des athlètes.
4 De plus en plus c'est l'argent qui mène la danse.
5 Dans le passé on a cherché à aller contre la nature.
6 Dans les cas extrêmes, on peut mettre fin à la carrière d'un(e) athlète qui se dope.
7 La peur de perdre est maintenant toute-puissante.
8 L'influence de l'argent dans le domaine du sport est ambivalente.

B Les adjectifs suivants sont utilisés dans la première partie du texte (jusqu'à «pour obtenir un titre et une médaille»). A vous de trouver le nom qui correspond à chacun. Notez aussi *masculin (m)* ou *féminin (f)* pour chaque nom.

Adjectif	Nom
1 infernal	....
2 corporel	....
3 spirituel	....
4 financier	....
5 fort	....
6 impossible	....
7 moral	....
8 orgueilleux	....
9 économique	....
10 certain	....

coin infos

quelques cas

1972: L'Américain Rick Demont est privé de sa médaille d'or au 400 m nage libre. La même année, les cyclistes hollandais sont déclassés de leur troisième place aux 100 km contre la montre. L'un d'eux avait absorbé des substances interdites.

1976: Deux haltérophiles bulgares et un Polonais sont disqualifiés. Préférant prévenir que guérir, et afin d'éviter d'autres sanctions, la délégation bulgare se retire.

1984: Onze athlètes sont déclarés positifs, dont deux médaillés.

1988: Ben Johnson est disqualifié après avoir battu le record du monde du 100 m. Carl Lewis récupère la médaille d'or, et le Canadien est dans un premier temps radié à vie par son propre gouvernement.

scandales

En 1976, un athlète soviétique de pentathlon a été exclu de la compétition après avoir truqué son fleuret. Le signal lumineux s'est allumé alors que la lame était en l'air!

A Séoul en 1988, deux nageurs américains, dont un médaillé, ont été disqualifiés après avoir dérobé une statuette estimée à 10 000 dollars dans un restaurant.

C Maintenant, complétez les phrases suivantes, en écrivant dans chacune un des noms que vous avez trouvés, avec son article. Ensuite, traduisez-les en anglais.

1 Dans le sport, ce n'est pas que .... physique qui compte; .... y est aussi pour quelque chose.
2 De nos jours, ... exerce beaucoup d'influence sur le sport professionnel.
3 De la part de certains athlètes, c'est .... qui les pousse à tricher.
4 Si .... d'un pays est très faible, celui-ci peut se trouver dans .... de participer aux J.O.
5 Le sport, autrefois, ne reposait que sur .... L'argent n'y était pour rien.

D Traduisez en anglais la section intitulée *Contrôles et sanctions.*

E *Face à face*

Faites avec un(e) partenaire le jeu de rôle suivant, en vous inspirant de la section *Contrôles et sanctions*.

Personne A Vous êtes le chef du Comité Olympique contre le dopage.

- Faites savoir à un(e) athlète le résultat positif d'un contrôle qu'il/elle a subi. Dites-lui la peine (disqualification–suspension–durée).
- Expliquez les raisons de votre décision.

Personne B Vous êtes l'athlète en question.

- Expliquez votre innocence, votre opposition à toute drogue.
- Trouvez une raison pour expliquer le résultat positif du contrôle.
- Protestez contre la décision du Comité.

F *A vous maintenant!*

Au choix:

1 Vous êtes l'athlète (la Personne B dans l'activité E) et vous écrivez une lettre aux autorités pour protester contre l'injustice de l'accusation contre vous.

OU

2 Vous êtes un spectateur qui trouve dégoûtant tout dopage, et vous écrivez au journal *Le Sport* expliquant pourquoi vous êtes favorable à un contrôle extrêmement rigoureux.

Ecrivez environ 350 mots.

2.8 *Drogues: vos témoignages*

La question de la drogue n'est pas limitée, bien sûr, au domaine du sport – ni au monde de ceux en prise avec des problèmes extraordinaires, comme vous le verrez dans l'article à la page 38. Mais pour toutes et pour tous, la même chose reste inévitable – il est plus facile de commencer que d'arrêter. Ecoutez les ados qui se sont fait interviewer par le magazine *Salut!* On leur a demandé de parler des effets de la drogue sur leur vie.

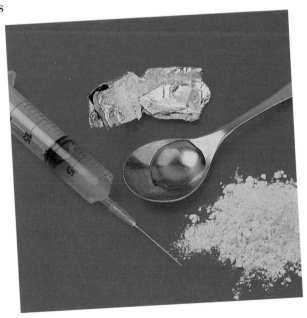

A Des adolescents – Laurène, David, Antoine, Marianne et Sophie – ont parlé à un journaliste du magazine *Salut!* des effets de la drogue sur leur vie. Ecoutez-les, puis notez lequel/laquelle . . .

1 a été profondément touché(e) à la suite d'une tragédie
2 a renoncé à une amitié
3 trouve difficile de résister à la tentation
4 est plutôt pessimiste
5 préfère se débrouiller sans drogue

B
Ecoutez encore ces cinq jeunes et complétez les phrases avec les mots qui manquent.

Laurène
1 J'ai un frère .... années.
2 J'ai la haine .... qui détruit.
3 Je sais .... de l'argent.

David
1 C'est pas .... assez fort.
2 J'ai déjà .... de mon lycée.

Antoine
1 Cela .... des joints.
2 Je ne veux pas .... choses.

Marianne
1 Pendant une boum .... un joint.
2 J'ai accepté .... grand-chose.
3 Je préfère .... ce genre de trucs.

Sophie
1 La drogue .... peur.
2 Je n'ai pas .... pas.

C
Ecoutez encore les cinq témoignages. Comment dit-on ...?

1 It really affected me badly.
2 There's a lot of it about.
3 I caught him smoking.
4 I've never held it against him.
5 I hope he'll manage to get out of this mess.

CONSOLIDATION

1 Rendez en anglais ces exemples tirés de l'enregistrement.
   a La drogue me fait affreusement peur.
   b Ça m'a fait très peur.
   c Cela me fait tellement mal pour lui.
   d Ça ne m'a pas fait grand-chose.
   e Des copains m'ont fait fumer un joint.

2 A vous maintenant! Comment dit-on en français ...?
   a That gives me pleasure.
   b That made me think.
   c We frightened him.
   d It did hurt her.
   e It doesn't do a lot for us.

coin infos

niveau bac plus joint ...

Français qui ont déjà consommé de la drogue* selon le niveau d'études:

Université 26%

Bac 21%

Secondaire 12%

Aucun 7%

*(toutes drogues confondues)

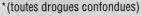

coin accent

prononciation

r

Comme vous le savez déjà, le **r** est parmi les sons les plus caractéristiques du français parlé. Ecoutez de nouveau les paroles de Sophie, notées ci-dessous, et imitez seulement la voix de votre sexe. Pendant que vous parlez, essayez de faire vibrer le fond de la gorge, comme si vous vous la racliez de façon très délicate.

«Dans mon lycée, on a constitué une sorte de comité antidrogue, parce que ça circule pas mal et qu'il y a déjà eu des problèmes sérieux. La drogue me fait affreusement peur. L'année dernière, j'ai surpris mon petit ami en train de fumer avec un copain. Je l'ai très mal pris.»

LA DROGUE C'EST DE LA MERDE

ASSOCIATION POUR LA PRÉVENTION DES COMPORTEMENTS TOXICOMANIAQUES

2.9 *Drogues «douces»*

Que pensez-vous des drogues «douces»? Qu'est-ce que cela veut dire, «douce»? Le débat continue – y a-t-il une solution juste et réaliste? Informez-vous un peu en lisant l'article ci-dessous.

A Pour chaque début de phrase (**1–7**), choisissez une deuxième partie (**a–h**) et puis une troisième partie (**i–p**) pour construire sept phrases complètes.

1 Le ministre envisage des changements dans la loi	**a** dans quelle mesure	**i** stupéfiants.
2 Les mesures actuellement en vigueur	**b** ne reconnaît aucune distinction	**j** entre les différentes substances disponibles.
3 Des produits interdits	**c** qu'ils sont susceptibles	**k** inutiles.
4 Les ados ne se laissent pas persuader	**d** en ce qui concerne	**l** plus souples.
5 La loi actuelle	**e** que les	**m** une substance quelconque est toxique.
6 Le critère décisif sera	**f** s'achètent	**n** les drogues douces.
7 On propose d'introduire	**g** des peines	**o** de devenir dépendants de la drogue.
	h sont	**p** facilement.

TOXICOMANIE

Drogues douces: la dépénalisation en débat

La France autorisera-t-elle un jour la consommation de certaines drogues douces? «Il ne faut pas agir trop brutalement mais la législation doit évoluer», a affirmé samedi le secrétaire d'Etat à la Santé, Bernard Kouchner.

Qu'ils soient médecins ou magistrats, tous partent d'un même constat: l'application de la loi actuelle, qui condamne tout usage de stupéfiant, est inefficace. «D'un côté, on interdit leur consommation et, de l'autre, on sait très bien que les produits continuent de circuler quasiment librement», rappelle Patrick Aeberhard, coordinateur des Rencontres.

Résultat, les ravages liés à la toxicomanie s'amplifient tandis que les politiques de prévention manquent leurs cibles. «Il faut être clair: on ne peut plus dire aujourd'hui à un jeune de seize ans qu'il risque de devenir toxicomane en fumant un simple joint ou en prenant une pilule d'ecstasy, témoigne Eric Fabres, responsable de prévention à Nîmes. Ils connaissent tous dans leur entourage quelqu'un qui a touché à ces produits. A nous de leur expliquer que le problème avec ces substances n'est pas forcément lié à leur usage mais à l'abus qui en est fait. Avec la loi actuelle, c'est impossible: elle nous oblige à marteler que tout est dangereux au même degré, haschisch comme héroïne. Toute nuance est exclue. Au bout du compte, le discours perd sa crédibilité.»

Si la solution défendue par ces experts passe par une révision de la législation, il ne s'agit évidemment pas de dépénaliser les drogues douces du jour au lendemain.

B Les mots dans le tableau sont utilisés dans l'article. A vous de trouver la forme demandée.

Nom	Verbe
produit	1 ....
2	autoriser
consommation	3 ....
4	agir
avertissement	5 ....
6	évoluer
application	7 ....
8	condamner
stupéfiant	9 ....
10	interdire

C *Travail de débat*

Regardez encore le *Coin infos* à la page 35.

En vous référant à ce que vous venez de lire et aux textes que vous avez étudiés dans cette unité, préparez un débat:

Groupe A Les drogues douces: il faut les réprimer.
Groupe B Les drogues douces: il faut les dépénaliser.

Chaque membre de chaque groupe doit offrir au moins une contribution au débat.

Voyez les pages 178–9 pour quelques phrases qui vous aideront à exprimer vos opinions.

D Ecrivez en français un résumé des opinions du groupe opposé au vôtre. Expliquez pourquoi vous êtes/n'êtes pas persuadé(e) par leurs arguments.

La voie préconisée envisage plutôt une réévaluation des risques, en prenant en compte aussi bien les stupéfiants, interdits, que les produits autorisés bien que dangereux pour la santé: tabac, alcool, anxiolytiques.

Réformer en douceur

En se fondant sur la toxicité réelle de chacune de ces substances, la loi déciderait de ce qui doit être interdit et de ce qui peut être toléré. Il s'agirait alors, plutôt que de condamner en bloc les produits illicites, de permettre la consommation à titre privé de certains d'entre eux, notamment les drogues douces. Par contre, tous les excès seraient sévèrement sanctionnés, aussi bien pour les stupéfiants, que pour les médicaments ou l'alcool. «Les peines pourraient être graduées selon la gravité de l'abus, du simple avertissement jusqu'à la prison, lorsque l'infraction devient criminelle», note le professeur Jean-Pierre Changeux, président du Comité national d'éthique.

Régis de CLOSETS

2.10 *Marc, victime de l'héroïne*

Marc, architecte d'une quarantaine d'années, est héroïnomane depuis 20 ans. Voilà des extraits de son histoire. Un an auparavant, la femme et la petite fille de Marc étaient mortes dans un accident d'avion. Puis Marc a rencontré une jeune femme qui rentrait du Laos et qui lui a proposé d'essayer de l'héroïne. D'abord, il n'a éprouvé aucun problème, mais ...

Je donnerais tout pour oublier l'héroïne

Peu de temps plus tard, pas plus malin ni plus fort qu'un autre, j'étais bel et bien accroché. Architecte, employé dans une grosse agence, je ne prenais jusque-là de l'héroïne que le week-end, ou à la rigueur le soir, en tout cas jamais en travaillant, car je ne pouvais pas réfléchir, dessiner avec de l'héroïne dans les veines. Et puis, brutalement, presque en quelques jours, les choses ont basculé: tout à coup, je ne pouvais plus travailler sans héroïne. L'héroïne a des effets contradictoires: elle calme, anesthésie, endort, mais peut aussi parfois donner de l'énergie. Désormais, pour me mettre au travail, j'avais besoin du coup de fouet qu'elle me procurait.

Quelques semaines après, pour la première fois, j'ai compris ce qu'était le manque. J'étais parti en vacances en Corse, avec la ferme intention d'arrêter provisoirement ma consommation de drogue, devenue trop régulière à mon goût. Je m'étais fait ma dernière «ligne» le matin, sur le ferry. Dès l'après-midi, sur la plage, j'ai commencé à me sentir mal. Mes yeux pleuraient, mon nez coulait et surtout j'avais froid. C'était le mois de juillet, il faisait très chaud, et j'étais certainement le seul sur cette plage à avoir la chair de poule. Je suis rentré me coucher. Crampes, mal au ventre, diarrhée, les heures qui ont suivi ont ressemblé à une descente en enfer. Dès que j'ai été à peu près capable de me lever, j'ai sauté dans ma voiture et j'ai décidé, toute volonté de sevrage oubliée, de rentrer à Paris illico. Je crois que je n'ai jamais remonté aussi vite l'autoroute du Sud.

Insensiblement, l'héroïne grignotait toute ma vie. J'arrivais de plus en plus tard au travail. Je m'éloignais de mes anciens amis et de ma famille, avec qui je n'avais plus grand-chose à partager, et je fréquentais de plus en plus mes frères de sang, les toxicos. Evidemment, je commençais à avoir de sérieux problèmes d'argent. Mais je m'en foutais. J'étais bien.

Au bout d'un an ou deux, dépensant désormais entre 500 et 1 000 francs d'héroïne par jour, et mon salaire ne suffisant plus à payer ma consommation, je m'étais mis, comme tout le monde, à «dealer». Ou plutôt, j'achetais pour quatre ou cinq personnes, dans l'espoir de grignoter sur leurs doses de quoi assurer la mienne. C'était nul et mesquin, et je m'en voulais d'autant plus que je m'étais toujours promis de ne pas en arriver là.

A Les phrases suivantes, une fois complétées, donneront un résumé des points principaux de la première partie du texte, jusqu'à «... ne pas en arriver là.» A vous de compléter les phrases selon le sens du texte.

1 Marc s'est trouvé héroïnomane ...
2 Dans un premier temps il ne se droguait que ...
3 Peu de temps après, il s'est trouvé ...
4 Il est parti en vacances ...
5 Marc a vite éprouvé ...
6 Sans que Marc s'en rende compte ...
7 Ce qu'il gagnait (au bureau) ...
8 Il éprouvait un sentiment de dégoût ...

C Maintenant lisez ci-dessous la suite du récit de Marc, puis complétez en français les phrases suivantes.

1 Quand on voit **a** .... la télé des **b** .... sur les toxicomanes, il s'agit souvent de gens qui vivent en **c** .... de la société ou qui n'ont pas **d** ....
2 Les images **a** .... ne **b** .... pas, cependant, la **c** .... entière.
3 **a** .... de Marc n'est pas du tout **b** .... car sa vie **c** .... avait été normale.
4 **a** .... qu'il était toxicomane, il avait fait la **b** .... de beaucoup de gens qui lui **c** ....
5 Certains vivent dans la **a** ...., d'autres sont **b** .... morts, **c** .... du sida.

B Relisez la première partie de l'article, puis traduisez en français le texte suivant.

Most heroin addicts resemble Marc. They say that they have only a temporary need of this dangerous white powder but soon realise that they are well and truly addicted.

After growing apart from his family and his former colleagues at the agency where he had worked for a long time, Marc began to go around with people who, like himself, felt ill all the time and who, because of their addiction, had lost their job. In the space of two weeks, because he had no more money, Marc became a dealer, hoping to earn enough to live on. Now, to satisfy his 'habit', he spends over 1000 francs a day.

«Moi, je n'ai pas d'excuses ...»

Quant à ma lune de miel avec l'héroïne miraculeuse, elle s'était terminée en fiasco. Je ne prenais plus d'héro pour aller bien, et encore moins pour me défoncer, mais juste pour me sentir à peu près normal, c'est-à-dire accomplir les gestes de la vie quotidienne: me lever, me laver, m'habiller, partir travailler. Comme la plupart des toxicomanes, je n'avais plus qu'une envie: arrêter.

Quand elle évoque la toxicomanie, la télévision présente généralement des marginaux, des chômeurs ou des zonards. Familles désunies, enfances malheureuses, misère expliqueraient la drogue. C'est vrai sans doute, mais en partie seulement, donc il y a mensonge. Moi, je n'ai pas ces excuses-là. Mes parents s'entendaient bien. J'ai reçu une éducation on ne peut plus «normale». J'ai un métier, que j'ai choisi et qui m'intéresse. Et j'ai rencontré, dans mes diverses pérégrinations de toxicomane, beaucoup de gens comme moi, des jeunes gens prometteurs, comme on dit, fils et filles de la bourgeoisie, que l'héroïne avait pris dans sa toile. Certains se sont prolétarisés, vivent dans des taudis. D'autres sont morts, d'overdose ou du sida. J'ai eu la chance d'échapper à ça, mais ça ne m'a pas servi de leçon. Avec l'héroïne, je ne crois pas qu'il y ait de leçon qui tienne.

Je donnerais tout ce que je possède pour être guéri. Reste à savoir si l'on guérit jamais vraiment de l'héroïne. Un médecin m'a assuré récemment que, même en admettant que j'aie arrêté totalement d'ici là, si, dans 20 ou 30 ans, les circonstances font que l'on me propose cette satanée chimie, j'en aurai toujours irrémédiablement envie. Ce n'est pas très encourageant, et je m'imagine assez mal en vieillard toxicomane. Alors disons que je donnerais tout ce que j'ai, le peu d'argent qu'il me reste, mon travail, peut-être même mes amis, pour ne pas savoir que l'héroïne existe.
Christian SORG

D Et Marc, qu'est-ce qu'il va devenir?

Ecrivez (à la troisième personne) la suite de son histoire (250–300 mots).

2.11 *L'expérience suisse*

Tandis que certains pays se sont montrés jusqu'ici très sévères envers la drogue, il y en a d'autres qui ont pris une position plus libérale. Voici ce qui s'est passé en Suisse.

Le Platzspitz de Zurich n'accueillera plus les toxicomanes

Drogue: l'échec suisse

Les autorités helvétiques espéraient pouvoir maîtriser les stupéfiants en autorisant leur usage dans certains lieux publics. Mais les situations sont devenues incontrôlables.

LA Suisse hésite et tâtonne toujours entre répression et laxisme, compréhension et fermeté face à la drogue. Ainsi, Zurich, jusqu'ici libérale à l'excès, fait marche arrière, tandis que le gouvernement central se lance dans une nouvelle expérience inspirée par la tolérance.

Après trois ans de totale et absolue impunité, les autorités cantonales zurichoises s'engagent dans la voie d'une reprise en main. Le trop célèbre Platzspitz, où des milliers de drogués se piquent à longueur de journée sous le regard bienveillant de la police et des services sanitaires, sera désormais fermé la nuit, à partir de lundi. Une première étape avant un assainissement définitif et complet programmé pour la fin de l'hiver.

La décision en a été prise le jour même où Berne proposait aux cantons de procéder à des essais de distribution contrôlée de méthadone et de morphine aux toxicomanes. Les deux mesures, qui peuvent à première vue sembler contradictoires, entrent pourtant dans le cadre d'un effort global du pays soucieux d'abord de stabiliser le nombre des personnes dépendantes puis de le réduire de 20% en trois ans.

Il y a quelques semaines, un premier pas avait été accompli. Le parc Kocher, autre haut lieu de la toxicomanie helvétique, situé dans la capitale à proximité des ministères, avait lui aussi été frappé d'une interdiction d'accès dès la nuit tombée. D'immenses portails de bois ont été dressés pour en bannir l'entrée.

Marché libre de la mort

Véritable marché libre de la mort, le Platzspitz connaîtra donc le même sort. Il avait attiré dans la grande métropole zurichoise les

toxicomanes venus non seulement de la Suisse entière mais encore du nord de l'Europe. Ouvert non loin de la gare centrale dans les jardins du Musée national, il offre un spectacle hallucinant. Au grand jour, les dealers y exercent leur sinistre commerce. Près du kiosque à musique des étals de fortune présentent les doses que s'injectent aussitôt les jeunes affalés sur le gazon ou couchés sur les bancs. Les services officiels de la ville distribuent gratuitement les seringues. Plus de dix millions d'aiguilles auraient ainsi été échangées depuis le début de cette expérience – heureusement unique en Europe.

Tirant la leçon d'une situation devenue totalement incontrôlable, les autorités zurichoises se sont donc enfin résignées à changer leur fusil d'épaule. Elles tournent petit à petit le dos au laisser-faire et au fait accompli qui les inspiraient dans l'espoir d'apporter une solution originale à un problème auquel personne ne sait, il est vrai, donner de réponse satisfaisante.

Un centre d'accueil transitoire a été créé peu avant Noël en préparation de la fermeture du Platzspitz. Cet abri normalement destiné à la protection civile et disposant d'une quarantaine de lits et d'une infrastructure médicale travaille 24 heures sur 24. Il a été

A Lisez l'article puis répondez pour les questions suivantes *vrai, faux* ou *n'est pas dit.*

1 Les autorités suisses ne sont pas unanimes devant le problème de la drogue.
2 La police zurichoise fermait les yeux sur la toxicomanie.
3 La fermeture nocturne du Platzspitz est prévue pour le printemps.
4 La mesure proposée par Berne est plus susceptible de réussir que celle mise en vigueur par Zurich.
5 Un diplomate étranger a été attaqué dans le parc Kocher.
6 Dans ce parc, des jeunes peuvent acheter des seringues.
7 Les autorités zurichoises ne font plus preuve de laxisme.
8 On tient à ce que les toxicomanes ne meurent pas de froid.
9 C'est un geste de générosité de la part des pharmaciens que des seringues aient été distribuées gratuitement.
10 De nombreux toxicomanes se sont proposés pour une expérience scientifique.

B Notez en anglais les faits et les arguments de cet article, puis répondez en anglais aux questions suivantes.

1 Why have the Zurich authorities changed their approach to drug addicts?
2 What apparently contradictory measures have been taken to limit the number of addicts in Zurich and Berne?
3 What is the journalist's opinion regarding the free distribution of needles to addicts?
4 What evidence is there that the authorities in Zurich are not responding brutally to the plight of drug addicts?

C Les phrases suivantes ont été tirées de la première partie de l'article (jusqu'à «... bannir l'entrée.»). Chaque phrase est suivie d'une autre version que vous devez compléter, en trouvant pour chaque blanc <u>un seul</u> mot.

1 La Suisse hésite entre compréhension et fermeté face à la drogue.
La Suisse se montre ...., ne voulant pas paraître trop .... devant le .... de la drogue.

2 Des milliers de drogués se piquent à longueur de journée sous le regard bienveillant de la police.
Pendant .... la journée, de .... toxicomanes se font des ...., sans que la police ne .... rien.

3 Le parc Kocher avait été frappé d'une interdiction d'accès dès la nuit tombée.
On avait .... aux gens d'......... dans le parc après la .... de la nuit.

prévu que des bus spéciaux iront chaque jour en fin de journée chercher les drogués au parc pour les conduire au chaud pour la nuit. Dans le cadre de la prévention du sida, 80 pharmacies et sept drogueries ont par ailleurs accepté d'installer des distributeurs automatiques de seringues. Ces efforts répondent à une nécessité impérieuse. Il est en effet impensable de jeter du jour au lendemain les drogués dans les rues de Zurich.

La Confédération veut d'autre part procéder à une nouvelle expérience portant sur la distribution sous un strict contrôle de méthadone et de morphine. Elle a renoncé à suivre ceux qui préconisaient d'inclure également l'héroïne dans cette opération. Des groupes de 50 personnes au maximum participeront à ces essais scientifiques placés sous une intense surveillance médicale. Les ampoules seront remises chaque jour aux intéressés sur présentation d'une ordonnance numérotée avec le matériel d'injection. Un budget de l'ordre d'un million de francs suisses – quelque quatre millions de francs francais – a été prévu.

Laurent MOSSU

D Rendez en français le texte suivant, en vous référant à l'article.

In Zurich, thousands of drug addicts from all over Europe were drawn for a long time to the Platzspitz in the city centre. There, in broad daylight and while the police looked on, youngsters would inject themselves, having been issued with free syringes by an over-liberal municipality. However, the authorities, after realising that the situation had got out of hand, have now decided to alter their approach. From now on the Platzspitz will suffer the same fate as the Kocher Park in Berne, and will be closed at night. In order to prevent the spread of Aids, a temporary hostel has been set up and will remain open round the clock. But this measure, although showing the concern of the Swiss authorities, will not solve the problem overnight.

E Résumez, en anglais, les points principaux de l'article. Ecrivez environ 150 mots.

2.12 *Travail de synthèse*

1 Ecrivez un article pour un magazine scolaire dans lequel vous déplorez la dépendance si répandue par rapport à l'une des drogues qui figurent dans les pages de cette unité. Citez des exemples et des chiffres pour renforcer votre argument. Ecrivez 250–350 mots.

2 «C'est simple: Dites non!» Pourquoi n'est-ce pas si simple que ça? Citez des exemples et des chiffres pour renforcer votre réponse. Ecrivez 250–350 mots.

3 Ecrivez un essai (250–350 mots) sur l'un des thèmes suivants. Dans chaque cas, présentez votre point de vue et trouvez des arguments solides pour le défendre. Servez-vous de ce que vous avez appris dans l'unité, mais aussi d'autres sources: sites web, articles de presse (français ou anglais), films, etc.

- le Tour de France: le dopage est-il inévitable pour les cyclistes professionnels?
- l'alcool au volant, législation et attitudes: comparez la situation en France et au Royaume-Uni.
- les drogues dites «douces», législation et attitudes: comparez la situation en France et au Royaume-Uni.

unité 3
L'environnement

*D*ans cette unité on examine des questions écologiques. Toute une gamme de questions, mais aussi un grand nombre de mesures proposées – et prises – pour la défense et la survie de notre environnement.

Dans cette unité on va consolider votre compréhension des points suivants:

- Le futur et le conditionnel *(future and conditional)*
- Les comparatifs et superlatifs *(comparatives and superlatives)*
- Les constructions avec l'infinitif *(infinitive constructions)*
- Le subjonctif *(subjunctive)*
- Les adjectifs démonstratifs *(demonstrative adjectives)*

3.1 *Quelles sont vos priorités?*

A Vous allez écouter une conversation entre Caroline et Stéphane, qui discutent de l'environnement et de leurs inquiétudes. Avant de les écouter, c'est à vous de considérer – ou avec un(e) partenaire ou bien en groupe – vos idées à vous en matière d'environnement. Essayez d'identifier quelques problèmes spécifiques et des solutions possibles.

B
1 Ecoutez la premiére partie de la conversation. Est-ce que les idées de Caroline et Stéphane sont les mêmes que les vôtres? Notez les différences que vous avez remarquées.
2 Ecoutez la deuxième partie de la conversation et résumez-la en anglais (environ 150 mots).

3.2 *Il faut protéger les plages!*

La France est bordée par la mer au sud (la mer Méditerranée), à l'ouest (l'océan Atlantique) et au nord (la Manche et la mer du Nord). Presque partout, projets de ports de plaisance, de pêche, de parcours de golf sont prétextes à des opérations immobilières qui menacent de nuire aux sites uniques en France. Le patrimoine naturel du littoral a besoin de protection.

Le tour de France du littoral en péril

Les plages de notre enfance sont-elles appelées à disparaître? Si l'on n'y prend pas garde, le sable sur lequel nous aimons lézarder au soleil risque peu à peu de se transformer en or pour les promoteurs. Ils lorgnent maintenant sur tout notre littoral ouest après avoir transformé les côtes méditerranéennes et normandes en stations-béton.

Le Parisien commence aujourd'hui son tour de France des plages saccagées ou convoitées. Un tour de France désolant, parfois bête à pleurer, où la nature a dû s'effacer derrière des opérations immobilières juteuses pour beaucoup. Pour le plus grand malheur de ceux qui vivent sur place ou qui aiment visiter ces régions: ce n'est pas demain la veille que nos hommes d'affaires et nos décideurs respecteront la nature. Et les droits des générations futures à une planète protégée sont encore loin d'être une réalité.

La Bretagne bientôt assassinée, la Côte d'Azur dénaturée, la Vendée convoitée: la spéculation est lâchée! Et avec le massacre de notre littoral au mépris de la loi de 1986 qui protège pourtant bords de mer, dunes, landes et autres marais, tourbières et frayères. Mais toute loi s'adresse au bon sens. Celle-ci comme les autres. Et la loi «Littoral» prévoit une urbanisation proche de la mer lorsqu'elle se justifie par des raisons économiques. D'où la prolifération de projets de ports de plaisance ou de centres de thalasso.

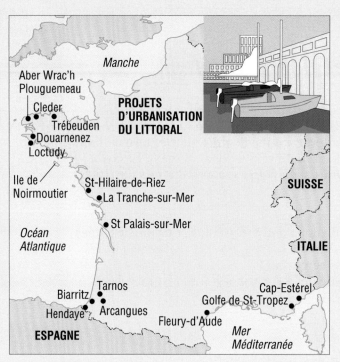

PROJETS D'URBANISATION DU LITTORAL

Manche
Aber Wrac'h
Plouguemeau
Cleder
Trébeuden
Douarnenez
Loctudy
Ile de Noirmoutier
St-Hilaire-de-Riez
La Tranche-sur-Mer
St Palais-sur-Mer
Océan Atlantique
Tarnos
Biarritz
Hendaye
Arcangues
Fleury-d'Aude
ESPAGNE
SUISSE
ITALIE
Cap-Estérel
Golfe de St-Tropez
Mer Méditerranée

Mais l'argument économique, dans ces cas, est tout simplement un chantage au sentiment et la décentralisation, un bel outil mal employé. Car peut-on réellement croire que dans telle commune très étendue qui possède en moyenne un hectare par habitant, le seul endroit à bâtir est une dune?

Ailleurs, on n'hésite pas à recouvrir de commerces un banc de sable qui rejoint la côte à une île. Ailleurs encore, on détruit un aber pour aménager un golf! On confond trop aujourd'hui le développement touristique avec le développement immobilier.

Mais qui est dupe? Les dix-sept projets de ports de plaisance prévus sur le littoral breton seront peu rentables. Il existe déjà 14 000 places de bateau en Bretagne et nombreuses sont celles encore inoccupées. Or, il est question d'en construire 10 000 de plus. Les ports de pêche, eux, ne permettent que de toucher de l'argent public. Mais on essaie, grâce à eux, d'emporter l'adhésion des habitants. Derrière, pourtant, se profilent, en filigrane, hôtels, résidences de luxe, qui ne rentabiliseront que les comptes des promoteurs.

L'erreur des élus est sans doute de croire que ces investissements privés sont les seuls moyens de remplir la caisse de la commune. Un élu n'a-t-il pas d'ailleurs dit que «la clientèle n'achète un appartement sur la côte que s'il est construit sur le littoral»? Et tant pis pour les habitants du coin!

On va finir par croire que les élus bretons ou vendéens font un complexe par rapport à leurs collègues méditerranéens et ne savent refuser ce bétonnage houleux qu'on leur fait miroiter.

La protection du littoral est du ressort de l'Etat, donc du préfet. Il a compétence pour créer et exploiter des ports commerciaux. L'urbanisme – et donc les ports de plaisance – est du ressort, lui, de la commune, qui reçoit concession du département pour gérer elle-même le littoral. Encore faut-il que ce soit dans les règles de l'art.

Et quand donc les communes soucieuses de préserver l'environnement seront-elles récompensées face aux autres qui préfèrent tirer profit de la nature? Haroun Tazieff* n'hésitait pas à comparer «le bétonnage du littoral à un crime passible de la cour d'assises.»

Jacqueline MEILLON
* vulcanologue et ancien ministre

A

1 Qui est-ce que la journaliste considère responsables de la dégradation du littoral français?

2 Qui est-ce qui ...

a aurait dû rédiger un texte moins ambigu?

b devra résister à la tentation de l'argent facile et préserver la qualité de vie sur les communes?

3 Certaines constructions d'intérêt public qui dénaturent le littoral sont souvent le prétexte trouvé par des hommes d'affaires pour réaliser des opérations immobilières. Citez lesquelles.

4 La dégradation du littoral ne s'est pas produite partout en France au même moment.

a Où cela a-t-il commencé?

b Quelles sont les régions touchées maintenant?

5 La journaliste considère que le saccage du littoral porte grand tort à certaines personnes. Lesquelles?

B
En vous mettant à la place d'un(e) écologiste, adressez <u>cinq</u> reproches écrits à un promoteur immobilier responsable du saccage du littoral dans votre région.

C *Face à face*

Personne A   Vous êtes un(e) touriste étranger/ère en vacances en Bretagne; vous avez été attiré(e) par la publicité vantant le littoral naturel, tranquille, etc. L'invasion de la côte par les immeubles vous déplaît.

Personne B   Vous êtes un homme/une femme d'affaires breton(ne). Vous devez expliquer les avantages apportés par le développement immobilier.

CONSOLIDATION

A consulter: Demonstrative adjectives, p.191

1 Complétez les phrases suivantes avec la forme appropriée de l'adjectif démonstratif puis traduisez-les oralement en anglais.

a .... scientifique a réaffirmé les dangers de la pollution.

b .... conférences se déroulent tous les ans.

c .... étude est très récente.

d .... preuves sont convaincantes.

e .... été la pollution sera pire.

f .... crise sera permanente.

g .... dégâts sont importants.

h .... article est déprimant.

2 Traduisez ces phrases en français.

a This problem is very serious.

b Even these out of the way places are affected.

c This summer I'm not going to swim in the sea.

d These solutions will not come overnight.

e This time we shall find an answer.

f These crises concern everyone.

3.3 *Nicolas Hulot: «Gérons la planète ensemble»*

Nicolas Hulot, explorateur célèbre, donne son avis sur les dangers écologiques qui menacent notre planète.

A
Les phrases suivantes font le résumé de ce que dit Nicolas Hulot, mais elles ne sont pas dans le bon ordre. Ecoutez-le et rangez-les correctement.

1 Par le mot «écologie» il n'entend pas que la protection des animaux.

2 A son avis, on surestime les facultés de récupération de la nature.

3 Tous les pays ne seront pas d'accord sur les meilleurs moyens de résoudre ce problème.

4 Tous les pays du monde sont concernés dès aujourd'hui.

5 Si on ne veut pas que notre planète meure, il faut sensibiliser les jeunes à cette question.

6 Il juge les hommes incapables de s'occuper de leur patrimoine.

7 Lors d'un long périple à travers le monde, il s'est rendu compte de la crise écologique qui menace la planète.

B
Ecoutez encore une fois la première partie de l'enregistrement. Comment Nicolas Hulot dit-il ...?

1 while I was travelling round the world

2 you notice

3 if we don't soon pay heed to

4 one can expect

5 those who cannot afford it

C Maintenant écoutez la deuxième partie de l'enregistrement et complétez les blancs dans les phrases suivantes. Après, traduisez en anglais les phrases complètes.

1 Ce n'est pas seulement sauver .... mais d'abord se préoccuper de l'homme.
2 Un moment viendra .... tout le monde.
3 L'homme est .... ainsi, en prédateur de lui-même.
4 Il faut que les produits .... leurs effets sur l'environnement.
5 Aussi tentons-nous, avec la Fondation Ushaïa, de faire .... vis-à-vis de la nature.

Nicolas Hulot apprend aux enfants à respecter la mer

Tous les étés, les côtes françaises sont envahies par des milliers de vacanciers dont le passage rime souvent avec déchets sur les plages (bouteilles, sacs, mégots...) et pollution de l'eau. Afin de sensibiliser davantage les jeunes et leurs parents au respect de l'océan, la fondation Nicolas-Hulot pour la nature lance aujourd'hui une campagne nationale de mobilisation intitulée «SOS mer propre».

Le premier volet de l'opération se traduit par la distribution d'un livret pédagogique aux adolescents de dix à quatorze ans. Diffusé par l'intermédiaire des fédérations sportives, des communes participant à la campagne et des associations concernées par la protection de la mer, le texte donne des informations pratiques sur l'océan et détaille l'influence des activités humaines sur la pollution du littoral.

Mais le vrai temps fort de l'opération concerne l'éventail d'actions mises en place sur le terrain par plus d'une trentaine de villes le long des côtes atlantique et méditerranéenne.

Distributions de cendriers de plage

Du nettoyage d'une calanque à Marseille aux distributions de cendriers de plage en passant par la création de deux emplois

Une plage polluée comme on en rencontre trop souvent. La fondation Nicolas-Hulot pour la nature lance aujourd'hui une campagne nationale de mobilisation intitulée «SOS mer propre».

D   Lisez maintenant l'article sur la campagne de Nicolas Hulot «SOS mer propre». Les sous-titres suivants se réfèrent aux six paragraphes de l'article, mais ils ne sont pas dans le bon ordre. A vous de les ranger correctement.

a   Les responsables veulent de l'action
b   Un document explicatif
c   Une série d'initiatives concrètes
d   Un professeur enthousiaste
e   Rendre à la mer sa propreté
f   Les jeunes interviendront auprès des vacanciers

E   Lisez ce résumé du premier paragraphe de l'article et trouvez, pour remplir les blancs numérotés, un mot approprié pour chacun.

Un **1** .... considérable de touristes **2** .... dans deux mois le **3** .... français et y laissera **4** .... sortes de déchets qui vont **5** .... aussi bien les plages **6** .... la mer. **7** .... que tout le monde **8** .... plus **9** .... de l'océan, Nicolas Hulot **10** .... à sensibiliser le public en **11** .... une campagne visant à restaurer la **12** .... de l'eau.

F   Reformulez avec vos propres mots les phrases et expressions suivantes, tirées de l'article.

1   Les côtes françaises seront envahies par des milliers de vacanciers dont le passage rime souvent avec déchets sur les plages.
2   Le premier volet de l'opération se traduit par ...
3   Le vrai temps fort de l'opération concerne ...
4   ... au moment où la présence des touristes est la plus importante.
5   «Je n'arrête pas de croiser des sacs plastique ...»

d'«écogardes» à Berck-Plage (Pas-de-Calais), la plupart des initiatives impliquant les enfants seront mises en place cet été, au moment où la présence des touristes est la plus importante.

«C'est une forme de pédagogie par l'action, explique André-Jean Guérin, directeur de la fondation Nicolas Hulot. En participant à des sorties en mer, en réhabilitant des dunes ou en installant des capteurs dépolluants dans les ports, les enfants apprennent à changer de comportement dans leur vie quotidienne.»

Parmi les initiatives originales, les élèves de CM1 de l'école communale de L'Aiguillon-sur-Mer (Vendée) rencontreront ainsi, dès le 15 avril, les pêcheurs de la ville pour débattre de la pollution en mer. «Moi qui fais de la voile toute l'année, je n'arrête pas de croiser des sacs plastique en surface et c'est une vraie catastrophe, tempête Benoît Mangou, l'instituteur chargé de l'opération. Avoir des réflexes écologiques dès l'âge de dix ans, surtout quand on habite au bord de la mer, me semble essentiel. A 20 ans, il est parfois trop tard.»

Frédéric MOUCHON

▶ *Un site Internet «SOS mer propre» peut être consulté:* http://www.Fnh.Org
Fondation Hulot 01.44.90.83.00.

coin accent

prononciation

ion

ion est un son que certains anglophones tendent à trouver un peu difficile, en insistant sur la prononciation britannique *shun*. En français, les deux voyelles se prononcent distinctement **i-on**. Ecoutez de nouveau le début de la deuxième partie de l'enregistrement, de «Il est important de comprendre ... » jusqu'à « ... la paupérisation des populations locales» et imitez seulement la voix de votre sexe. Votre professeur vous donnera la transcription.

3.4 *A nous de choisir*

Ce ne sont pas seulement des héros individuels comme Nicolas Hulot qui font des efforts pour améliorer notre attitude envers l'environnement. Lisez cet article sur les recherches des experts de l'OMS (Organisation mondiale de la santé).

LA POLLUTION MEURTRIERE

La combattre coûte cher.
L'ignorer encore plus.

L'air que nous respirons tue. «Ne polluons plus: nous économiserons des vies et de l'argent.» C'est ce que diront les responsables de l'Organisation mondiale de la santé, le 20 novembre, à la prochaine réunion de la commission économique pour l'Europe des Nations unies, preuves à l'appui.

Les experts du bureau européen de l'OMS ont compilé – avec l'aide de spécialistes américains et néerlandais – toutes les statistiques existant sur la qualité de l'air et les émissions de fumées toxiques en Europe de l'Ouest et de l'Est. Ils les ont comparées aux données sur les maladies respiratoires, pulmonaires, cardio-vasculaires ou neurologiques, ainsi que sur les cancers dont on pense qu'ils sont provoqués par la pollution. Le résultat est atterrant: «Des millions d'Européens vivent dans des conditions qui provoquent chaque année des milliers de morts prématurées et bien plus de handicapés et de malades chroniques», note le rapport. Il évoque quatre types de situations critiques. L'été, quand il fait beau, qu'il n'y a pas un souffle, l'oxyde d'azote émis par les voitures et les usines se transforme en ozone. Ce dernier, lorsqu'il est en excès à basse altitude, devient nocif.

L'hiver, quand les cheminées crachent les résidus du chauffage urbain, chargés en oxyde de soufre, et qu'une période de hautes pressions empêche le vent de disperser tous ces miasmes, les citadins souffrent. D'ailleurs, entre le trafic automobile, les industries et l'incinération des déchets, il y a peu de chances d'échapper à un cocktail de polluants composé de gaz carbonique, d'oxyde de soufre et d'oxyde d'azote. Enfin, nous absorbons, dans l'air que nous respirons, une quantité de métaux lourds: de l'arsenic, du cadmium, du plomb et du mercure. Coupables: les voitures – encore – et les usines – toujours.

Tout cela, on le savait plus ou moins. Le mérite de l'OMS est de rassembler les données qui, cautionnées par le monde médical, prennent plus de poids. Et d'en tirer une leçon politique. Pour Stanislaw Tarkowski, directeur de la section environnement et santé du bureau européen de l'OMS, «il faut améliorer les statistiques et lancer de véritables études épidémiologiques qui montreraient plus clairement le lien direct entre la pollution de l'air et certaines maladies. Il faudrait surtout imposer des normes plus sévères, décider que la santé prime l'intérêt financier». Ou comprendre, comme l'explique le nouveau directeur général de l'OMS, Hiroshi Nakajima, que l'économie repose d'abord sur la bonne santé des humains.

Françoise MONIER

A Lisez l'article puis répondez en français aux questions suivantes.

1 Quelle sorte de pollution est surtout visée par l'OMS?

2 Comment, à votre avis, est-ce que la santé de l'individu est liée à celle de l'économie de l'Europe? Expliquez votre avis en une cinquantaine de mots.

3 Exprimez avec vos propres mots la valeur des recherches de l'OMS.

B Exprimez autrement ces idées tirées des trois premiers paragraphes de l'article.

1 preuves à l'appui
2 on pense qu'ils sont provoqués par la pollution
3 il n'y pas un souffle
4 lorsqu'il est en excès
5 il y a peu de chances d'échapper à

C Traduisez en français ce passage en vous référant aux deux derniers paragraphes de l'article pour vous aider.

This winter, we will see an increase in the number of factory chimneys emitting harmful fumes. When this happens and the wind is unable to remove these pollutants, we will all suffer, and some of us will have respiratory illnesses. We will be forced to breathe in a dangerous mixture of poisonous gases. No one can deny that the culprits are cars and industrial waste. Although the situation is appalling, we can learn a political lesson from it. By improving the figures and highlighting the close connection between pollution and illness we could make progress. By imposing stringent controls, we would surely see financial advantages, not to mention the improved health of Europeans.

D Ecrivez une composition sur le sujet suivant: «Plus la société industrielle se développe, plus elle nuit à notre santé.» Ecrivez environ 400 mots.

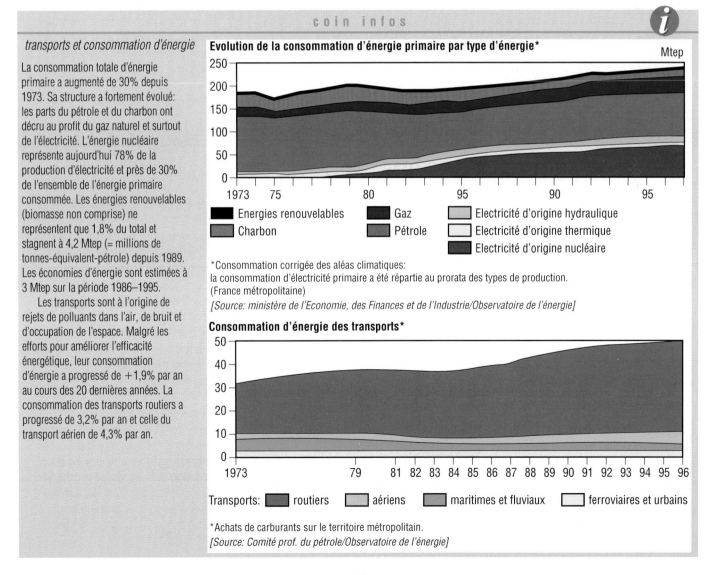

coin infos

transports et consommation d'énergie

La consommation totale d'énergie primaire a augmenté de 30% depuis 1973. Sa structure a fortement évolué: les parts du pétrole et du charbon ont décru au profit du gaz naturel et surtout de l'électricité. L'énergie nucléaire représente aujourd'hui 78% de la production d'électricité et près de 30% de l'ensemble de l'énergie primaire consommée. Les énergies renouvelables (biomasse non comprise) ne représentent que 1,8% du total et stagnent à 4,2 Mtep (= millions de tonnes-équivalent-pétrole) depuis 1989. Les économies d'énergie sont estimées à 3 Mtep sur la période 1986–1995.

Les transports sont à l'origine de rejets de polluants dans l'air, de bruit et d'occupation de l'espace. Malgré les efforts pour améliorer l'efficacité énergétique, leur consommation d'énergie a progressé de +1,9% par an au cours des 20 dernières années. La consommation des transports routiers a progressé de 3,2% par an et celle du transport aérien de 4,3% par an.

Evolution de la consommation d'énergie primaire par type d'énergie*

Mtep

Energies renouvelables ▪ Gaz ▪ Electricité d'origine hydraulique
Charbon ▪ Pétrole ▪ Electricité d'origine thermique
Electricité d'origine nucléaire

*Consommation corrigée des aléas climatiques:
la consommation d'électricité primaire a été répartie au prorata des types de production.
(France métropolitaine)
[Source: ministère de l'Economie, des Finances et de l'Industrie/Observatoire de l'énergie]

Consommation d'énergie des transports*

Transports: ▪ routiers ▪ aériens ▪ maritimes et fluviaux ▪ ferroviaires et urbains

*Achats de carburants sur le territoire métropolitain.
[Source: Comité prof. du pétrole/Observatoire de l'énergie]

3.5 *Sauvons la planète*

Tout comme nous, les Français se sentent menacés par les dangers
d'ordre écologique.

VERS UN NOUVEAU SAVOIR-VIVRE

L'énergie est d'une importance énorme dans le développement des sociétés humaines.
Savez-vous qu'une famille occidentale de quatre personnes dispose en permanence d'un potentiel
énergétique équivalent à la puissance de travail de 800 personnes?

Grâce à la domestication des énergies, la puissance moyenne développée par tête d'habitant atteint, dans les pays industrialisés, une ampleur telle qu'il faudrait 150 à 200 personnes pour l'équivaloir.

Et avec tous ces «esclaves chimiques», nous ne sommes pas fichus de construire la moindre pyramide, comme les pharaons. Non, nous, hommes du XXIᵉ siècle, nous nous contentons de produire des pyramides d'ordures, de polluer l'atmosphère et l'eau, et de piller le Tiers Monde.

Saviez-vous que 40% de l'humanité, soit deux milliards d'humains, vivent sans électricité? Dans le noir dès que la nuit tombe, sans frigo, sans radio, sans télé. «D'un côté la prédation, de l'autre la privation».

Dans les décennies à venir, un des principaux objectifs de l'humain sera de tirer du soleil, du vent, de l'eau et de la biomasse, l'essentiel des énormes quantités d'énergie dont nous avons besoin. Et pour une fois, il y a une justice: les ressources renouvelables se trouvent à 70% dans les pays en voie de développement.

Source: Le temps du Soleil – Magazine Greenpeace

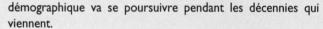
FICHE NATURE . . . FICHE NATURE . . . FICHE NATURE . . . FICHE NATURE

PLUS ON EST DE FOUS, PLUS ON RIT . . . JAUNE!

La démographie galopante n'a rien de drôle. Les réserves alimentaires mondiales ne suffiront bientôt plus à nourrir tout le monde.

POURQUOI?

Quelques chiffres édifiants:

En 1800, la terre comptait 950 millions d'habitants. En 1900, 1 milliard 650 millions. En 1950, 2,5 milliards. Aujourd'hui, six milliards d'hommes grouillent sur la planète. Ils seront huit milliards en 2025, car la progression démographique va se poursuivre pendant les décennies qui viennent.

L'évolution démographique varie d'un continent à l'autre. Pendant que l'Europe et l'Amérique du Nord voient un tassement de leurs populations, l'Afrique, l'Asie et l'Amérique du Sud connaissent des taux de natalité importants. La Chine, malgré les mesures prises pour limiter les naissances, dépasse le cap du milliard d'habitants.

Il faut cependant signaler que des scientifiques estiment qu'un citoyen des Etats-Unis pollue seize fois plus qu'un habitant du Tiers Monde.

La sur-présence humaine menace de disparition des milieux naturels et de nombreuses espèces animales.

Le meilleur rempart contre l'explosion démographique est l'amélioration des conditions de vie et d'éducation. L'écart du niveau de vie entre les pays de l'U.E. et les pays d'Afrique est actuellement de un à huit!

A   Dans l'article en face, trouvez les chiffres qui vont avec les affirmations suivantes.

1   Notre consommation journalière d'électricité est l'équivalent du travail d'un effectif de ....

2   Le pourcentage de la population du monde qui utilise l'électricité est de ....

3   Les pays développés détiennent le pourcentage suivant des ressources renouvelables: ....

4   En 2025, la population du monde sera .... fois plus grande qu'en 1800.

5   Un citoyen américain est responsable de .... fois plus de pollution qu'un habitant d'un pays en voie de développement.

C   Traduisez en français le texte suivant, en vous référant, si vous voulez, à l'article pour vous aider.

In future decades Western countries, which currently cannot be bothered to develop renewable resources, will not have enough energy available for the people who live in them. In developing nations, people are experiencing many problems and, despite the improvement achieved in the level of education, the gap between the industrialised West and its Third World neighbours remains huge. The rapidly increasing birth rate in many African, Asian and South American countries is no laughing matter.

B   Copiez la grille suivante et remplissez-la.

	Nom	Adjectif
1	la puissance	....
2	l'atmosphère	....
3	l'humanité	....
4	la privation	....
5	la planète	....
6	la progression	....
7	le tassement	....

Maintenant écrivez une série de phrases où vous utilisez chaque fois un des adjectifs que vous venez de noter.

Nord-Pas-de Calais

Scarpe-Esnaut Avesnois

Brotonne

Marais du Cotentin et du Bessin

Vexin

Montagne de Reims

Vosges du Nord

Haute Vallée de Chevreuse

Lorraine

Armorique

Normandie-Maine

Perche

Forêt d'Orient

Gâtinais Français

Ballons des Vosges

Brière

Loire-Anjou-Touraine

Morvan

Brenne

Haut-Jura

Livradois-Forez

Massif des Bauges

Périgord-Limousin

Volcans d'Auvergne

Pilat

Chartreuse

Martinique

Vercors

Queyras

Causses du Quercy

Landes de Gascogne

Grands Causses

Verdon

Luberon

Haut-Languedoc

Camargue

Corse

Source: Fédération des parcs naturels régionaux de France

coin infos *i*

les espaces protégés

Divers outils concourent à la protection de la nature, allant d'une protection forte dans les réserves naturelles et les zones centrales des parcs nationaux, aux chartes de gestion dans les parcs naturels régionaux. Sept nouvelles réserves naturelles ont été créées en 1998 (dont deux en Guyane et deux en Guadeloupe) ainsi que trois nouveaux parcs régionaux: les parcs du Perche, du Périgord-Limousin et de l'Avesnois.

3.6 *Etes-vous coupable?*

Est-ce que nous sommes personnellement coupables de polluer l'environnement? Voilà la question peut-être la plus difficile…

A *A discuter et à décider*

Etudiez la bande dessinée, puis discutez avec un(e) partenaire toutes les formes de pollution dont les gens ordinaires se rendent coupables sans en être conscients et par manque de considération pour les autres. Décidez laquelle vous trouvez la plus nocive. Est-ce que votre partenaire est d'accord? Discutez de vos raisons en donnant des exemples d'après vos propres expériences.

B *Travail à deux*

Personne A Vous êtes en vacances en France et par négligence vous jetez un papier sur la plage.

Personne B Vous avez vu ce geste et entrez en dispute avec la Personne A pour avoir pollué la plage.

A cause de l'agressivité de la Personne B, la Personne A trouve nécessaire de se justifier d'une façon agressive, elle aussi.

C

Après avoir étudié cette bande dessinée, observez votre ville/village pendant quelques jours en faisant une liste des formes de pollution que vous avez remarquées. Puis, préparez une présentation orale dans laquelle vous résumerez ce que vous avez découvert sur la pollution locale, en citant tous les exemples.

3.7 *La Journée de la Terre*

La France a inauguré une «Journée de la Terre» pour encourager une attitude positive envers la protection de l'environnement. Ecoutez les voix de cinq personnes qui expriment leurs incertitudes sur les problèmes qui nous confrontent.

Monique

Fabrice

Isabelle

Richard

Michel

A Parmi ces cinq personnes, laquelle ...

1 approuve cette mesure publicitaire?
2 ne comprend pas trop de quoi il s'agit?
3 s'intéresse beaucoup à cette question?
4 se déclare peu enthousiaste?
5 croit que le gouvernement devrait agir?
6 prétend que les gens sont mal renseignés?
7 n'est pas d'origine française?
8 n'est pas convaincue de l'efficacité de cette journée publicitaire?
9 dit qu'on s'occupe beaucoup de cette question chez lui?
10 se sent concernée pour les générations futures?

B *Interprétez!*

Notez les points principaux de ce que dit chaque personne. Puis, faites le résumé des cinq opinions, en écrivant une phrase en français pour chacune.

C Comment dit-on dans cette série de petites interviews ...?

1 We're all going to feel concerned.
2 There have to be people who are passionate.
3 everything to do with the environment
4 measures should be imposed
5 It's essential that everybody be convinced.
6 We've not really been informed about it.
7 All these problems go over my head!
8 for things to improve in the future
9 It's a matter which concerns everyone.
10 Paris is greatly affected by pollution.

CONSOLIDATION

A consulter: Future, p.197; conditional, pp.198–9

1 Identifiez toutes les expressions au futur proche, futur et conditionnel que vous avez entendues dans les interviews.

2 Utilisez les expressions trouvées pour vous aider à rendre les phrases suivantes en français.
   a We shall not watch the adverts!
   b Everything will change.
   c We won't change.
   d We will be able to (= know how to) settle the disagreement.
   e It won't be difficult to decide.
   f The public should feel involved.
   g We (= *Nous*) are going to feel anxious.
   h One should suggest alternatives.

3.8 *Ayons des réflexes écologiques*

Voyons comment les Français s'engagent pour la défense de la planète.
Lisez, par exemple, l'article suivant, tiré de *France-Dimanche*.

Pollution des côtes, sécheresse, gaspillage d'énergie, plus que jamais, ayons les réflexes «écologiques»

SAUVER LA NATURE

ça commence par de petits gestes simples

A l'heure où tous les savants se mobilisent pour sauver la Terre de la pollution, chacun de nous peut, avec ses faibles moyens, participer à cette entreprise de sauvegarde.

C'est même un devoir si l'on se rappelle la déclaration du commandant Cousteau*, qui voulait lever une véritable armée écologique de casques verts pour «défendre» notre planète. Il ne proposait rien de moins que la création d'une force internationale chargée de la protection de l'environnement, des «soldats» qu'il avait déjà baptisés les «casques verts»!

Mais comment faire, à notre mesure, pour aider efficacement? Eh bien, sauver la nature n'est pas aussi difficile qu'on pourrait le penser.

Ça commence par de petits gestes simples à faire soi-même et à apprendre à ses enfants, bien sûr, pour qu'ils soient, demain, les grands bénéficiaires de cette lutte pour la vie. Alors, plus que jamais aujourd'hui, pour lutter contre la pollution des côtes, pour éviter aussi les gaspillages d'énergie, il faut avoir le «réflexe écologique»!

Vous allez le voir, rien de bien compliqué! Il s'agit tout simplement de précautions banales à prendre dans la vie courante qui peuvent, si elles sont répétées par chacun de nous à des milliers et même des millions d'exemplaires, préserver notre environnement si terriblement menacé.

La France entière peut économiser des milliards de litres d'eau en déposant dans la chasse d'eau . . . une simple brique! A partir du moment où la brique occupe une partie de l'espace réservé à l'eau, il y aura moins de place pour l'eau et le flotteur se redressera plus vite: moins d'eau, donc moins de gaspillage!

Et puis, il y a ceux qui ont une pelouse. Il fait chaud, le jardin est desséché: il faut arroser! Eh bien, là encore, attention . . . il faut tout simplement prendre l'habitude d'arroser tôt le matin, ou dans la soirée, quand l'évaporation est réduite au minimum.

Un autre gaspillage fréquent est celui de l'énergie électrique. En été, par exemple, on se sert beaucoup du réfrigérateur . . .

Ainsi, nous ouvrons notre réfrigérateur environ 22 fois par jour. Plus de 8 000 fois par an! Lorsque nous l'ouvrons, l'air froid qui sort est remplacé par de l'air chaud qui entre. Le réfrigérateur se réchauffe alors à l'intérieur et consomme de l'électricité en plus pour se refroidir!

Mais, quand un réfrigérateur est plein, il économise l'électricité parce que les produits absorbent l'air froid et le gardent.

Un thermostat maintient le réfrigérateur à la bonne température. Mais les réfrigérateurs sont souvent plus froids que nécessaire.

Les petits tuyaux, derrière, sont très importants. C'est ce système qui maintient le froid en faisant sortir la chaleur de l'intérieur. Mais il fonctionne mal s'il n'est pas propre.

Que faut-il faire alors?

Ne pas ouvrir pour rien le réfrigérateur et, une fois qu'il est ouvert, prendre vite ce qu'on veut et refermer la porte.

S'occuper de l'entretien des tuyaux en les nettoyant.

Regarder impérativement si le réfrigérateur est à la bonne température (c'est-à-dire 6°C).

Des détails? Oui, certes, mais qui ont leur importance si vous vous sentez concerné par le sort de la planète et par l'avenir de vos enfants!

Pierre LACHKAREFF

* spécialiste des ressources marines

faut que je remplisse le frigo - ça économise de l'électricité!

coin infos ⓘ

le fond de l'air est sale . . .

Pourcentage de Français qui ont déjà été gênés par la pollution de l'air:

52

33

26

20

A	B	C	D
2000 à 20 000*	20 000 à 100 000	Plus de 100 000	Région parisienne

*Agglomérations de X personnes

Question:
• Qu'est-ce qu'une agglomération?

A rechercher:
• Identifiez une ville française pour chaque groupe A–D.

A Complétez les phrases suivantes pour faire le résumé de l'article.

1 Il n'y a pas que les scientifiques qui ...
2 Les «casques verts», c'était l'idée d'un homme célèbre qui ...
3 On aurait tort de croire que des gens ordinaires ...
4 Si un nombre suffisant de gens prenaient les mesures proposées ...
5 On propose des mesures pratiques à prendre ...
6 C'est dans la cuisine que ...
7 Il faut s'assurer que le frigo est en bon état ...
8 Bien que ces mesures puissent sembler insignifiantes ...

B Traduisez en anglais à partir de «Mais comment faire, à notre mesure ...» jusqu'à «... notre environnement si terriblement menacé.»

C Et vous, vous avez le réflexe écologique?
Proposez, en une centaine de mots, quelques mesures à prendre contre le gaspillage de l'énergie. Rangez-les selon leur niveau de difficulté, en commençant par la plus facile.

CONSOLIDATION

A consulter: Comparatives and superlatives, pp.191–2; infinitive constructions, pp.200-2

Relisez l'article et utilisez-le pour vous aider à traduire en français les expressions de la grille suivante.

Comparatifs et superlatifs	A + l'infinitif	Adjectif/Verbe + préposition inattendue
more than ever	it's simple to do	the time reserved for the interview
more room	difficult to learn	to see to the upkeep
less beer	the precautions to take	
less warm than necessary	the mistakes not to make	
they are not as easy		

A consulter: Subjunctive, pp.199–200

Au cours de l'unité vous avez rencontré plusieurs phrases contenant un verbe au subjonctif. Complétez les phrases ci-dessous en y mettant la forme correcte du verbe entre parenthèses.

1 Il faut qu'il y .... des gens passionnés. (avoir)
2 Que je .... une autre marque de laque. (prendre)
3 Il est essentiel que tout le monde .... convaincu. (être)
4 Pour que ça .... mieux. (aller)
5 Il semblerait que cette maladie .... née là. (être)
6 Il n'est pas sûr que j'........ raison. (avoir)
7 Il est à craindre qu'........ des situations explosives. (apparaître)
8 Pour qu'ils .... demain les grands bénéficiaires. (être)

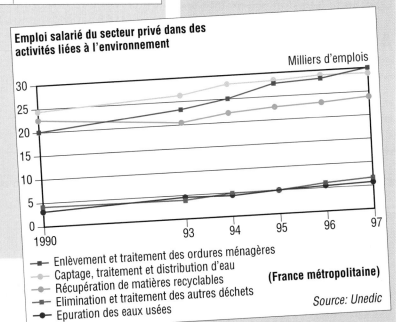

Emploi salarié du secteur privé dans des activités liées à l'environnement

Milliers d'emplois

(France métropolitaine)

Source: Unedic

- Enlèvement et traitement des ordures ménagères
- Captage, traitement et distribution d'eau
- Récupération de matières recyclables
- Elimination et traitement des autres déchets
- Epuration des eaux usées

3.9 *L'argent manque pour dépolluer la France*

Ecoutez Pierre Ladame, écologiste bien connu, qui parle des problèmes de dépollution auxquels est confrontée la France.

A   Notez en anglais la signification des chiffres suivants mentionnés par Pierre.

1   1975
2   78%
3   20 milliards
4   1995
5   200 millions
6   20%

B   Ecrivez les mots qui manquent dans ces petits extraits de ce que dit Pierre. Il manque plusieurs mots dans chaque extrait.

1   Ils sont maintenant très attentifs .... et vérifient . . .
2   Mais, dans le passé .... et du développement qui a suivi . . .
3   C'est un réel problème: .... qu'il faut maintenant nettoyer.
4   . . . on ne sait pas qui est responsable .... qui ont maintenant disparu.
5   . . . et qu'il doit trouver .... aigu.

3.10 *Passer des mots aux actes*

La grande question: est-ce que nos actions reflètent nos opinions?

A   Pour chacune des sept séries de choix à droite, choisissez parmi les titres suivants celui qui convient le mieux. Ne faites pas le test tout de suite!

a   Choisissez votre cause écolo.
b   A quoi seriez-vous prêt pour qu'on respire mieux en ville?
c   Vous avez déjà fait un geste pour l'environnement.
d   Soirée déguisée sur le thème de la nature.
e   Citez une profession écologique.
f   Le recyclage des biens de consommation et des ordures, vous êtes pour, bien sûr.
g   Il vous est déjà arrivé de manger bio.

Êtes-vous écolo?

I. ....
a) Vous arrivez fleurs dans les cheveux, flûte au bec et oiseaux chantant sur vos épaules.
b) Vous vous déguisez en parpaing, mais un parpaing vert pour montrer votre optimisme.
c) Vous arrivez nu(e): vous aviez compris soirée naturiste.

2. ....
a) «J'y mettrais bien deux ou trois profs de ma connaissance.»
b) «Ouais, mais trois poubelles différentes, je m'emmêle les pinceaux.»
c) «Je n'utilise déjà que du recyclé; même mes T-shirts, c'est ceux de mon grand frère.»

3. ....
a) Vous vous êtes mis au macramé pour produire vous-même vos sous-vêtements.
b) Vous avez entendu parler de Greenpeace.
c) Vous shootez dans les pigeons qui polluent votre trottoir.

4. ....
a) Pour la réintroduction des tamagotchis dans leur environnement naturel.
b) Contre l'heure d'été qui bouleverse votre biorythme personnel.
c) Contre le carburant au colza dont la culture intensive pollue les nappes phréatiques.

5. ....
a) Journaliste: on recycle leurs papiers pour emballer le poisson ou allumer un feu de cheminée.
b) Immigré parisien dans l'Ariège: il a tendance à élever biologiquement ses fromages de chèvre.
c) Patron d'industrie automobile: rien qu'à les écouter, on a envie de s'inscrire chez les Verts.

● TEST

6. ....
a) «Assez souvent, en fait, je connais un super magasin où on trouve de tout, même du dentifrice aux algues.»
b) «Le jour où ma mère a lu que le soja, c'était bon pour la santé. Ça s'est arrêté le lendemain, quand elle a entendu que c'était mauvais pour les artères.»
c) «À chaque fois que je saute un repas.»

7. ....
a) Prendre votre vélo, même si vous habitez à 20 km du bahut.
b) Tanner vos parents pour qu'ils passent au GPL.
c) Pratiquer le «co-scooterage» avec votre amoureux(se).

RESULTATS			
	a	b	c
1.	●	■	▲
2.	▲	■	●
3.	●	▲	■
4.	▲	■	●
5.	▲	●	■
6.	●	■	▲
7.	●	■	▲

B   Après avoir vérifié vos réponses avec votre prof, faites le test et notez vos résultats. Puis choisissez dans la case un mot différent pour remplir chaque blanc dans le verdict.

algues favori prêt bœufs forcené quotidien chance galère retour court militer tofu échappement noyer trop exterminer ordures villes

VERDICT:

Majorité de ●: écologiquement trop correct.
Vous êtes totalement concerné par l'environnement. **1**......... peut-être. C'est évidemment super de **2**......... contre l'agriculture intensive et pour le **3**......... des vélos. Le seul problème, c'est votre prosélytisme **4**......... . Il faut comprendre que tout le monde n'est pas prêt à brouter des **5**......... ou à s'enterrer dans une bergerie à **6**......... terme.

Majorité de ■: écologiquement dans la moyenne.
Vous êtes **7**......... à consentir quelques efforts pour vivre mieux sur la planète. Ou du moins, dans votre quartier. Votre action écolo préférée: **8**......... les pigeons qui roucoulent bêtement en bas de chez vous. À part ça, vous êtes moyennement actif au **9**......... . Manger bio? A condition de **10**......... tout ça sous du ketchup. Trier les **11**.........? Descendre les poubelles, c'est déjà **12**......... .

Majorité de ▲: écologiquement cynique.
Certes, vous n'êtes à l'aise que dans les **13**......... au milieu des gaz d' **14**......... et des fientes de pigeons. Et puis, personne ne vous oblige à manger du **15**......... au soja! Vous pouvez continuer à vous taper votre hamburger **16**......... . En plus, vous avez de la **17**........., il n'est absolument pas écologique. Il est même contraire à toutes les lois naturelles puisque les **18**......... sont nourris à la fiente de poulet.
Gina DALMASSO

● ●

C   Pour terminer, inventez trois questions similaires, avec trois choix, puis faites-les faire par les autres membres de votre groupe. Par exemple, «Votre résolution pour l'avenir . . .»

Si vous voulez, référez-vous au site Internet de l'Institut français de l'environnement:
http://www.ifen.fr/ree/couv.htm

3.11 *Travail de synthèse*

1   Ecrivez entre 250 et 350 mots sur un des thèmes suivants.
- Décrivez les initiatives positives prises pour défendre notre société et notre planète, et celles qui restent à prendre.
- Vous arrivez dans une ville de province où on ne fait aucun effort pour recycler les déchets domestiques. Ecrivez une lettre soit au journal local, soit à la municipalité, pour exprimer votre inquiétude et suggérer certaines mesures à prendre.

2   Ecrivez un essai (250–350 mots) sur l'un des thèmes suivants. Présentez votre point de vue et trouvez des arguments pour le défendre. Servez-vous de ce que vous avez appris dans l'unité, mais aussi d'autres sources: sites web, articles, films, etc.
- le programme français de retraitement des déchets nucléaires constitue-t-il une menace pour l'environnement?
- les stations de sports d'hiver en France: renouveau économique pour les régions de montagne, ou destruction de l'environnement?
- l'Amoco Cadiz en 1978, l'Erika en 2000: les marées noires sont-elles inévitables sur les côtes françaises?

unité 4

La France multiculturelle

*Q*u'est-ce que c'est, un «vrai» Français? La société française est variée: plus d'un tiers des Français descendent d'immigrants.

Dans cette unité on va consolider votre connaissance des points suivants:

■ Le négatif *(negatives)*
■ Le futur *(future)*
■ Le conditionnel *(conditional)*
■ Le passif *(passive)*
■ Les verbes pronominaux *(reflexive verbs)*

4.1 *Aperçu historique: l'affaire Dreyfus*

Si vous avez étudié un peu l'histoire européenne des années 1890 et 1900, vous connaissez peut-être déjà le nom d'Alfred Dreyfus. Officier respecté de l'armée, il était aussi juif. Lorsque l'armée a eu besoin de nommer un traître, c'est Dreyfus qui a été la victime du complot. Histoire célèbre, d'autant plus qu'Emile Zola, géant de la littérature française, a plaidé sa cause dans la presse.

L'accusation

Lundi 15 octobre 1894. Détaché au 2ème bureau de l'état-major de l'armée, le capitaine Dreyfus est convoqué au ministère de la Guerre. Le ciel lui tombe sur la tête. Le général Mercier, le ministre de la Guerre, lui annonce qu'il est accusé de haute trahison au profit de l'Allemagne. Malgré ses protestations, Dreyfus est arrêté et incarcéré à la prison du Cherche-Midi.

Le 22 décembre, le conseil de guerre le condamne à la déportation perpétuelle. Les défenseurs de Dreyfus n'ont pas eu accès au dossier. Le 5 janvier 1895, Dreyfus, qui n'arrête pas de déclarer son innocence et croit encore que ses chefs vont le sortir de ce cauchemar, est dégradé dans la cour d'honneur de l'Ecole militaire. Le 17, il embarque pour Cayenne avec d'autres forçats. Destination: l'Ile du Diable, au large de la Guyane.

L'affaire qui a motivé la condamnation du capitaine, c'est la découverte en septembre d'un document manuscrit, le «bordereau», dans la corbeille à papiers de l'attaché militaire allemand, von

Schwartzkoppen, dont la femme de ménage émarge au 2ème bureau. L'écriture ressemble un peu à celle du capitaine Dreyfus, nouvellement arrivé au service. Consulté, Alphonse Bertillon, l'inventeur de l'anthropométrie, assure qu'il s'agit de la même graphie, bien qu'elle présente aussi des analogies avec celle du commandant Esterhazy, également affecté à l'état-major.

La réaction de la presse

Cet officier d'origine hongroise a des soucis d'argent. Le capitaine Dreyfus, lui, n'en a pas. Qu'importe, c'est sur lui que se portent les soupçons. Parce qu'il est juif et parce qu'il est alsacien. Pour les caricaturistes, c'est pain bénit. Dreyfus a le profil du «juif traître». Ils régalent la droite nationaliste. Cette même droite nourrit son antisémitisme avec les écrits enflammés de *La Libre parole*, des pamphlétaires Édouard Drumont et Léon Daudet. Et alors que la hiérarchie catholique reste prudente, le journal *La Croix* participe à la «croisade» contre les juifs. Ces articles sont lus dans les presbytères les plus reculés et souvent commentés en chaire.

J'Accuse...!
LETTRE AU PRÉSIDENT DE LA RÉPUBLIQUE
Par ÉMILE ZOLA

LETTRE

Dénoncer sans relâche la «conspiration» des juifs «traîtres à la Patrie», cela laisse des traces. Et puis il y a le poids de l'armée. Défenseurs de la nation, les militaires ont crédit d'infaillibilité. Car tout le monde, enfin presque tout, croit à l'époque que Dreyfus est coupable. Seule une poignée de gens lucides et courageux pensent comme la famille Dreyfus que le capitaine est innocent. Mathieu, le «frère admirable», se bat déjà pour son aîné.

Une découverte étonnante

Le premier rebondissement, en 1896, n'est pas le fait de la famille, mais du 2ème bureau. Son nouveau titulaire, le lieutenant-colonel Picquart, a mis la main sur un pneumatique (le «petit bleu») qui révèle une correspondance entre le commandant Esterhazy et l'attaché militaire allemand. Pour Picquart, le doute n'est plus permis. L'agent des Allemands, ce n'était pas Dreyfus, c'est Esterhazy. Il en parle en haut lieu, ce qui lui vaut d'être aussitôt limogé et remplacé par le général Gonse qu'assiste le commandant Henry.

Henry allume aussitôt un contre-feu: il fabrique un document qui accable Dreyfus. Mais l'affaire n'en reste pas là. Le 6 novembre à Bruxelles, le journaliste français Bernard Lazare publie un article au titre retentissant – *Une erreur judiciaire* – dans lequel il affirme que le 22 décembre 1894, le conseil de guerre a condamné un innocent.

Malgré son devoir de réserve, Picquart revient à la charge en révélant ce qu'il a découvert dans le «petit bleu». Pris au piège, l'état-major doit ouvrir une enquête sur Esterhazy. Pour la forme, puisqu'elle conclut à son innocence. Esterhazy est acquitté le 11 janvier 1898.

Le scandale éclate

Ce jugement provoque un scandale. De l'affaire Dreyfus, on passe à l'Affaire tout court. Crise politique et crise de conscience nationale. La France se coupe en deux avec d'un côté, les dreyfusards, qui militent pour la justice, la liberté individuelle et la défense des droits de l'homme – la Ligue des droits de l'homme voit le jour cette année-là. De l'autre, les anti-dreyfusards, défenseurs de l'armée et de la raison d'État. Mais la fracture n'est pas si nette qu'il y paraît. Il y a des gens de gauche qui sont dreyfusards tout en étant antisémites et des catholiques, comme Péguy, qui embrassent la cause du capitaine.

La lettre ouverte de Zola

On devient antimilitariste. La crise de conscience atteint son paroxysme le 13 janvier 1898, lorsque l'écrivain Emile Zola, soutenu par Georges Clemenceau, rédacteur à *L'Aurore*, publie dans ce journal, sous le titre «J'accuse», une lettre ouverte au président de la République. Il y affirme que le conseil de guerre a absous sciemment un coupable, le commandant Esterhazy. Zola est condamné à un an de prison, à 300 000 F d'amende pour diffamation et perd sa légion d'honneur. Mais lui et ses amis ont atteint leur objectif: ils ont pris la nation à témoin. La vérité est en marche.

La vérité est en marche

Une marche que ralentissent les manœuvres du ministère de la Guerre. Pour se dépêtrer, il publie le faux du commandant Henry. Picquart démontre l'imposture. Arrêté, Henry passe aux aveux et est interné au Mont-Valérien où on le retrouve le lendemain égorgé, son rasoir à la main. Des hommes politiques démissionnent. Les avocats de Dreyfus n'arrêtent pas de réclamer la révision du procès. Le ministère de la Guerre finit par la leur accorder.

C'est à Rennes, ville de garnison jugée plus calme et plus sûre, que se déroulera, non sans incidents à l'extérieur, le procès en révision. Mais là encore, les militaires hésitent à se déjuger. Ramené de l'Ile du Diable, Dreyfus est une nouvelle fois reconnu coupable, mais avec «circonstances atténuantes», et condamné le 9 septembre 1899 à dix ans de réclusion. Effaré par l'antisémitisme ambiant, le journaliste autrichien Theodor Herzl, qui assiste aux débats, a la prémonition qu'il est temps pour les juifs de fonder un État en Palestine.

Michel de CARNÉ

A Lisez le compte-rendu de l'affaire Dreyfus, puis notez la date exacte des moments forts de l'affaire.

1 l'histoire se met en train
2 corruption attaquée dans la presse
3 Dreyfus jugé coupable une deuxième fois
4 le coupable blanchi
5 Dreyfus humilié devant ses collègues
6 Dreyfus parti en déportation

C Ecoutez maintenant cette interview dramatique où le capitaine Dreyfus parle de ce qui lui est arrivé. Les questions qu'on lui a posées ont été supprimées. Pouvez-vous les remettre dans le bon ordre?

a Malgré cela, vous faisiez un coupable idéal?
b Que faisait-on des principes affirmés par la Révolution française?
c Pourquoi ce retard?
d Comment cette affaire a-t-elle commencé?
e Vous y êtes resté longtemps?
f On vous a innocenté?
g C'était le cas de votre famille?
h Que s'était-il passé pour en arriver là?
i Qu'est-ce qui s'est passé ensuite?

D Ecoutez encore la première partie de l'interview (à partir de «J'étais capitaine . . .» jusqu'à «. . . un moment atroce!»). Puis écrivez-la à la troisième personne. Commencez: «Il était capitaine . . .».

F Pour terminer, voici la dernière partie du compte-rendu de l'affaire Dreyfus, mais elle est incomplète. Choisissez un mot dans la case pour compléter chaque blanc. Attention: il y a des mots en trop.

B Lisez encore, puis identifiez le nom de la personne dont il s'agit dans chacune des phrases suivantes.

1 responsable des forces militaires
2 fournisseur de témoignage douteux
3 responsable d'un journal
4 cible des journalistes
5 journaliste antisémite
6 premier à découvrir la vérité
7 à l'étranger, dénonce l'injustice
8 le vrai coupable
9 journaliste, champion de Dreyfus
10 s'est donné la mort
11 conçoit un refuge pour ses coreligionnaires

E Résumez en anglais, en une centaine de mots, les points principaux de l'interview, à partir des mots «C'est rocambolesque . . .».

Ce jugement suscite une **1** .... émotion en France et à l'étranger, **2** .... en Allemagne, qui a **3** .... tout de suite l'innocence de Dreyfus, et en Italie, que le président Loubet, **4** .... un boycottage massif de l'Exposition universelle de 1900, **5** .... Dreyfus. Ce qui ne **6** .... personne. Il faudra attendre plus de six ans **7** .... que la Cour de cassation casse le second jugement et **8** .... à Alfred Dreyfus son honneur et son **9** .... de capitaine. Dreyfus est **10** .... à la dignité d'officier de la Légion d'honneur. Mort en 1935, après avoir **11** .... la Grande Guerre, Alfred Dreyfus a aujourd'hui sa **12** .... à Paris. Elle devait **13** .... dans la cour d'honneur de l'Ecole militaire. L'armée ne l'a pas acceptée. Elle a finalement été érigée dans un recoin peu **14** .... du jardin des Tuileries. La République n'aime pas reconnaître ses **15** ....

> acceptée affirmé avant cour craignant élevé
> fait figurer fréquenté grâce grade grande
> même notamment pour refusant rende
> satisfait si statue telle torts

4.2 *Un Sac de billes*

Si vous ne connaissiez pas jusqu'ici l'histoire du capitaine Dreyfus, vous savez sans doute quelque chose sur le sort des juifs qui habitaient la France pendant les années 1930 et 1940. Joseph Joffo, auteur d'*Un Sac de billes*, en était un, et dans ce livre émouvant il raconte les «aventures» de deux jeunes garçons – lui-même et son frère aîné – pendant ces années dangereuses.

Joseph Joffo
Un sac de billes

– Enfin, dit-il, il faut que vous sachiez une chose. Vous êtes juifs mais ne l'avouez jamais. Vous entendez: JAMAIS.

Nos deux têtes acquiescent ensemble.

– A votre meilleur ami vous ne le direz pas, vous ne le chuchoterez même pas à voix basse, vous nierez toujours. Vous m'entendez bien: toujours. Joseph, viens ici.

Je me lève et m'approche, je ne le vois plus du tout à présent.

– Tu es juif, Joseph?

– Non.

Sa main a claqué sur ma joue, une détonation sèche. Il ne m'avait jamais touché jusqu'ici.

– Ne mens pas, tu es juif, Joseph?

– Non.

J'avais crié sans m'en rendre compte, un cri définitif, assuré.

Mon père s'est relevé.

– Eh bien voilà, dit-il, je crois que je vous ai tout dit. La situation est claire à présent.

La joue me cuisait encore mais j'avais une question qui me trottait dans la tête depuis le début de l'entretien à laquelle il me fallait une réponse.

– Je voudrais te demander: qu'est-ce que c'est qu'un juif?

Papa a éclairé cette fois la petite lampe à l'abat-jour vert qui se trouvait sur la table de nuit de Maurice. Je l'aimais bien, elle laissait filtrer une clarté diffuse et amicale que je ne reverrais plus.

Papa s'est gratté la tête.

– Eh bien, ça m'embête un peu de te le dire, Joseph, mais au fond, je ne sais pas très bien.

Nous le regardions et il dut sentir qu'il fallait continuer, que sa réponse pouvait apparaître aux enfants que nous étions comme une reculade.

– Autrefois, dit-il, nous habitions un pays, on en a été chassés alors nous sommes partis partout et il y a des périodes, comme celle dans laquelle nous sommes, où ça continue. C'est la chasse qui est réouverte, alors il faut repartir et se cacher, en attendant que le chasseur se fatigue.

A Les phrases suivantes racontent l'essentiel de cet extrait mais les secondes moitiés de phrases ont été mélangées. Remettez-les dans le bon ordre. Attention! Il y a deux secondes moitiés de trop.

1 Le père de Joseph a insisté pour que . . .
2 Le père a dit à Joseph . . .
3 En ne disant pas la vérité . . .
4 Joseph avait besoin de comprendre pourquoi . . .
5 Le père de Joseph a trouvé difficile . . .
6 Le père de Joseph a essayé d'expliquer . . .

a Joseph a fait ce que voulait son père.
b le sort historique du peuple juif.
c son fils ne révèle pas sa religion.
d Joseph ne devait plus poser de questions.
e de répondre à la question de son fils.
f de s'approcher de lui.
g Joseph avait commencé à pleurer.
h son père avait agi ainsi.

B Répondez aux questions suivantes en français.

1 Pourquoi, à votre avis, est-ce que le père de Joseph le frappe?

2 A quoi devine-t-on que les Joffo ne sont pas des juifs orthodoxes?

3 Selon le père, quelle est la destinée historique des juifs?

C Les phrases suivantes, qui se trouvent dans l'extrait, pourraient être exprimées en utilisant d'autres mots.

Ecrivez <u>un</u> mot pour remplacer chaque blanc numéroté, tout en gardant le sens de la phrase originale.

1 nos deux têtes acquiescent ensemble
a .... les deux, nous avons fait **b** .... de la tête en même **c** ....

2 Il ne m'avait jamais touché jusqu'ici.
C'était la **a** .... fois de ma **b** .... qu'il avait **c** .... la main **d** .... moi.

3 J'avais crié sans m'en rendre compte.
J'avais **a** .... échapper un **b** .... sans **c** .... ce que je **d** ....

4 J'avais une question qui me trottait dans la tête depuis le début de l'entretien.
Depuis que mon père avait **a** .... à nous **b** .... il y avait dans ma tête quelque chose que je **c** .... lui **d** ....

D En vous mettant à la place du père, décrivez cet épisode, en expliquant vos raisons. Ecrivez environ 150 mots.

4.3 *C'est dans le passé ...*

L'histoire d'Alfred Dreyfus date d'un siècle, celle de Joseph Joffo d'un demi-siècle environ. Dans l'Europe unie de nos jours, est-ce qu'on progresse enfin vers une identité vraiment multiculturelle? Pour chaque génération, cette question se pose encore. Et la réponse n'est pas simple ...

«Nos parents ne nous parlent pas de leur passé»

Villeurbanne
De notre envoyée spéciale

INTEGRATION

▶ **A Villeurbanne, sur les lieux de l'ancien bidonville qui accueillit dans les années 1960 les immigrés maghrébins, des jeunes réagissent à la sortie du film «le Gone du Chaâba», racontant l'histoire d'Azouz Begag, romancier et sociologue issu de ce quartier, qui doit sa réussite à l'école. Ce que veulent ces enfants de la deuxième génération, c'est être des «citoyens comme les autres».**

«IL est pourri ce film! Ce n'est pas ça notre vie.» Dans la salle de cinéma, en ce jour de sortie du film «le Gone du Chaâba», les deux mômes ne décolèrent pas. Ils ne se retrouvent pas dans l'histoire de leurs parents, immigrés maghrébins qui habitaient des bidonvilles à leur arrivée en France dans les années 50–60... tout simplement parce qu'ils n'en ont jamais entendu parler! «La plupart des jeunes de notre génération ne connaissent pas ce pan de l'histoire. Nos pères ne racontent pas beaucoup leur passé. Ils sont dignes, explique Lakhdar, 28 ans. Moi, je sais que le film raconte la réalité car mon père m'en a un peu parlé.» Lakhdar habite la cité Saint-Jean de Villeurbanne, située près de l'emplacement des anciens baraquements du «Chaâba», tout comme Louisa et Fatima, treize ans (qui ne connaissent pas le parcours de leurs parents), Yamine, 21

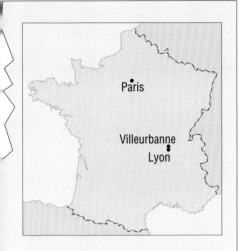

ans, et Wahid, 30 ans. Ensemble, ils viennent de voir le film.

A la fin de la séance, tous ont été touchés par cette histoire. Le film raconte comment, grâce à l'école, Azouz Begag est passé du bidonville aux laboratoires de recherche du CNRS. Un «exemple» selon ces jeunes, mais pas forcément une leçon d'espoir pour eux. «Aujourd'hui, même avec des diplômes, on ne trouve pas de boulot. On a perdu cette foi en l'école qui fait réussir», affirme Lakhdar, qui est un jour maçon, un jour poseur de fenêtre selon les hasards de l'intérim. Pourtant les médias n'hésitent pas à ériger Azouz Begag comme un modèle d'«intégration». Un terme détesté et violemment rejeté par ces jeunes. «Qui ose me parler d'intégration?, s'énerve Wahid. Je suis né ici, je suis français et je connais d'ailleurs mieux l'histoire de France que celle de l'Algérie!»

Yamine, au chômage et actuellement à la recherche d'une formation, donne sa définition: «Pour moi, l'intégration c'est être à la fois français et arabe dans sa culture. L'intégration, c'est aussi avoir un boulot et un appartement!» Justement. Comme pour leurs parents dans le film, ces enfants de la deuxième génération se heurtent encore au racisme. «Quand je dis mon nom pour trouver un travail, la place est toujours prise..., ironise Lakhdar. Quand je m'asseois près d'une femme dans le métro, elle serre son sac... et aucune boîte de nuit dans le centre de Lyon n'accepte de nous laisser rentrer!»

A   Les phrases suivantes résument l'article mais elles ne sont pas complètes. Choisissez l'expression qui convient le mieux à chacune. Mais attention! Il y a quelques expressions de trop.

1   Selon ces jeunes, le film .... leur situation.
2   La plupart des parents maghrébins .... leurs enfants.
3   L'exemple d'Azouz Begag n'a pas servi .... le film «Le Gone du Chaâba».
4   Lakhdar a eu du mal .... dans la construction.
5   Les jeunes rejettent le mot «intégration» .... bel et bien français.
6   Ce n'est pas parce qu'ils sont nés en France que .... à l'abri du racisme.

a   parce qu'ils se considèrent
b   a fidèlement raconté
c   bien qu'ils soient
d   n'a rien à voir avec
e   à inspirer les jeunes qui ont vu
f   n'ont pas expliqué leurs origines à
g   l'on peut se mettre
h   à trouver un emploi permanent
i   ces jeunes se sont trouvés

B   Consultez un dictionnaire monolingue, puis expliquez par écrit les termes suivants qui se trouvent dans l'article.

1   maghrébins
2   bidonvilles
3   intégration
4   la deuxième génération
5   l'intérim

C   Lisez maintenant la suite de l'article, où il y a certains mots qui manquent. A vous de choisir, pour chaque blanc, le mot le plus approprié parmi les trois possibilités proposées. Soyez prêt(e) à justifier, en français, votre choix!

Dans les années 1960–70, les habitants du bidonville ont **1** .... déménagé pour habiter les **2** .... de la banlieue. Une **3** .... d'entre eux habite aujourd'hui le quartier Saint-Jean, quelques tours **4** .... du reste de Villeurbanne par un canal.

«Saint-Jean, ce n'est pas Chicago, **5** .... Wahid. A cause de quelques-uns, on nous met dans le même **6** ....» Ces jeunes qui sont nés en France et aiment leur pays **7** .... une reconnaissance.

«Je suis Français, mais je le serai vraiment quand les autres me **8** .... 'T'es sympa' et non pas 'T'es un Arabe sympa'.»

	a		**b**		**c**	
1	vite		progressivement		tristement	
2	campagne		baraquements		tours	
3	part		proportion		partie	
4	isolées		exclues		cachées	
5	accepte		plaide		interrompt	
6	immeuble		groupe		sac	
7	réclament		ont		font	
8	disent		diront		diraient	

D *Face à face*

Quelles questions la journaliste aurait-elle posées à ces jeunes en les interviewant?

Formulez-en cinq, en utilisant pour chacune une forme interrogative différente. Puis, à tour de rôle, posez les questions à votre partenaire qui doit répondre, sans consulter l'article.

E Ecoutez cet extrait d'une émission de radio, où Zohra, la sœur d'Azouz Begag, raconte sa jeunesse dans le même bidonville et comment, grâce à l'instruction qu'elle a reçue, elle s'en est sortie.

Répondez aux questions suivantes <u>en anglais</u>.

1 Where did Zohra's father work in Algeria and how was he paid?
2 Why does Zohra remember being reunited with her father?
3 What happened to her at school and why?
4 Describe the importance of Louise in Zohra's life.
5 Why was Zohra's position difficult in the «Chaâba»?
6 What does Zohra say about make-up?
7 What did Louise suggest to Zohra's father?
8 In what way did Zohra remain traditionally Algerian?
9 Where does Zohra live now?
10 What does she say about her family?

F Ecoutez encore une fois l'interview, puis complétez le résumé, en écrivant <u>un</u> mot seulement pour remplacer chaque blanc.

Le **1** .... de **2** .... père pour la France a eu **3** .... en 1950. Zohra garde un **4** .... très **5** .... du jour **6** .... elle a **7** .... l'Algérie **8** .... le rejoindre. En France, sa famille a trouvé des différences **9** ...., plutôt que **10** .... Cependant une voisine, Louise, **11** .... a montré de l'**12** .... et la jeune fille lui **13** .... d'**14** .... les mots qu'elle ne **15** .... pas. Quand Zohra **16** .... chez Louise, elle était captivée surtout par le **17** ...., mais elle devait **18** .... le rouge à lèvres **19** .... jour à la fin des **20** .... avant de rentrer chez elle. Grâce à l'instruction qu'elle avait **21** ...., Zohra ne se considérait plus **22** .... de se **23** .... à l'autorité **24** ...., mais elle n'a pas **25** .... désobéir quand son père a arrangé son mariage.

G Vous êtes un(e) des enfants de Zohra, et un(e) ami(e) des jeunes mentionnés dans l'article *Nos parents ne nous parlent pas de leur passé*.

Racontez l'histoire de votre famille, en expliquant:

• les raisons pour lesquelles elle est venue en France
• les problèmes rencontrés vis-à-vis de l'intégration
• vos inquiétudes/espoirs pour l'avenir.

Ecrivez environ 300 mots.

coin infos

Azouz Begag: Le gone du Chaâba

Le commentaire suivant est tiré du site Internet *http://www.momes.net/livres*

«Cette histoire se passe en 1967, près de Lyon, et narre la vie d'un petit garçon de 9/10 ans, d'origine algérienne. C'est une histoire vraie, celle de l'auteur, qui est un grand écrivain.

Il vivait dans un bidonville, un endroit très pauvre, avec des baraques de bois. Sa famille, des réfugiés algériens, ne parle pas français à la maison. Pourtant Azouz est très bon élève. Il est souvent le meilleur, et fait ses devoirs. Azouz aime les livres, son maître lui en prête, et il trouve un dictionnaire dans une décharge.

En lisant, il apprend des nouvelles choses, il est heureux de s'évader.

Ce livre (pas que pour les enfants) n'est pas trop long, j'ai bien suivi l'histoire. Il raconte la vie de tous les jours, donc j'ai bien compris.

J'ai beaucoup aimé l'histoire, j'ai pris plein de plaisir à lire ce livre, parce que j'ai découvert plein de choses.

En ce moment il passe au cinéma et je vais aller le voir. Je vous conseille le livre, puis comme moi, le film.»

Rémy

coin accent

prononciation

é; ais, ait, aient

En français, les deux sons se prononcent d'une façon différente l'un de l'autre: **é** = à peu près *ay* et **ais**, **ait**, **aient** = à peu près *eh*. Ecoutez de nouveau le début de l'interview (de «Au pays, mon père travaillait ... » jusqu'à « ... chez Louise, une voisine du chaâba» et imitez seulement la voix de votre sexe. Votre professeur vous donnera la transcription.

4.4 *Marcel parle de l'immigration en France*

Il y a, pourtant, d'autres groupes de gens qui ont des problèmes à s'intégrer à la société française.

A Ecoutez la première partie de l'enregistrement. Recopiez chacune des phrases suivantes en y écrivant les mots qui manquent.

1 … des pays pauvres ………, c'est une situation économique très difficile à vivre.
2 … un problème de conscience, ……… les accueillir.
3 Je suis originaire d'une région, le Nord, ……… mais aussi d'immigrés d'autres origines.
4 Ce qui s'explique par le fait que ……… de France.
5 Alors, l'exclusion est d'autant plus facile de la société parce que ……… et donc des points d'attache beaucoup plus ténus.
6 Ce n'est pas non plus l'apanage de l'immigré ……… vivent aussi cette exclusion.

B Ecoutez la deuxième partie de l'enregistrement. Comment Marcel dit-il … ?

1 illegally
2 in appalling conditions
3 we must be aware
4 who were in demand
5 when they were brought over
6 they are not part of this change

C *Interprétez!*

Prenez des notes en anglais sur ce que dit Marcel, afin d'en préparer le résumé. Ecrivez ce résumé (environ 100 mots) en anglais.

coin accent

prononciation

les liaisons
Dans le français parlé, on a tendance à joindre deux mots qui vont ensemble quand le deuxième mot de la paire commence par une voyelle ou un **h** muet. Ecoutez de nouveau les exemples de liaisons dans les paroles notées ci-dessous et imitez seulement la voix de votre sexe.

«Quand on parle des gens qui sont installés en France, les gens qui sont toujours des immigrés, dans le sens qu'ils sont pas forcément français ou qu'ils ont acquis récemment la nationalité française, mais qui sont en France depuis un certain nombre d'années et qui sont venus pour y travailler et qu'on a été rechercher pendant une certaine période dans les années 60, dont on a organisé la venue en France, parce qu'on avait besoin de leur travail, donc est-ce qu'ils provoquent des problèmes sociaux, dans le sens où, actuellement, ces personnes ont une unité sociale qui est beaucoup moindre que celle qu'elles avaient quand on les a fait venir?»

coin infos

la population de la France

Le peuplement de la France est le résultat d'apports ethniques successifs qui, tout au long de son histoire, en ont fait d'abord une des nations les plus peuplées du continent européen, puis, au cours du XXe siècle, une des plus diversifiées. En témoignent notamment la diversité d'origines de ses noms de familles.

Au 1er janvier 1998, la population totale de la France est de 58 722 571 personnes, dont 30 133 470 femmes et 28 589 101 hommes.

Sur l'ensemble de cette population, on compte entre 3,5 et 4 millions d'étrangers, chiffre à peu près stable selon les estimations officielles.

Les étrangers en provenance de pays européens, qui étaient autrefois les plus nombreux (54% en 1975), sont désormais minoritaires (36% en 1990). Les Italiens, Espagnols, Portugais ont été progressivement remplacés par des Maghrébins (Algériens, Marocains, Tunisiens), des ressortissants des anciennes colonies d'Afrique noire, des Turcs et des Asiatiques (Vietnam, Laos, Cambodge).

4.5 *Un Tunisien parle de sa vie*

Chez les immigrés, les problèmes principaux sont le chômage et le logement. Sadok parle de sa vie dans la capitale.

Moi, Sadok, Tunisien sympa, balayeur du métro de Paris

«Les Français ne veulent pas faire ce métier. Ils ont peur d'être reconnus, un balai à la main, par leurs voisins. Enfin, c'est ce qu'ils disent. Nous, personne ne nous connaît. Ou alors, on ne nous voit pas.»

Le regard plein de malice, un grand sourire sous sa moustache, une silhouette un peu ronde, Sadok Kattoursi, 53 ans, tunisien, inspire d'emblée la sympathie. Pourtant, c'est vrai, personne ne lui prête attention. Tout au moins quand il est dans sa tenue de travail: une combinaison en forte toile jaune portant, en grosses lettres, le sigle de son entreprise, la Comatec.

Son terrain d'action: les quais et les couloirs du métro qu'il connaît comme sa poche. «Depuis mon arrivée en France, explique-t-il, j'ai toujours été dans le nettoyage. Je n'ai jamais cherché à faire autre chose. Mais j'ai changé plusieurs fois d'entreprise, tout en restant presque toujours dans le métro.»

LEGION ETRANGERE. Des tâches bien particulières – entre autres, l'entretien du réseau souterrain de la R.A.T.P. – un uniforme jaune reconnaissable entre tous, des traditions hors du commun comme la possibilité de prendre, régulièrement, des congés de longue durée (pour retourner «au pays») ou l'adaptation automatique des horaires en période de ramadan, la Comatec n'a rien à envier à la Légion étrangère: sur 1400 salariés, elle compte 80% d'immigrés, de dix-huit nationalités différentes.

«Beaucoup d'immigrés, c'est la tradition dans notre secteur d'activité, explique-t-on à la direction de l'entreprise, comme dans l'automobile. Et même plus encore parce que nous n'avons pas connu de grandes restructurations et que nous sommes en plein développement.»

DEUX PIECES POUR ONZE. Sadok Kattoursi habite, dans le XIX⁰ arrondissement, un immeuble encore soumis à la loi de 1948. Les loyers y sont donc dérisoires.

«Deux pièces, c'est quand même petit. Avec ma femme et mes neuf enfants, nous sommes onze. Cela va faire dix ans que j'ai demandé un HLM. A chaque fois que je vais me renseigner, on me répond que je suis prioritaire.»

«Le logement, c'est le gros problème de tous les immigrés. Même de ceux qui peuvent payer un loyer. Dans mon équipe, beaucoup vivent dans des foyers de la SONACOTRA, à Belleville, Reuilly-Diderot ou Gennevilliers. Ou encore à l'hôtel, soit seuls, soit dans une chambre qu'ils partagent à plusieurs. C'est pour cela qu'ils n'ont pas fait venir leur famille. Ils ne savent pas où la loger. Alors ils envoient de l'argent, le plus possible.»

LES ENFANTS D'ABORD. Ses relations de travail? «Pas de problème, on s'entend bien tous, sauf avec les Maliens. Ils sont souvent brutaux. On les a vus à la dernière grève: c'est eux qui attaquaient ceux qui voulaient travailler.» Interrogé dans une autre station, Mamadou, grand Malien de 28 ans, tout en pilotant avec brio sa mini-balayeuse, donne cette explication: «Les autres disent que nous sommes paresseux. Ce n'est pas vrai. Mais on ne gagne pas beaucoup ici. Il vaut mieux faire du commerce.»

Sadok Kattoursi ne sait pas trop s'il restera définitivement en France.

«Cela dépendra de mes enfants. Sept sont nés ici. Je ne m'éloignerai jamais d'eux.»

Et aux Tunisiens, que conseille-t-il?

«Pas de venir en France. Ils ne savent pas ce qui les attend.»

Le dimanche, après avoir regardé la télévision, Sadok va se promener, avec ses enfants, aux Buttes-Chaumont ou le long du canal de l'Ourcq réaménagé. Difficile, alors, de reconnaître ses origines. Surtout dans ce quartier.

Jean-Louis ROCHON

A Les phrases suivantes font le résumé de l'article mais elles ne sont pas dans le bon ordre. A vous de les ranger correctement.

1 Ceux qui viennent travailler en France éprouvent une difficulté commune.

2 Sadok dit que lui et ses collègues sont invisibles pour les passants.

3 Sadok a de bons rapports avec la plupart de ses collègues.

4 Après avoir quitté son pays natal, Sadok n'a pas changé de métier.

5 Ce sont les immigrés qui font les métiers qui sont refusés par les Blancs.

6 L'avenir de Sadok est incertain.

7 La plupart des employés de l'entreprise pour laquelle Sadok travaille actuellement ne sont pas nés en France.

8 Le logement où habite Sadok ne suffit pas aux besoins de sa famille nombreuse.

B Les notions qui suivent sont exprimées autrement dans l'article. A vous de trouver la forme équivalente. Attention! Elles ne sont pas dans le bon ordre.

1 le changement
2 extraordinaire
3 aussitôt
4 à jamais
5 très bas
6 espièglerie
7 faire un tour
8 très bien
9 habilement
10 là où il travaille

C Maintenant, traduisez en anglais les paragraphes 2 et 3 (à partir de «Le regard plein de malice...» jusqu'à «... presque toujours dans le métro.»)

D *Face à face*

Le journaliste a dû poser pas mal de questions à Sadok avant d'écrire son article. Formulez autant de questions que possible, en utilisant toutes les formes interrogatives données dans la case. Puis, tour à tour, posez vos questions à votre partenaire, qui doit répondre pour Sadok.

> Où? Qui? Pourquoi? Combien de/d'?
> Qu'est-ce que? Est-ce que? (Depuis) Quand?
> Comment? Quel(le)(s)?

CONSOLIDATION

A consulter: Negative adverbs, pp.188–9

Nous avons enlevé la particule négative de chacune de ces phrases tirées du texte. Sans regarder l'article, remettez les deux morceaux de la forme négative dans la position correcte. La première est déjà faite pour vous aider.

Exemple: **1** Les Français veulent faire ce métier.   (ne ... pas)

   Les Français ne veulent pas faire ce métier.

2 Nous, nous connaît.   (personne ... ne)

3 Lui prête attention.   (personne ... ne)

4 J'ai cherché à faire autre chose.   (ne ... jamais)

5 La Comatec a à envier à la Légion étrangère.   (ne ... rien)

6 Nous avons connu de grandes restructurations.   (ne ... pas)

7 Ils ont fait venir leur famille.   (ne ... pas)

8 On gagne beaucoup ici.   (ne ... pas)

9 Je m'éloignerai d'eux.   (ne ... jamais)

10 Ils savent ce qui les attend.   (ne ... pas)

4.6 *Noir ou Blanc?*

Lisez ce témoignage d'une jeune Française.

TEMOIGNAGE

OK! **Magazine, s'il vous plaît, publiez mon témoignage. Ce que j'ai à dire, et qui est important pour moi, je voudrais le voir écrit là, en noir sur blanc. Dans** *OK!* **parce que** *OK!* **c'est super génial et que nous les jeunes, on peut y parler de tout! Je veux aussi savoir si je suis seule dans mon cas. Voilà: je suis noire et il y en a que ça dérange!**

Ça fait cinq ans que je vis en France et ma couleur de peau commence à avoir un goût amer, alors que, dans mon pays, au Cameroun, il y a plein d'Européens et que nous, les Africains, nous les traitons avec respect! Ce sont les petites brimades qui se répètent qui me font le plus mal. Vous voulez un exemple? Je suis dans la rue, on me bouscule. On se retourne, on voit que je suis noire, alors on ne s'excuse même pas!

Le racisme, c'est douloureux à la longue
Vous voyez, ça a l'air de pas grand-chose, mais c'est douloureux à la longue! Non, ne croyez pas que je vais pleurnicher comme ça pendant tout ce témoignage. Il y a des choses bien et je vais en parler aussi: en classe, c'est différent, heureusement. J'ai des tas d'amis avec lesquels je m'entends super bien. Je le dis ici. Ils me trouvent sympa, gentille, drôle et mignonne. Et il est vrai que je le suis peut-être. Ils me disent: «Nelly, tu devrais faire du cinéma» ou bien «Je te vois bien dans une pub Benetton» et même pour l'élection de Miss OK!, ils m'ont poussée à me présenter. Mais je ne l'ai pas fait, parce que malgré tout, je doute de moi. Et pas pour rien! Voyez: je vais à une boum ou à une soirée. Je me fringue comme pas possible. Les copines me disent que je suis la mieux fringuée de la classe, la plus mode. Souvent même, elles me demandent mes adresses ou des conseils ...
Bon, voilà, j'arrive à la boum. Les garçons me draguent, s'amusent avec moi, rient avec moi, mais jamais aucun d'eux n'est allé plus loin. Parfois, j'espère quand ils me parlent ou m'invitent à danser, mais il ne se passe jamais rien. Rien de rien. Ils aiment danser avec moi quand ça remue, mais les slows, jamais!

Je n'ai jamais eu un seul flirt
Alors franchement, qu'est-ce que je dois comprendre? Je n'ai jamais eu un seul flirt, vous entendez, pas un seul! Et surtout qu'on n'aille pas me dire de draguer, moi, un garçon ou d'aller lui demander de sortir avec moi. J'ai trop peur de son refus. Copain, oui, flirt, non! Ma couleur de peau, je commence à la trouver de plus en plus encombrante! Quand à la récré, mes amies racontent des histoires sur leurs mecs, je les écoute et je les envie franchement. Alors moi aussi je leur raconte mes histoires d'amour. Mais elles ne sont pas vraies, je les invente. Juste pour me faire croire et leur faire croire qu'à moi aussi ça arrive. Que moi, je suis comme elles, y'a pas de raison!

Les copines, quand vous lirez mon témoignage, faudra pas m'en vouloir: j'en arrive à avoir honte d'être noire, d'être autrement que vous!

J'aimerais tellement être blanche moi aussi ... Et puis, cet été, à cause de mes fichus complexes, j'ai refusé de faire du camping dans les Vosges avec mes amis. Pourtant j'en mourais d'envie, ça oui! Tout ça, je n'en ai jamais parlé à personne. A personne! Mes parents? Ils auraient trop de peine pour moi. Ils font tout pour que je sois heureuse. Je les adore. Si vous saviez comme ils me gâtent! Ils m'ont même acheté un scooter, alors que mes copines n'ont que des mobs d'occasion. Tout ce qu'ils pourront me dire, je le sais d'avance et ça ne changera rien.

J'aimerais tellement être blanche
Quelquefois, les filles de ma classe dorment les unes chez les autres. Je le sais parce que je les entends en parler. Moi, jamais aucune ne m'a invitée à dormir chez elle. Et quand j'ai demandé à l'une d'elles de venir dormir chez moi (mes parents étaient d'accord), elle m'a répondu que les siens, les parents, ne voulaient pas ... Vous voyez? Ce n'est pas la peine de faire un dessin! Mon témoignage va être lu par des jeunes, si j'ai la chance que vous le publiiez. Leurs réactions, je les aurai dans «Vous n'êtes pas seuls», je le sais. Mais en fait, les parents devraient le lire aussi; les parents et les grandes personnes, celles que je croise parfois dans la rue et qui me regardent de travers, se moquent de moi, ou ne croient pas nécessaire de me demander pardon quand elles me bousculent. Je ne vais pas terminer ce témoignage sur une note «noire». Non, écoutez: *cet été, en vacances, j'ai connu un garçon super, mignon, gentil et romantique. Il a 17 ans et demi (moi, j'en ai 16). On s'est bien plu en compagnie l'un de l'autre. On s'est bien marré et moi j'en suis amoureuse. Lui aussi, je crois.* Bon, on n'a pas flirté ensemble, mais pour lui je pense que ce n'est pas la couleur de ma peau. C'est qu'il n'a pas osé. Il est beaucoup plus timide que moi. On correspond pour l'instant. Et voilà, quand on se reverra (je croise les doigts par superstition), je suis sûre qu'il m'embrassera. Alors quand je le raconterai aux copines, ça ne sera plus des bobards et peut-être que son amour m'aidera à accepter ma couleur de peau. C'est comme ça que je souhaite qu'il soit, celui qui va bientôt me dire: «Je t'aime, Nelly. Comme tu es!»

A Trouvez dans le texte un mot qui signifie <u>le contraire</u> de chacun des suivants.

1	doux	**6**	acceptation
2	peu	**7**	factices
3	agréable	**8**	privent
4	pareil	**9**	neuves
5	laide	**10**	hardi

B Les phrases suivantes racontent les points essentiels du témoignage de Nelly. Comme vous le voyez, il y a quelques mots qui manquent dans chaque phrase. Et, en plus, l'ordre des phrases a été mélangé.

A vous de choisir dans la case les mots qui conviennent à chaque phrase.

1 Nelly voudrait .... ses amis.
2 Malgré .... actuellement optimiste.
3 Nelly s'est installée .... quelques années.
4 Elle s'est fait .... ses traits de caractère.
5 Ce n'est pas .... mais leurs parents.
6 Elle est déçue .... de sortir avec lui.
7 Dans son pays natal .... envers les Blancs.
8 Nelly espère .... dans sa peau.
9 Ses problèmes psychologiques .... en vacances.
10 Ce n'est pas que .... Nelly écrit à *OK!*

Maintenant remettez les phrases dans le bon ordre.

C Complétez, en écrivant <u>un</u> mot seulement chaque fois, ces autres versions de phrases tirées du témoignage de Nelly.

Exemple: **a** dépit; **b** confiance

1 Malgré tout, je doute de moi.
En **a** .... de tout, je n'ai pas **b** .... en moi.
2 Elles me demandent mes adresses.
Elles **a** .... savoir dans quels **b** .... j'achète mes vêtements.
3 Mes histoires d'amour ne sont pas vraies, je les invente.
a .... à ma vie **b** ...., je ne dis pas la **c** ....; mes histoires sont **d** ....
4 Quelquefois, les filles de ma classe dorment les unes chez les autres.
De temps à **a** ...., mes **b** .... de classe **c** .... la nuit les unes chez les autres.
5 Peut-être que son amour m'aidera à accepter ma couleur de peau.
Il est **a** .... qu'il soit **b** .... de moi et que je **c** .... accepter d'être **d** ....

D Le garçon dont elle parle a lu la lettre de Nelly qui a été publiée dans *OK! Magazine*. En vous mettant soit à la place du garçon, soit à celle de Nelly, écrivez une lettre au magazine où vous racontez ce qui s'est passé après.

a	ses amies qui sont racistes
b	on se comportait poliment
c	en France il y a
d	pour les gens de son âge que
e	que bientôt elle sera bien
f	ses mauvaises expériences elle est
g	être comme
h	beaucoup de copines qui apprécient
i	parce qu'aucun garçon ne lui a demandé
j	l'ont empêchée de partir

CONSOLIDATION

A consulter: Negative adverbs, pp.188–9

1 Il y a bon nombre d'expressions négatives dans cet article où le mot **pas** est remplacé par un autre mot. Essayez de les trouver.
2 Ayant complété l'exercice 1, rendez en français les phrases suivantes.
  a I never went further.
  b Nothing ever used to happen.
  c No one used to invite her to go out.
  d We will never talk about it.
  e She never had a single problem.
  f None of them came!
  g I don't want to see him any more.

A consulter: Future, p.197; conditional, pp.198–9

3 Les verbes suivants sont employés dans le texte. Rendez en anglais les phrases où ils se trouvent.
  a tu devrais faire
  b vous lirez
  c j'aimerais
  d ils auraient
  e ils pourront
  f ça ne changera rien
  g je les aurai
  h les parents devraient
  i on se reverra
  j il m'embrassera
  k je le raconterai
  l ça ne sera plus
  m son amour m'aidera

4.7 *Un double défi*

Il y a en France beaucoup d'immigrés récents, et les Français – ou certains Français – ont parfois des réactions racistes.

EDITORIAL

Maîtriser l'immigration et accueillir l'étranger

Comme tous les pays européens, notre pays se trouve devant un double défi: maîtriser l'immigration et, en même temps, accueillir l'étranger.

Il n'est pas possible de séparer ces deux nécessités sans tomber dans l'arbitraire et la violence, en reconduisant des milliers de personnes à la frontière ou, à l'inverse, en désobéissant aux lois.

L'immigration a rarement une cause heureuse. Quitter son pays pour aller vivre en terre étrangère est souvent un malheur. C'est d'abord la faim, la maladie, la violence qui poussent les membres d'un

peuple à aller plus loin, là où, de toute façon, ça ne peut pas être pire!

L'immigration est donc une conséquence malheureuse. Vouloir la contenir est logique. Mais personne ne peut penser que des méthodes de reconduction aux frontières puissent stopper ce mouvement. Elles blessent l'humanité et brouillent aussi une réflexion commune qui a besoin de paix pour conduire à des actes réellement constructifs. En outre, ces actions contribuent à créer un climat de méfiance, de peur et de soupçon qui empêche tout lien social de grandir. Elles auront aussi pour effet de détourner de la France de nombreux pays francophones.

Comment donc lutter contre l'immigration? Ses causes profondes sont-elles toutes hors de notre champ d'action? Rien n'est moins sûr. Il serait plus efficace de consacrer plus d'efforts et de moyens à l'aide au développement local.

La fraternité est une longue conquête

L'aide au développement n'est pas le seul moyen d'action. L'immigration se nourrit aussi du rêve: rêve de la France, perçue comme un pays où les richesses coulent à flots et s'acquièrent sans peine. Mais comment cette image fallacieuse se propage-t-elle? Allez au fond du désert et dans les bidonvilles, vous trouverez souvent, à la limite de la famine, des personnes perdues devant un poste de télévision, regardant des publicités et des films où l'on ne voit que luxe et abondance de mets savoureux. Pourquoi s'étonner alors que l'on vienne en Europe et en France tenter sa chance?

Or, ne fabriquons-nous pas nous-mêmes, en partie, cette publicité et ces films? Ne sommes-nous pas, de ce fait, responsables, au moins en partie, de ceux qui se lèvent et marchent vers nos pays, animés d'un espoir qui, nous le savons, sera déçu?

Jeanne ARDENT

A Les phrases suivantes font le résumé de cet éditorial paru dans le journal régional *Ouest-France*, mais elles ont été coupées en deux. A vous de faire correspondre les deux moitiés de chaque phrase.

1 Dans une certaine mesure, ce sont les Français eux-mêmes . . .
2 Quoi que l'on fasse, on se trouvera . . .
3 Bien que l'on puisse comprendre les raisons pour limiter l'immigration, . . .
4 La France ressemble à ses voisins . . .
5 Les immigrés se sont fait . . .
6 Le plus souvent l'immigration est provoquée . . .
7 Si on ne peut rien aux causes de l'immigration, . . .

a il vaudrait peut-être mieux aider les pays en question à se développer.
b il y a plusieurs arguments puissants contre cette mesure.
c qui ont créé cette illusion séduisante.
d par le désir d'améliorer sa situation.
e en ce qui concerne le problème de l'immigration.
f une fausse image de la France.
g dans un dilemme.

En faisant cet exercice vous avez sans doute remarqué que les phrases ne sont pas rangées par ordre chronologique, selon l'article. Après avoir vérifié vos réponses, remettez les phrases en ordre.

B Lisez la suite de l'éditorial. Pour remplir chaque blanc, choisissez l'option la plus appropriée, selon le contexte.

Une autre intuition mobilise ceux qui appellent à **1** .... aux lois. Ils pressentent que, lorsque l'accueil est **2** ...., la fraternité **3** .... et, très vite, la violence se développe. Or, nous savons que, dans ce domaine, rien n'est **4** ....: l'humanité est **5** .... ou fratricide. Nous savons aussi que la fraternité est une longue conquête de **6** .... Il a **7** .... des millénaires pour que se dessinent peu à peu ses **8** .... Elle commence par l'accueil de **9** .... et s'accomplit dans le pardon. Et nous savons, pour l'avoir **10** .... au XXᵉ siècle, que chaque **11** .... doit en **12** .... la laborieuse conquête.

1	**a**	refuser	**b**	désobéir	**c**	nier
2	**a**	menacé	**b**	compromis	**c**	refusé
3	**a**	recule	**b**	avance	**c**	se rend
4	**a**	significatif	**b**	promis	**c**	neutre
5	**a**	sincère	**b**	fraternelle	**c**	maternelle
6	**a**	l'humanité	**b**	lutte	**c**	préjugés
7	**a**	fallu	**b**	mis	**c**	pris
8	**a**	problèmes	**b**	traits	**c**	rides
9	**a**	l'autre	**b**	le monde	**c**	le reste
10	**a**	esquivé	**b**	perdu	**c**	oublié
11	**a**	pays	**b**	famille	**c**	génération
12	**a**	gagner	**b**	faire	**c**	perdre

C Les noms et les adjectifs à droite sont utilisés dans l'éditorial (y compris la fin, qui apparaît dans l'activité B). A vous de trouver la forme correspondante pour chacun.

Ayant vérifié vos réponses, travaillez avec un(e) partenaire. A tour de rôle, choisissez un nom (**1–7**) et un adjectif (**a–g**). C'est à votre partenaire de créer une phrase qui contienne les mots choisis et qui se réfère à l'article.

D Relisez l'éditorial page 70 et préparez un court exposé, soit oral, soit écrit, où vous défendez le point de vue suivant: il ne faut pas reconduire les immigrants clandestins aux frontières, mais il faut tout faire pour les intégrer dans notre société. Vous pouvez vous servir de tout ce que vous avez appris dans le reste de l'unité.

Nom	Adjectif
faim	**a** ....
1	malheureuse
humanité	**b** ....
2	constructif
méfiance	**c** ....
3	profonde
peur	**d** ....
4	déçu
soupçon	**e** ....
5	menacé
luxe	**f** ....
6	neutre
abondance	**g** ....
7	responsable

4.8 *Une confrontation violente*

Ce ne sont pas seulement ceux qui sont arrivés en France il y a relativement peu de temps qui éprouvent des problèmes. Lisez l'article du *Figaro* qui décrit un incident qui a eu lieu à Narbonne dans le sud de la France, et qui démontre amplement la frustration des enfants de «harkis».

A Les phrases suivantes font le résumé de l'article. A vous de les ranger dans le bon ordre. Attention! Il y a deux phrases dont vous n'aurez pas besoin.

1 Les forces de l'ordre ont enlevé les obstacles.
2 La situation s'est aggravée.
3 On a mis le feu à plusieurs véhicules.
4 Pendant quelques heures rien ne s'est passé.
5 Des jeunes se sont comportés violemment.
6 Les arrestations ont rendu furieux quinze jeunes.
7 On a menacé de détruire la ville.
8 Il y a eu des bagarres pendant quelques heures.
9 On a arrêté les auteurs de ces violences.
10 A Narbonne les perturbations ont recommencé.
11 Les policiers ont lancé des pierres.
12 Cette fois la violence a eu un aspect différent.

C Rendez en français le texte suivant, en vous référant à l'article que vous venez d'étudier.

Last week, a group of about 50 young North Africans from harkis families staged a demonstration in a suburb of Narbonne. They set fire to several cars and put up a barricade. The police intervened and arrested three of the demonstrators. Later in the day their friends issued an ultimatum, threatening to call in reinforcements and to destroy the town if they were not released. After attempting in vain to negotiate with the young men, the CRS removed the obstruction and calm was restored.

B Dans son article le journaliste utilise certains termes et certaines abréviations que ses lecteurs en France vont comprendre sans problème. Et vous? Choisissez parmi les trois définitions données pour chacun.

1 cité HLM
   a un quartier pas très riche
   b un groupe musical
   c un grand magasin
2 cocktail molotov
   a une boisson alcoolisée
   b une arme improvisée
   c un mélange de fruits exotiques
3 un centre Leclerc
   a un complexe sportif
   b une place publique
   c une grande surface
4 l'ANPE
   a un syndicat
   b un endroit où on peut se renseigner sur les emplois
   c une association pour des personnes étrangères
5 les CRS
   a les forces de l'ordre
   b un parti politique
   c des gaz lacrymogènes

CONSOLIDATION

A consulter: Passive form, p.200
1 Ecrivez une liste de toutes les formes passives qui se trouvent dans le texte (il y en a onze), puis rendez en anglais les phrases qui les contiennent.

A consulter: Reflexive verbs, p.194

2 Utilisez les verbes pronominaux que vous avez rencontrés dans le texte pour vous aider à exprimer en français les phrases suivantes.
   a She changed into a champion.
   b Several accidents have occurred one after the other.
   c The crowd got hot under the collar!
   d The demonstrators positioned themselves in the square.

Explosion de colère à la «cité des harkis»

Ces descendants des supplétifs de l'armée française pendant la guerre d'Algérie sont à leur tour entrés dans le cycle de la violence.

Jets de pierres, voitures incendiées, barrages de fortune: Narbonne a réuni ce week-end les ingrédients qui ont enflammé les banlieues ces dernières semaines. Dans la nuit de vendredi à samedi, les troubles qui perturbaient la vie de la cité HLM des Oliviers depuis jeudi, où des cocktails molotov avaient été lancés contre un centre Leclerc, se sont transformés en un affrontement direct entre les forces de l'ordre et une cinquantaine de jeunes.

Hier après-midi, une trentaine de manifestants, rassemblés pour un sit-in près de la cité des Oliviers, ont attaqué les forces de l'ordre vers dix-huit heures. Ils ont incendié trois voitures, et un cocktail molotov a été lancé contre l'ANPE dans le centre-ville. Pompiers et policiers se sont déplacés massivement sur les divers «points chauds», tandis que les autorités demandaient des renforts de CRS. Les escarmouches se succédaient dans la soirée:

charges des CRS appuyées par des tirs de grenades lacrymogènes et contre-attaques des jeunes du quartier armés de pierres et de cocktails molotov. Neuf CRS ont été légèrement blessés par des pierres et un des manifestants a été interpellé. Trois des CRS blessés ont dû être hospitalisés.

Cette violence, qui ressemble tant à celle d'autres cités, présente pourtant une différence de taille. Ce ne sont plus des beurs «classiques» qui en sont les auteurs, mais des jeunes d'origine maghrébine appartenant à des familles de harkis, ces supplétifs qui furent au côté des Français pendant la guerre d'Algérie.

Samedi, vers 3 h 30, dans la cité des Oliviers, la tension des jours derniers s'est transformée en émeute. Trois voitures sont incendiées sur un parking du quartier Saint-Jean-Saint-Pierre, classé parmi les 400 les plus défavorisés de

France. Trois jeunes, âgés de 20 à 25 ans, sont interpellés. D'après le sous-préfet, ils sont *«bien connus des services de police et avaient entre 1,5 et 2 grammes d'alcool dans le sang».*

Ces arrestations provoquent la colère d'une cinquantaine de jeunes. Les esprits s'échauffent. La police décide d'intervenir. Son entrée dans la cité est saluée par des jets de pierres. Cinq fonctionnaires sont légèrement blessés. L'un d'entre eux, touché au tibia, doit être conduit à l'hôpital. Un groupe dresse alors une barricade en travers de l'avenue principale. Derrière l'amoncellement de containers d'ordure, de vieux appareils ménagers, de caddies de supermarché, de bancs, les plus déterminés décident de lancer un ultimatum. Si leurs trois

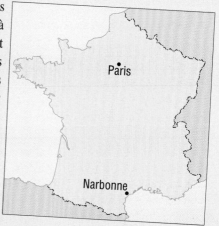

camarades ne retrouvent pas la liberté avant dix-huit heures, ils mettront Narbonne *«à feu et à sang»* et feront appel à des renforts d'autres banlieues. Pour appuyer ces propos menaçants, ils incendient une haie. Les heures passent. La situation reste figée. Les jeunes harcèlent de loin en loin les policiers à coups de pierres. Le sous-préfet tente en vain de parlementer. La soirée approche. Vers 21 heures, les CRS disloquent le barrage improvisé. Hier matin, le calme était revenu.

Benoît CHARPENTIER

73

4.9 *Témoignage d'une Sénégalaise en France*

Le racisme peut prendre des formes subtiles, comme le démontre le témoignage de Fania Niang.

FANIA NIANG

*Sénégalaise, 29 ans.
Célibataire. Mannequin et chanteuse.
Vit en France depuis onze ans.*

Quand une fille est mannequin, elle est obligatoirement mince, longue et mignonne. C'est la loi. Peau noire ou blanche, il n'y a pas de différence. Souvent, dans l'avion ou dans le train, une fille blanche me sourit d'un air complice: même corps, même allure, elle sait que moi la femme noire je suis comme elle, je suis mannequin.

Sauf que dans ce métier, aucune fille blanche n'a eu tous les ennuis que j'ai rencontrés. Mon agent m'avait prévenue: «Si tu veux travailler, il faut te faire défriser les cheveux!» Au début, je n'arrivais pas à le croire. Les femmes noires sont tellement belles avec leurs cheveux crépus, courts, et leurs superbes coiffures en tresses. Mais après plusieurs castings, qui se terminaient tous par: «Fania tu es super, mais on ne peut pas te prendre à cause de tes nattes!», il a bien fallu que je me fasse défriser. C'est terrible, ce que j'ai pu abîmer mes cheveux. Et je voyais les Blanches avec leurs cheveux souples. Je me disais, elles, elles sont naturelles. Mais moi avec ma peau noire et mes cheveux lisses, je ressemble à quoi? Et la même question se posait dans les salles de maquillage. Je ne sais pas à quoi pensent les maquilleurs quand ils voient arriver une femme à la peau noire, mais ils se déchaînent sur le bleu, l'orange, le vert et le rouge. Jamais ils n'oseraient mettre sur une peau blanche un tel bariolage de couleurs. Mais avec nous, ils se permettent une espèce de délire africain. Alors que pour les Blanches, le top de l'élégance, c'est de les faire paraître naturelles, moi avec mes cheveux lisses à l'européenne, ou maquillée comme une Africaine de pacotille, on m'obligeait à une espèce de vulgarité qui a bien failli me faire lâcher ce métier. Ma rencontre avec des créateurs comme J.-P. Goude ou J.-P. Gaultier m'a redonné confiance. Ils m'ont enfin permis de faire mon métier, au même titre que les Blanches. Ils m'ont habillée pour que j'incarne un personnage, avec mes cheveux crépus ou nattés.

Pour beaucoup de Blanches, la beauté est quelque chose d'extérieur, une forme, un coloris, un trait. Pour moi, au contraire, c'est quelque chose que l'on a tout au fond de soi. Je ne comprendrai jamais les femmes blanches ou noires qui font tout pour changer, foncer ou éclaircir la couleur de leur peau. Elles oublient que la vraie beauté, c'est le respect de ce que l'on est au plus profond. J'ai la peau noire, et en plus je suis une Africaine brute, je veux que cela se voie.

A Notez les faits principaux donnés dans cet article, puis répondez aux questions suivantes, en anglais.

1 How, according to Fania, do models recognise one another?
2 What caused Fania to have her hair straightened?
3 How did the way she was treated affect her feelings?
4 What differences are there in the way white models see themselves and the way Fania does?

B Voici six phrases tirées du texte. Complétez l'autre version, en gardant le sens de la phrase d'origine.

1 Elle est obligatoirement mince.
  Il faut .... grosse.
2 Je n'arrivais pas à le croire.
  Il .... croire.
3 On ne peut pas te prendre à cause de tes nattes.
  Il est .... parce que .... nattes.
4 Il a bien fallu que je me fasse défriser.
  J'ai été .... défriser.
5 qui a bien failli me faire lâcher ce métier
  qui m'a presque .... comme mannequin
6 Ma rencontre avec J.-P. Gaultier m'a redonné confiance.
  Quand .... confiante.

C «On ne peut pas te prendre à cause de tes nattes.» Ecrivez la conversation entre Fania et son client, en montrant les opinions de Fania et les préjugés du client.

D Rendez en français le passage suivant en vous référant au texte pour vous aider.

It would seem that the only difference between black and white models is that black women experience problems because of their hair. Such is Fania's problem. She has decided that she would rather give up her job than ruin her hair by straightening it. In addition, on several occasions, her face has been made up with a riot of colours, which does not suit her. Since meeting J.-P. Gaultier, she has been appreciated and he has given her a new-found confidence. He tries to dress her so that she is a beautiful black character. Fania insists that beauty is only found within oneself and that changing the colour of one's skin is useless. She would never change anything about her appearance now, because she is convinced of the importance of being natural.

E Ecoutez maintenant la réaction d'une jeune femme au sort de sa voisine algérienne. Ecoutez la première partie de l'enregistrement, puis, en adaptant la forme des mots français là où il le faut, rendez en français les phrases suivantes.

1 Malika and her family, who are Algerian, were my next-door neighbours.
2 When her brother-in-law came to live with them she had to wear a veil and was no longer allowed to use the phone.
3 I don't know what's happened to Malika and her four children – they've disappeared.

F Ecoutez la suite de cet enregistrement, puis complétez le résumé suivant, en utilisant un mot seulement pour remplir chaque blanc.

Quand Malika a **1** .... j'ai été beaucoup **2** .... Quant à mes amies, **3** .... d'entre elles ont **4** .... des choses qui m'ont **5** .... racistes. Par **6** ...., on m'a dit que, si les Arabes se conduisaient de cette façon ils **7** .... retourner dans leur pays d'**8** .... Mais, quand j'y **9** .... bien, ça me semble un drôle de préjugé car, finalement, ce sont des **10** .... qui ne sont pas **11** .... de nous. Mais j'ai tout de même été **12** .... lors de la **13** .... de Malika parce que je ne **14** .... pas ce qu'elle était devenue.

G Résumez oralement, soit pour votre prof, soit sur cassette, l'enregistrement que vous venez d'écouter.

4.10 *Enfants nés de mariages mixtes*

L'intégration des enfants nés dans un milieu multiculturel ou multiracial n'est pas toujours facile.

ENFANTS DE DEUX COULEURS

1 Voilà, il est là, bien niché au creux de son ventre. C'est un garçon, lui a-t-on dit. Mais c'est la seule certitude de Catherine. Cet enfant à naître, elle ne peut l'imaginer. Quelle sera la couleur de sa peau? Très foncée (son père est camerounais) ou moyennement foncée? Et ses yeux? Les siens sont si bleus. Et ses cheveux? Seront-ils crépus? Les siens sont si raides …

2 Cet enfant, Catherine l'a voulu, désiré absolument. Elle s'y est préparée. Malgré cela, elle se sent légèrement différente des autres femmes enceintes. Son couple, déjà, ne ressemble pas aux autres couples, du moins le regard des autres lui fait penser cela. Son enfant, lui aussi, sera différent. L'originalité peut avoir des aspects exaltants, elle en a parfois d'inquiétants.

3 La vie des couples mixtes est, plus que celle des autres couples, parsemée de décisions essentielles, car toutes significatives d'un choix de vie pour l'enfant. Elles montrent l'état d'esprit des parents, leur volonté de se rattacher un peu, beaucoup ou pas à l'une ou l'autre communauté, de faire vivre ou pas à l'enfant sa double appartenance.

4 Les parents n'adoptent pas tous les mêmes stratégies. Certains se laissent surprendre par les événements. D'autres préfèrent donner à l'enfant tout un cadre de structures de base, à partir duquel il pourra mieux se déterminer quand il le faudra, sans pour autant l'enfermer dans des limites trop rigides.

5 D'autres parents, comme ceux de Nadia, se taisent, se dérobent. Ils n'engagent pas leur responsabilité de parents. D'autres encore reportent leurs décisions à plus tard. C'est l'éternel leitmotiv: «Il choisira quand il sera grand …» Cette attitude peut avoir de graves conséquences pour cet enfant qui a le spectacle quotidien de ses deux parents différents. L'enfant, de nombreux psychologues l'affirment, a besoin de repères culturels, même nombreux et variés. Aucun choix des parents n'est neutre.

6 La religion est un problème particulièrement épineux, surtout lorsque les différences de cultes sont importantes (par exemple musulman-chrétien) et que le couple vit vraiment sa foi. La nécessité de choix s'impose parfois dans les premiers jours de la vie de l'enfant (baptême, circoncision …). C'est dans ce domaine que la pression familiale s'exerce le plus intensément, que les passions s'exacerbent au maximum.

7 Plus les différences physiques sont visibles, plus l'enfant risque d'être confronté à des remarques (quelquefois désobligeantes) de la part de camarades et d'adultes. L'attitude des parents – leur entente, leurs rapports, leur façon de vivre la mixité de leur couple, d'en parler – est primordiale.

8 L'intégration de l'enfant dépendra aussi du statut social de la famille, de l'environnement culturel, de l'atmosphère du pays. Vivre dans un milieu intellectuellement tolérant, ou bien dans un milieu où s'exerce une autocensure qui empêche de dire publiquement certaines choses désagréables, facilite l'existence. Les enfants de milieu populaire, en tout cas ceux dont les différences sont très visibles, peuvent être plus souvent en butte à des jugements exprimés de façon incontrôlée et qui s'apparentent à du racisme. Ils ont aussi bien moins de possibilités de choix et d'ouverture.

9 Ainsi l'enfant réagira en fonction de tout son environnement. Il sentira très vite si on l'exclut, le tolère ou l'accepte complètement. Obligé de se situer, de trouver sa place, de se rattacher à un groupe ou à deux, à une ou à plusieurs cultures, il doit faire preuve de maturité. Certains y parviennent, d'autres, non.

10 Il est certain que si les parents assument, vivent bien leur mixité et leur identité, leur enfant aura plus de chances de vivre bien sa double appartenance, qui lui apportera alors une ouverture d'esprit, une tolérance et une compréhension rares. Mais les sociétés leur permettront-elles cette évolution?

Danièle LEDERMAN

A Faites correspondre chacun des sous-titres suivants au paragraphe approprié de l'article.

a Jeune et sensible
b Structure ou spontanéité?
c Un choix en entraîne un autre
d L'optimisme est-il justifié?
e Pas comme les autres
f La différence, ça se voit
g Si on ne choisit pas
h A qui l'enfant va-t-il ressembler?
i Tolérant ou raciste?
j Quel dieu choisir?

C Répondez en français aux questions suivantes.

1 Pourquoi Catherine se pose-t-elle tant de questions?
2 On décrit ici trois types de couple mixte – lequel vous semble le plus éclairé en ce qui concerne son enfant? Ecrivez une trentaine de mots pour expliquer vos raisons.
3 Pourquoi, à votre avis, la religion est-elle un problème «particulièrement épineux» pour de tels couples?
4 De quoi dépend l'intégration réussie d'un(e) enfant né(e) de parents de nationalité, de culture ou de religion différentes? Exprimez votre avis en une cinquantaine de mots.

F Ecoutez encore Serge. Comment dit-il . . . ?

1 I was born in Senegal; I lived there until I was six.
2 We found ourselves in a tiny flat.
3 I'd have given anything to have white skin.
4 As time went by I made friends.
5 I live in the suburbs on a massive housing estate.
6 I have a grudge against the whole world.
7 She should have thought about all the future problems.

B Les phrases suivantes se trouvent dans l'article. A vous de compléter la version alternative qui suit, en écrivant un mot pour chaque blanc dans le texte.

1 Aucun choix des parents n'est neutre.

Quelle que **a** .... la **b** .... des parents, elle va avoir des **c** .... pour l'enfant.

2 L'intégration de l'enfant dépendra aussi du statut social de la famille.

L'enfant pourra **a** .... – ou pas – **b** .... le statut de la famille dans la **c** ....

3 Certains y parviennent, d'autres, non.

a .... – uns arrivent à le **b** ...., mais d'autres n' **c** .... sont pas **d** ....

D Maintenant à vous de refaire entièrement les phrases suivantes, avec vos mots à vous.

1 C'est la seule certitude de Catherine.
2 Elle se sent légèrement différente des autres femmes enceintes.
3 La nécessité de choix s'impose parfois dans les premiers jours de la vie de l'enfant.

E Serge, dix-sept ans, parle de sa famille et de son enfance. Voici les questions qu'un aurait pu lui poser, mais elles ne sont pas dans le bon ordre. Ecoutez Serge, puis rangez correctement les questions.

1 Où est-ce que tu habites?
2 Pourquoi est-ce que tu ne révèles pas tes vrais sentiments aux filles blanches que tu rencontres?
3 Pourquoi est-ce que tu es revenu en France?
4 Quand et pourquoi est-ce que tu te sens content?
5 D'où es-tu originaire?
6 Quels sentiments est-ce que tu éprouves envers ta mère?
7 Comment est-ce qu'on traite les enfants, là-bas?
8 Pourquoi as-tu voulu retourner au Sénégal?
9 Comment est-ce que les autres enfants se sont comportés envers toi?
10 Pourquoi te méfiais-tu des gens qui te montraient de l'amitié?
11 Elle est comment, la vie, là où tu habites?
12 Quand tu parles à des filles, comment est-ce qu'elles réagissent?

4.11 *Travail de synthèse*

1 Vous lisez dans un journal une lettre où on prétend que «les immigrés prennent les emplois des vrais Français». Ecrivez une réponse de 200–250 mots où vous réfutez ce point de vue.
2 «Le racisme est une attitude totalement négative». Ecrivez une composition de 250–350 mots sur ce sujet, en utilisant les témoignages de l'unité pour illustrer vos arguments.
3 «Les attitudes racistes, c'est du passé. La nouvelle génération française, au cœur de l'Europe unie, doit oublier les erreurs du passé – on se perçoit tous maintenant comme égaux.» Partagez-vous cette opinion? Ecrivez 250–350 mots, en utilisant les faits et les témoignages de l'unité pour illustrer vos arguments.

unité 5
Le cinéma français

*C*ette unité présente un dossier cinématographique pour celles et ceux parmi vous qui voudront offrir le cinéma français comme thème soit pour l'écrit soit pour l'oral. Les articles et les interviews font allusion au «septième art». Nous vous offrons quelques aperçus du cinéma français – une industrie qui est, en effet, devenue un art à proprement parler.

Cette unité va consolider votre compréhension des points suivants:

■ Le conditionnel *(conditional)*
■ Le futur *(future)*
■ Expressions adverbiales: négatifs *(adverbial expressions: negatives)*
■ Conjonctions *(conjunctions)*
■ Le participe présent *(present participle)*

5.1 *Les premières années*

Mais, le cinéma, comment était-il au début? Tout a commencé juste à la fin du XIXe siècle pendant ce qu'on appelle La Belle Epoque, à peu près au même moment où les Français étaient aussi pionniers dans les domaines de l'automobile et de l'aviation. Il suffit de penser aux mots comme *parachute, camouflage, hangar, automobile, radiateur, distributeur, chassis, cinema, gaumont, pathé,* qui sont passés en anglais directement du français.

A Ecoutez maintenant Carmen, Nelly et Alain, qui parlent des pionniers français qui ont créé l'industrie cinématographique. Résumez les points importants de la première section de la conversation en complétant les phrases ci-dessous.

Les frères Lumière

1 L'événement de mars 1895 fut ...
2 En décembre 1895 Louis Lumière a ...
3 Charles Moisson était ...
4 Georges Méliès, Charles Pathé et Léon Gaumont ont ...
5 Méliès a fondé en 1897 ...
6 Montreuil était l'endroit où ...
7 Méliès a réalisé en particulier ...
8 Au début Gaumont a dirigé un théâtre ...

B Ecoutez encore une fois la deuxième partie de la conversation pour remettre ensemble les moitiés de phrases ci-dessous. Attention! Il y a deux deuxièmes moitiés de trop.

1 Gaumont faisait des recherches sur ...
2 Jasset, Feuillade et une femme ...
3 En 1911 on a vu ...
4 Pathé a produit son premier film ...
5 Pathé s'est fait construire ...
6 Il a fondé aussi ...
7 Dans cet établissement il y a eu ...
8 Pour certains films ...
9 Le collaborateur principal de Pathé ...

a des dizaines de cinéastes.
b l'ouverture du Gaumont Palace.
c en 1896–7.
d le cinéma sonore.
e l'école de Vincennes.
f des studios à Vincennes.
g s'appelait Ferdinand Zecca.
h étaient ses réalisateurs principaux.
i ils ont tiré quelques milliers de copies.
j les meilleurs films.
k des courts-métrages.

C *Travail à deux*

Jeu de mémoire: Faites ce petit jeu-test sur des détails tirés de la conversation entre Carmen, Nelly et Alain. Votre partenaire essaie de répondre à vos questions sans se référer à la transcription de la conversation. Puis vous inversez les rôles.

Personne A
1 Les trois domaines dans lesquels les Français ont été les pionniers étaient ... ?
2 Le premier nom important du cinéma français était ... ?
3 Son premier spectacle a eu lieu à ... ?
4 Nommez deux autres «grands» dont les prénoms sont Léon et Charles.
5 Qui avait commencé par un théâtre d'illusionnisme?

Personne B
1 Qui a fondé le «star-film»?
2 Où a-t-il établi son studio?
3 Gaumont, où avait-il ses studios?
4 Quand Pathé a-t-il commencé à produire des films?
5 Comment s'appelle l'école qu'il a fondée?

c o i n   a c c e n t

prononciation

Dans la conversation entre Carmen, Nelly et Alain vous aurez remarqué pas mal de dates. Les dates sont souvent assez difficiles à prononcer par le seul fait qu'on a tendance à oublier les chiffres! Les expressions ci-dessous, toutes tirées du texte enregistré, contiennent chacune une date. Ecoutez les phrases et répétez-les. Puis refaites l'exercice plusieurs fois de suite, en faisant surtout attention à la prononciation des dates.

- ça a été en mars 1895
- en décembre 1895
- et en 1897, je crois
- non, 1903
- c'était bien 1903
- vers 1911
- depuis quelque chose comme 1896–97
- cela en 1901

A I D E - E T U D E S

1 Si vous avez l'intention de préparer un projet (oral ou écrit) sur n'importe quel aspect du cinéma français, c'est une bonne idée d'investir dans cet excellent ouvrage de référence, le *Dictionnaire du cinéma français* (Larousse, ISBN 2 03 720031 5). Vous y trouverez tout ce dont vous avez besoin pour vos dossiers.

2 Si vous préparez un projet sur un sujet de société (par exemple la Résistance; les sans-abri; le divorce), vous pourrez presque toujours trouver un film français pour illustrer votre thème. Pour la plupart des comités d'examens, ceci est une approche parfaitement valable. Dans votre projet vous pourrez vous référer au traitement de votre thème dans le film sélectionné:

- l'attitude optimiste/pessimiste
- les initiatives prises
- le succès ou l'échec
- la réaction du public aux grandes questions du film, etc.

Une telle approche suppose un peu d'initiative de votre part.

5.2 *Aperçu historique*

Les années 1940 et 1950 ont été une époque remarquable pour le cinéma français.

A Identifiez les personnalités mentionnées dans les articles pages 80 et 81.

1 Le succès d'«Hôtel du Nord» lui est dû.
2 Il se limitait à figurer dans un seul film par an.
3 La partenaire de Gabin dans le brouillard.
4 Le metteur en scène d'une situation explosive.
5 Cette fillette est la vedette d'un film sur la guerre.
6 Le personnage principal d'un film, qui parle pour ne rien dire.
7 Le metteur en scène d'un film dont les vedettes sont deux mineurs.

B Relisez les deux articles et trouvez les détails suivants pour autant de ces films que possible: année; acteur(s), actrices(s); metteur en scène.

1 Le Salaire de la peur
2 Les Vacances de M. Hulot
3 Les Diaboliques
4 Jeux interdits

L'âge d'or du cinéma

Aujourd'hui, toute cette animation a disparu, il y a la critique d'un côté et la publicité de l'autre. Plus de reportages sur le tournage, plus de ces journalistes spécialisés qui allaient voir tourner le film et qui en parlaient. L'émulation s'est éteinte. Il n'y a pratiquement plus de journaux spécialisés dans le cinéma. On lit moins, l'audience des médias est moins importante. La curiosité n'est plus excitée.

Il y a aujourd'hui d'excellents comédiens mais, je ne sais pas pour quelle raison, ils semblent avoir perdu la magie des comédiens d'autrefois. On a l'impression d'une limite. Pas dans leurs moyens, car beaucoup d'entre eux sont excellents. Ce sont peut-être les films qui en sont responsables. Il est tout de même navrant de constater que, dans notre cinéma, il n'y ait pas de jeunes premiers. Nous en sommes arrivés à chercher vainement un Belmondo jeune. Je crois également que les comédiens d'aujourd'hui tournent trop. Un homme comme Gabin, à sa grande époque, ne tournait pas plus d'un film par an. Il demandait beaucoup d'argent, mais n'hésitait pas à refuser de nombreux contrats. Je trouve que c'était sage. Si l'on n'arrête pas de tourner, on finit par tourner n'importe quoi.

Les acteurs d'avant-guerre avaient aussi une sorte d'aura, de magie, qui faisait parfois passer un texte difficile. Je ne vous citerai que l'«atmosphère! atmosphère!» d'«Hôtel du Nord». C'est passé grâce à Arletty. Le texte n'était pas de tout repos.

Document Paris-Match

Les amoureux de «Quai des Brumes», Jean Gabin et Michèle Morgan.

«Le Jour se lève» consacre la beauté et le talent d'Arletty.

Clouzot impose Yves Montand

Henri-Georges Clouzot tourne en 1951 «Le Salaire de la peur» où Yves Montand (à g.) se révèle, aux côtés de Charles Vanel, un grand acteur.

1 *Clouzot Henri-Georges.* A remis, en 1952, une excellente copie avec «Le Salaire de la peur». Le héros principal, bien qu'incarné par un chanteur, Yves Montand, y met sa peau en danger puisqu'il risque de sauter, ainsi que son copain Charles Vanel, avec le camion chargé de nitroglycérine dont il est le chauffeur. Alors que l'action se passe au Guatemala, Clouzot l'a tournée près de Nîmes. Cet exploit serait aujourd'hui impossible. Les environs de Nîmes ne ressemblent plus aux déserts guatemaltèques mais à la banlieue de Chicago. En 1954, très bonne copie, «Les Diaboliques». Paul Meurisse est assassiné par Simone Signoret et Véra Clouzot, épouse du réalisateur. Lequel est un homme noiraud aux sourcils broussailleux et aux yeux de braise qui aime torturer, dit-on, celles qu'il aime. Il lui arrive de l'avouer en tirant sur sa pipe. Avec «Le Salaire de la peur», Clouzot a obtenu le Grand Prix du Festival de Cannes en 1953.

Deux enfants dans les horreurs de 1940

Une petite fille de cinq ans, Brigitte Fossey, devient vedette dans le film choc de René Clément, «Jeux interdits» (1952). Avec elle, Georges Poujouly.

2 *Clément René* avait déjà rédigé «La Bataille du rail», en 1946, mais, en l'an 1952, remet aux examinateurs un fort beau film, «Jeux Interdits». Pour la première fois, on parle aux Français de leur désastre de 1940 mais comme il est vu par deux enfants qui s'aiment (Brigitte Fossey et Georges Poujouly), ça passe.

3 *Tati Jacques.* En 1951, «Les Vacances de M. Hulot». Vacances qui sont mais surtout – Tati est visionnaire, en l'occurrence – qui seront bientôt celles de tous les Français. La satire, aimable, est féroce. Point de scénario mais des «Hulot», des Français qui parlent et errent au bord de la mer. Une sorte de baragouinage cafouilleux troué de bribes de conversations plus nettes au milieu de bruits divers: haut-parleurs, pick-up, pétarades de pétrolettes, cacophonies incompréhensibles. «Les Vacances de M. Hulot» sont à la société de loisirs qui pointe son nez, ce que furent «Les Temps modernes» de Chaplin.

C Ecoutez cette discussion sur le cinéma français, puis remplissez les blancs dans la transcription des paroles de Robert Mirbeau.

Rod Si nous parlions du cinéma français. Pour toi, qu'est-ce qu'il représente, le cinéma français?

Robert Ben, c'est déjà le **1** .... art. A ce niveau-là il se ... il devient aussi important au XXᵉ **2** .... que le furent la peinture, la **3** .... ou l'architecture.

Rod Oui, très bien, mais est-ce que ça **4** .... que les Français sont très fiers de leur cinéma?

Robert Fiers? J'sais pas si le mot ... c'est le mot que j' **5** ...., mais il est sûr qu'ils **6** .... et de loin euh ... un scénario et un film français où ils se retrouvent **7** ...., où ils euh ... s'identifient que des séries **8** ...., des «japonaiseries» comme on dit, ou des séries américaines.

Rod Mais pour, pour, pour les **9** ...., le cinéma français est, si tu veux, l'apogée de l'art. Pourquoi est-ce qu'il jouit d'une si grande **10** .... dans le monde entier?

Robert Enfin ... le, le sujet est peut-être un peu **11** .... quand même, mais je crois que, effectivement, le film français veut **12** .... soit une idée, soit une histoire. Et, euh, je crois qu'il a continué le cinéma italien, le cinéma **13** .... italien, et je crois que la nouvelle **14** .... a fait, euh, s'inscrit dans la **15** .... du, du cinéma, et le fait que ce **16** .... des, des films bien cadrés, bien **17** ...., bien léchés du point de vue images et même du point de vue musical, ça donne une, une unité à cet **18** .... au service d'une, soit d'une **19** ...., soit d'une histoire, histoire qui peut être une histoire **20** .... hein, qui se répète.

coin accent

intonation

Ecoutez encore une fois les questions de l'interviewer et pratiquez-les sur cassette en imitant seulement la voix qui correspond à votre sexe.

5.3 *Yves Montand*

Yves Montand est une légende du cinéma français des années 1960 et 1970. Acteur de premier plan, mais aussi politiquement engagé, il en est venu, pour toute une génération, à symboliser la France.

A Lisez d'abord cet article qui célèbre le travail d'Yves Montand, puis essayez le quiz qui suit; il faut trouver le nom du film qui correspond à chaque détail.

1 Montand y a incarné un parlementaire socialiste.
2 Le premier des deux films qui permettent à Montand de retrouver ses racines.
3 Le deuxième de ces films.
4 Le premier vrai succès d'Yves Montand.
5 Un film où il joue son propre personnage.
6 Un film basé sur une pièce de théâtre américaine.
7 Ici il est membre de la résistance anti-Franco.
8 Le film américain où il joue avec Marilyn.
9 Son premier film.

L'acteur engagé. Dans «Etat de siège».

«marraine» (à la scène comme à la vie), Edith Piaf.

Il faudra attendre 1953 et la poigne de fer d'Henri-Georges Clouzot pour qu'il obtienne un immense succès populaire et international. Le film, c'est *Le Salaire de la peur*, Yves Montand est Mario, une tête brûlée, coéquipier de Charles Vanel. L'adéquation est tellement forte entre le personnage et l'acteur qu'on peut imaginer que Montand sera désormais abonné aux rôles d'aventurier gouailleur. Ce sera pourtant la première et la dernière fois qu'il incarnera cette figure issue du peuple.

Dès lors, sa carrière de comédien sera tributaire de désirs beaucoup plus personnels, de ses rencontres et de ses prises de conscience politique. Montand acteur zigzague: il a à sa disposition bon nombre d'emplois variés dans un registre essentiellement dramatique. Du film «engagé» au polar cinglant, en passant par le film d'auteur expérimental, avec quelques incursions notables dans la comédie. De Costa-Gavras à Claude Sautet, Montand incarne tour à tour le flic, le gangster, le séducteur, l'aventurier, le chanteur, le Papet, et le porte-parole de ses engagements politiques.

Dès 1957, bien avant la fructueuse collaboration avec Costa-Gavras, Montand et Signoret tournent *Les Sorcières de Salem* sur un scénario de Jean-Paul Sartre d'après Arthur Miller, réalisé par Raymond Rouleau. Une métaphore appuyée sur le maccarthysme.

Le providentiel retour aux sources que lui propose Claude Berri dans son adaptation de *Jean de Florette* et *Manon des sources* de Marcel Pagnol lui donne l'occasion d'un triomphe personnel avec son accent originel. Dorénavant on l'appellera le Papet.

«*Avec Costa-Gavras, il s'est passé quelque chose. J'ai découvert plus qu'un metteur en scène, un complice, qui a décelé ma vraie personnalité.*» Le détonateur en sera le phénoménal succès de *Z* en 1969, dans lequel Montand incarne Z, un député grec de gauche assassiné. Le film est une efficace

SES ROLES. *1946, MARCEL CARNÉ LUI FAIT FAIRE SES DÉBUTS AU CINÉMA. LE FILM EST UN BIDE.*

Du jeune premier au «Papet», une carrière zigzagante au cinéma

Acteur touche-à-tout, Montand, en une cinquantaine de films, a été tour à tour flic, gangster, tombeur, aventurier, chanteur, vieux paysan et porte-parole, avec Costa-Gavras, de ses engagements politiques. Après un faux départ dans un film de Carné, où il est supposé marcher sur les traces de Gabin, il prend son envol avec «Le Salaire de la peur» de Clouzot. Mais c'est en french lover qu'il séduira Hollywood.

Yves Montand est un chanteur, Yves Montand est un acteur. Un interprète aux talents reconnus. Aujourd'hui et plus que jamais après un week-end de commémo en boucle, c'est en évidence. Mais s'il s'impose dès la fin de la guerre comme chanteur populaire, sa carrière cinématographique connaîtra de nombreuses fluctuations avant de l'installer pour de bon.

Le gangster. Dans «Le Cercle rouge».

Le cinéma français avide de jeunes premiers le teste dès 1946 dans *Etoile sans lumière*, de Marcel Blistène, aux côtés de sa célèbre

Le caïd. Dans «La Loi».

dénonciation du régime des colonels grecs qui prennent le pouvoir six mois plus tard. Montand lutte contre le fascisme, normal, se dit-on, pour un sympathisant communiste.

Z, L'Aveu et *Etat de siège*, Montand est identifié à ces trois rôles. Il y gagne une reconnaissance définitive en tant que comédien mais aussi un statut de vigoureux défenseur des droits de l'homme. Il devient un homme public au sens politique. Si Costa-Gavras est indiscutablement son alter ego et son complice privilégié pour le cinéma politique, Montand fit cependant quelques incursions plus expérimentales avec d'autres cinéastes: Alain Resnais pour *La Guerre est finie* (1965) dans lequel il interprète le rôle d'un militant du PC espagnol; William Klein avec *Mr. Freedom* où Montand est Captain Formidable (1968).

Parfaitement crédible dans ses emplois de flics/gangsters, Yves Montand est également très à l'aise dans le rôle d'aventurier séducteur. Au début des années 1960, Hollywood utilise sa prestance exotique de beau brin de latin, à la voix de crooner swing, et lui propose de partager l'affiche d'une luxueuse comédie musicale de George Cukor avec Marilyn Monroe, *Le Milliardaire* (1960). Ces débuts américains plutôt convaincants n'auront pas de véritable suite, et pourtant Montand le petit Français existe sans peine, même aux côtés de Marilyn, celle qui ne lui chante pas vraiment en le regardant dans les yeux: *«Mon cœur est à papa, you know, la propriétaire ...»*

Le chanteur interprète qui avait commencé par interpréter un rôle de chanteur, aura connu le luxe suprême de voir sa biographie sublimée, portée à l'écran par un film de Jacques Demy dans lequel il tient son propre rôle: *Trois Places pour le 26*, un projet en marge depuis 20 ans qui finit par aboutir en 1988. Montand travaille avec rigueur dans sa ville d'origine, Marseille, sans céder aux facilités nostalgiques. Le relatif insuccès du film l'affectera durablement.

Laurent BACHET et Marie COLMANT

B Indiquez si les commentaires suivants sont justifiés, selon l'article.

1 Yves Montand n'a pas connu de débuts faciles au cinéma.
2 La performance de Montand dans «Le Salaire de la peur» semblait le destiner à des rôles stéréotypés.
3 Montand n'a jamais exprimé sa conscience politique.
4 Avec Costa-Gavras et Simone Signoret, Montand a milité dans ses films contre l'extrémisme de droite.
5 Aussi a-t-il accordé son appui au maccarthysme.
6 Montand s'est engagé pour les droits de l'homme.
7 Il n'a jamais fait de cinéma expérimental.
8 Il préférait jouer un policier malhonnête.
9 Pour les Américains Yves incarnait le séducteur à la française.
10 Pour «Le Milliardaire» un crooner américain a doublé sa voix.
11 Montand incarne plutôt des personnages exceptionnels.
12 Après son triomphe comme personnage de Pagnol, Montand a acquis le surnom de «Papet».

C En vous référant à cet article sur Yves Montand, rendez en français le texte suivant.

Yves Montand was an actor, a performer with remarkable talents. After an up-and-down start, he was finally recognised both as a great actor and as a committed defender of human rights, helped in no small measure by his fruitful collaboration with his wife, Simone Signoret, and with the director Costa-Gavras.

Montand showed himself to be equally at ease and completely believable, whether playing policeman, gangster, political militant or lover. He simply had the ability to bring alive on the screen everyday people, with whom one can easily identify. He deserved so thoroughly his final, personal triumph, playing Pagnol's Provençal grandfather figure in the accent of his early years.

D *Travail à deux*

Imaginez que vous travaillez pour une station de radio française. Avec un(e) partenaire, enregistrez sur cassette une émission sur Montand en 250 mots. Partagez la préparation et la présentation.

CONSOLIDATION

A consulter: Conditional, pp.198–9

1 Mettez au conditionnel ces phrases contenant un verbe au futur.
   a Sa carrière cinématographique connaîtra de nombreuses fluctuations.
   b Il faudra attendre 1953.
   c Montand sera désormais abonné aux rôles d'aventurier gouailleur.
   d Il incarnera cette figure issue du peuple.
   e Sa carrière de comédien sera tributaire de désirs plus personnels.

2 Et maintenant, à vous! Rendez en français les phrases suivantes.
   a I wouldn't recognise her on the screen.
   b Would it be necessary to see all Arletty's films?
   c We wouldn't necessarily be in agreement.
   d No one would personify the sympathetic cop like Philippe Noiret.
   e You (*tu*) would play second fiddle to the director's plans.

5.4 *Le «Star-cinéma» et ses légendes*

Depuis ses débuts, le cinéma français a créé ses propres légendes: Michèle Morgan, Jean Gabin, Simone Signoret, Yves Montand, Jean-Paul Belmondo, Brigitte Bardot. Après les années 1960 et 1970, le phénomène de la «star» de cinéma a diminué un peu, alors que la télévision omniprésente, croyait-on, était en train de remplacer le cinéma. Les «stars», visibles sur le petit écran dans chaque maison, ne semblaient plus offrir rien de mystérieux ni de magique. L'article suivant, écrit en 1989, se plaint du «rapetissement» des stars plus récentes.

«UNE STAR DOIT RESTER FUGITIVE»

par Frédéric Mitterrand.

Les stars ont changé. Elles ont changé de taille. Très curieusement, on s'habitue 1 .... à les voir sur le petit écran alors qu' 2 .... elles évoluaient sur écrans géants. Depuis que les gens ne vont 3 .... au cinéma (c'est plus cher, c'est plus loin), les stars ont été «réduites au format télévisé», elles ont rapetissé.

De plus, la télévision dans tous les foyers a aboli la distance entre le spectateur et la star. On ne se déplace même plus pour aller rencontrer les artistes de cinéma. On attend qu'ils viennent chez vous. Pourtant, pour préserver leur qualité de star, les acteurs ont besoin de se tenir un peu à l'écart. Voilà pourquoi Depardieu, Adjani, ou Deneuve ne se montrent 4 .... très 5 .... à la télévision. On ne désire vraiment une star 6 .... lorsque la distance entre vous et la star est forte et c'est justement cette distance qu'efface la télévision.

Comment avoir envie de rencontrer Patrick Sabatier? On le voit 7 .... sur le petit écran. Plus il est présent et 8 .... son image s'éloigne de celle d'une star. Une star est forcément fugitive. Et 9 .... elle devient présence quotidienne elle 10 .... une star.

On trouve peut-être plus de stars du côté de la pop-music . . . Le chanteur qu'on voit de loin dans un concert, celui qu'on fait tourner comme un acteur dans un clip. Un clip c'est du cinéma, pas de la télévision.

Brigitte Bardot, star des années 1950 et 1960

Jean Gabin, star des années 1930 et 1950

A Lisez l'article page 84 sur la signification du mot *star*. Utilisez les mots de la case pour remplir les blancs dans l'article. Mais attention: vous n'aurez pas besoin de tous les mots, alors qu'il y en a quelques-uns que vous allez utiliser plus d'une fois.

souvent encore après rarement plus aujourd'hui tout le temps quand auparavant que n'est plus

B Trouvez dans le texte complété le ou les mots français signifiant ...

1 previously
2 shrunk
3 in every household
4 has obliterated
5 to keep one's distance
6 since
7 necessarily

C Rendez en anglais la première partie de l'article (jusqu'à «... qu'efface la télévision»).

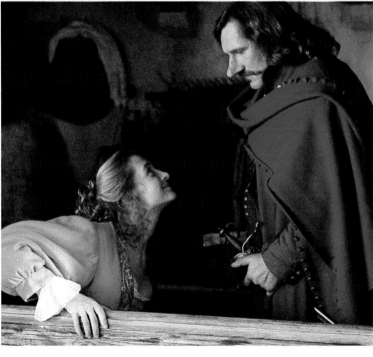

Cyrano de Bergerac *avec Gérard Depardieu et Anne Brochet*

coin infos

quelques films importants

Si vous êtes en train de découvrir le cinéma français, voici une liste de films qui donnent un aperçu général de ce qui a été accompli. Entre parenthèses vous trouverez pour chaque film le nom de son metteur en scène et sa date de sortie. Nous avons évité la tentation de vous donner des groupes de films ou de metteurs en scène, puisqu'il est important que vous fassiez, vous-même, votre propre découverte du cinéma français.

Napoléon (Abel Gance, 1926)
Un Chapeau de paille d'Italie (René Clair, 1928)
Le Sang d'un poète (Jean Cocteau, 1931)
La Chienne (Jean Renoir, 1931)
A nous la liberté (René Clair, 1931)
Crime et Châtiment (Pierre Chenal, 1935)
Pépé le Moko (Julien Duvivier, 1936)
Regain (Marcel Pagnol, 1937)
La Grande Illusion (Jean Renoir, 1937)
Quai des brumes (Marcel Carné, 1938)
Les Enfants du paradis (Marcel Carné, 1945)
La Belle et la Bête (Jean Cocteau, 1946)
Le Diable au corps (Claude Autant-Lara, 1947)
Casque d'Or (Jacques Becker, 1952)
Jeux interdits (René Clément, 1952)
Le Salaire de la peur (Henri-Georges Clouzot, 1953)
Mon Oncle (Jacques Tati, 1958)
Les 400 Coups (François Truffaut, 1959)
Les Cousins (Claude Chabrol, 1959)
A bout de souffle (Jean-Luc Godard, 1960)
L'Année dernière à Marienbad (Alain Resnais, 1961)
Jules et Jim (François Truffaut, 1962)
Pierrot le Fou (Jean-Luc Godard, 1965)
La Veuve Couderc (Pierre Granier-Deferre, 1971)
Le Jeu avec le feu (Alain Robbe-Grillet, 1975)
Le Juge et l'Assassin (Bertrand Tavernier, 1976)
Le Camion (Marguerite Duras, 1977)
Le Dernier Métro (François Truffaut, 1980)
A nos amours (Maurice Pialat, 1983)
Les Ripoux (Claude Zidi, 1984)
Sans toit ni loi (Agnès Varda, 1985)
Mélo (Alain Resnais, 1986)
Jean de Florette (Claude Berri, 1986)
La Gloire de mon père (Yves Robert, 1990)
Cyrano de Bergerac (Jean-Paul Rappeneau, 1990)
Les Visiteurs (Jean-Marie Poiré, 1992)
Les Nuits fauves (Cyril Collard, 1992)
La Haine (Mathieu Kassovitz, 1995)

Et les dernières années?
Discutez-en avec votre prof ou votre assistant(e).

CONSOLIDATION

A consulter: Negative adverbs, pp.188–9; conjunctions, p.193

Relisez *Une Star doit rester fugitive* pour vous aider à compléter les phrases en utilisant les expressions ci-dessous.

1 Sauf pour voir quelques grandes équipes, on .... va .... au match.
2 .... le cinéma est devenu trop cher, on .... y va ....
3 On .... chérit vraiment l'amour .... on le perd.
4 Les Français construisent des centres de tennis, ... nous, nous détruisons nos terrains.
5 La reine d'Angleterre .... parle .... de ses affaires privées.

ne .... que lorsque   ne .... que très rarement
ne .... même plus   alors que
n'........ plus   depuis que

5.5 *Les metteurs en scène de la Nouvelle Vague*

La *Nouvelle Vague* est un mouvement cinématographique, caractérisé par des innovations dans les techniques de filmage, qui a atteint son apogée entre 1958 et 1962. Elle a été en quelque sorte une réaction contre un cinéma trop aisé et artificiel. Les metteurs en scène et les autres réalisateurs ont abandonné les pistes sonores et les éclairages traditionnels, au profit de décors naturels et de tournages à l'extérieur qui reflétaient les rythmes de la vie, en temps réel. Par exemple, si un événement peu intéressant et très banal durait un quart d'heure dans la vie, il aurait la même durée à l'écran, pourvu qu'il fût essentiel à l'ensemble du film.

A Les quatre metteurs en scène qui figurent dans l'article en face sont les plus importants du mouvement. A qui se rapportent les observations suivantes? Recopiez et numérotez les quatre colonnes de droite, puis cochez la bonne colonne.

		Godard	Chabrol	Malle	Truffaut
1	*Truffaut l'avait aidé indirectement.*				
2	*L'image cinématographique est une illusion.*				
3	*Nous avons tendance à créer des films à l'instar des premiers livres que nous avons lus.*				
4	*Il ne savait pas prédire avec précision la réaction à ses films.*				
5	*Il était moins enclin que les autres à baser ses films sur sa propre vie.*				
6	*Il a été aidé par la réaction négative envers Truffaut.*				
7	*Tout ce qui compte, c'est le film et non pas le nom du réalisateur.*				
8	*Il y a un climat plus difficile pour les réalisateurs dans son deuxième pays.*				
9	*Il essaie de créer un cinéma au rythme naturel de la vie avec ses pauses et revirements.*				

B Expliquez les phrases suivantes dans vos propres mots, en vous référant à l'article pour le contexte.

Godard   «... les rythmes financiers catastrophiques ...»
«... vous ne dépassez pas le devis.»

Chabrol   «... je tournais en rêve»
«... il s'est plutôt passé le contraire.»

Malle   «... ils sont aux antipodes.»
«... j'ai toujours déconcerté ...»

Truffaut   «... quelque chose qui ne collait pas ...»
«... être taxé de passéisme ...»

François Truffaut

François Truffaut fut l'un des plus grands cinéastes contemporains. En France il a presque toujours eu un large succès populaire, même s'il était en général sous-estimé par la critique.

Les premiers films de Truffaut (*Les 400 Coups, Tirez sur le pianiste, Jules et Jim*) témoignaient d'une insolence, d'un ton neuf, d'une liberté d'écriture qui l'imposèrent d'emblée. Avec Godard, Chabrol et Resnais, il était à l'origine, en 1958–60, de ce que l'on a nommé la «nouvelle vague».

Mais, avec *La Peau douce, Fahrenheit 451, La Mariée était en noir*, le malentendu devait éclater. Truffaut semblait choisir une forme de cinéma qu'il avait combattue lorsqu'il était critique. Il optait pour le spectacle. On le prit pour un classique. Tandis que d'autres s'acharnaient à casser le récit, il se montrait résolument narratif. Quand le jeune cinéma affirmait le déclin et la mort du personnage, il s'acharnait à faire vivre des figures inoubliables. D'Antoine Doinel à Adèle H. .., de Catherine, Jules et Jim aux deux Anglaises, de l'enfant sauvage aux acteurs et techniciens de *La Nuit américaine*, tous ses films en effet manifestent d'abord l'amour des personnages. En un temps où la démythification était de rigueur, Truffaut allait contre la mode. Les mythes qu'il a construits patiemment sont d'ailleurs à peu près les seuls du cinéma français des années 1960 et 1970.

C

1 Lisez encore une fois l'article et, pour chaque cinéaste, notez les deux propos qui, à votre avis, sont les plus importants.

2 Lequel des quatre metteurs en scène vous semble le plus facile à comprendre? Mettez-les par ordre de difficulté, en commençant avec le plus difficile selon vous.

Godard: «Le cinéma est un truquage»

«Je vois tout par le biais de l'image. Photo et légende ... Images parlées... Les Européens n'ont que la légende. Les Américains, la photo. Mais le mécanisme même du cinéma est un truquage qui fait apparaître quelque chose qui n'est pas, dont on a l'impression qu'il fonctionne à 24 images-seconde ... Finalement, ça donne une telle impression de réalité qu'on a fini par penser que c'est vrai. Mais on pourrait imaginer que la vie ne se déroule pas toujours à 24 images-seconde, qu'il y a des moments où on ralentit, des moments où on a des étourdissements. J'ai plutôt envie de faire ce cinéma-là, avec des plages de silence ou des musiques jamais au même rythme ... Comme de rompre les rythmes financiers catastrophiques qui sont imposés. Si vous avez 10 000 figurants convoqués un jour et que vous décidez de les remplacer par un gros plan de l'un d'entre eux, vous avez le droit. Du moment que vous ne dépassez pas le devis. Le cinéma, c'est faire quelque chose qu'on ne fait pas dans la vie. Au cinéma, on peut mourir deux fois. Dans la vie, on ne peut pas.»

Chabrol: «Le retour de bâton»

«Je ne suis pas très autobiographique de tempérament, les autres l'ont été pour moi, François (Truffaut), en tout cas ... Mais sa vie est nettement plus intéressante que la mienne ... Moi, au début, je tournais en rêve. J'étais en Australie, et je disais: moteur!

«Et puis, j'ai hérité d'une grand-mère, mais sans préméditation. J'ai fait «Le Beau Serge», puis «Les Cousins» ... Et puis, crac, quand arrivent «Les Bonnes Femmes», retour de bâton. Une cabale. Pour faire passer l'interdiction de moins de 16 ans aux moins de 18 ans, on a créé deux scandales dans la semaine, l'un avec l'ancienne vague, «Les Régates de San Francisco» d'Autant-Lara, à cause d'une histoire de petite culotte; l'autre avec mon film, où il n'y avait pourtant pas de petite culotte ... Après, je me souviens, Jean-Luc (Godard) m'a aidé en me refilant ses propres pages de publicité dans les journaux. Mais c'est vrai qu'auparavant j'avais beaucoup profité de la haine contre Truffaut. On disait: «Truffaut est un con; mais Chabrol, c'est drôlement bien.» Par la suite, il s'est plutôt passé le contraire. On disait: «Truffaut, c'est bien; mais Chabrol est un fumiste intégral.»

Malle: «Les paris contre moi-même»

«Les "Cahiers", où j'étais en visite, insultaient le cinéma bien léché! Aurenche et Bost, côté scénaristes, étaient une de leurs cibles. L'ironie, c'est que maintenant Aurenche est scénariste de Bertrand Tavernier ... Moi, je n'étais pas dans la position d'être aussi agressif, pour la bonne raison que je n'étais pas critique ... Mais, déjà, on ne pouvait imaginer des gens plus différents que François (Truffaut) et Jean-Luc (Godard). Ils sont aux antipodes.

«Quant à moi, je me suis toujours trompé sur mes films. Je n'ai jamais pensé que «Les Amants» serait un succès international. En revanche, je comptais sur «Zazie dans le métro» ... Et quand je suis allé en province le présenter, et que personne ne riait ... En fait, j'ai toujours déconcerté, ne faisant un film qu'en réaction contre le précédent. C'est la raison pour laquelle j'ai décidé d'aller en Amérique. Pas seulement en visiteur. On ne fait pas de cinéma en visiteur. Mais ma curiosité française était émoussée. C'est plus difficile de faire des films là-bas qu'ici. Je me suis provoqué: j'aime les paris contre moi-même.»

Truffaut: «Des histoires plus simples»

«Mes colères au temps des "Cahiers" et d'"Arts" n'étaient pas feintes. Mais je suppose que c'était, comment dirais-je, du détournement. Il devait y avoir quelque chose qui ne collait pas dans mon histoire privée ... Cela dit, nous avions tellement traité, analysé les réalisateurs un par un que l'idée de groupe ne nous est pas venue à l'esprit. Voilà pourquoi, à mon avis, c'est faux, la Nouvelle Vague. Il y avait une solidarité, certes ... Mais pas de complot pour que certains rentrent chez eux et abandonnent le métier ... Nous avions plutôt l'idée de faire des histoires plus simples. Nous souhaitions des films qui ressembleraient à des premiers romans ... En fait, au début, je ne me voyais pas tellement metteur en scène. Je pensais que je serais scénariste ou collaborateur à des scénarios. Mais, aujourd'hui, il reste un point sur lequel je demeure très têtu, quitte à être taxé de passéisme: un film doit pouvoir être vu par n'importe qui. Par des gens qui ne s'occupent pas du nom du metteur en scène, regardent seulement les photos à l'entrée d'une salle, pour décider si le film va être amusant ou embêtant.»

D *Face à face*

Vous voulez devenir comédien(ne) de cinéma et vous vous présentez pour une interview avec Claude Chabrol pour interpréter le petit rôle d'un serveur/d'une fille de salle anglophone qui parle couramment le français dans son nouveau film, «Déjeuner au restaurant».

1 Préparez en français les réponses aux questions de Claude Chabrol.

2 Puis pratiquez le jeu de rôles avec votre partenaire. Chacun(e) de vous prendra les deux rôles.

3 Quand vous aurez pratiqué le jeu plusieurs fois, enregistrez l'interview. Bonne chance pour l'interview!

Chabrol   Bonjour. Vous vous appelez comment?

Vous   *(Say your name is Charlie Jenkins.)*

Chabrol   Vous êtes à Paris depuis longtemps?

Vous   *(You've been there for six months.)*

Chabrol   Oui, très bien. Dites-moi, quelles qualifications est-ce que vous avez pour un tel rôle?

Vous   *(You've made some amateur films and have worked in a restaurant.)*

Chabrol   Et quelles sortes de films?

Vous   *(Whodunnits and comedies.)*

Chabrol   Parfait! Mon film est un mélange des deux! Et qu'est-ce que vous avez appris pendant votre travail au restaurant?

Vous   *(To treat people with respect. But you shouldn't take them too seriously.)*

Chabrol   Mais c'est exact! C'est le nœud de mon film! Je voudrais que vous fassiez un screen test. Vous pourriez commencer d'ici quinze jours, si le test est positif?

Vous   *(You will make yourself available. This is very important to you.)*

Chabrol   Très bien répondu. J'aime bien votre courage. J'ai bien l'impression que vous avez ce qu'il faut pour réussir!

Vous   *(Thank him for his kindness.)*

5.6 *Il y a toujours de nouvelles stars!*

Dans les cafés et dans les bistros il est normal d'entendre se plaindre certains cinéphiles. «Il n'y a plus de vraies stars comme dans le bon vieux temps de Gabin et de Michèle Morgan!» Mais ça, c'est heureusement une illusion. De nos jours, on parle de Depardieu, Adjani, Binoche et Auteuil comme des géants du cinéma et avec justice. Ecoutez maintenant cette interview avec Virginie Ledoyen, une jeune vedette en herbe. Elle commence par une courte présentation.

A Ecoutez plusieurs fois la présentation et notez les réponses.

1 Quel est le nom du film sorti en avril?

2 Quel âge a Virginie?

3 Quels ont été ses premiers rôles remarqués? [2]

4 Comment s'appelle la production d'Olivier Assayas?

5 Quel film traite de la solitude?

6 Quelles caractéristiques attribue l'interviewer à Virginie? [8]

7 Quel est l'événement sportif qui l'absorbe?

[15 points]

coin infos

le come-back du cinéma

Depuis quelques années, les Français semblent retrouver le chemin des salles de cinéma. Plus d'un sur deux y va en moyenne de quatre à cinq fois par an. Ce sont essentiellement les jeunes qui constituent la clientèle la plus nombreuse (85% des moins de 25 ans contre 25% des plus de 60 ans): ils représentent 40% des entrées.

Par catégories socio-professionnelles, 80% des chefs d'entreprises, cadres et professions libérales vont au cinéma au moins une fois par an, contre 60% des professions intermédiaires, 41% des ouvriers et 26% des retraités.

Les habitants des villes, notamment de Paris et de ses environs, sont plus nombreux que ceux des petites villes ou des villages (72% contre 47%).

Les films préférés des Français sont les films comiques comme, par exemple, «Les Visiteurs I» et «II». Les films à grand spectacle («Le Cinquième Elément», «Le Titanic»), souvent américains, sont particulièrement appréciés des jeunes.

B Ecoutez maintenant l'interview avec Virginie deux ou trois fois. Puis identifiez le ou les deux mots appropriés pour remplir les blancs dans les extraits suivants.

1 je ne peux pas m'......... de penser
2 je la .... épatante
3 mon préféré .... Bixente Lizarazu
4 on a suivi .... les matchs
5 nos copains .... que
6 coupe d'Europe .... par Marseille
7 on a .... me faire
8 chose .... je fais
9 connais .... de New York
10 pour .... l'âme
11 des gens .... magazine
12 Aubervilliers et .... à l'école
13 quand .... enfant
14 l'ambiance .... travail
15 vendait .... quoi
16 pour moi .... cinématographique
17 Karina .... est bouleversante
18 fascinée .... Isabelle
19 dans .... que, hélas
20 elle a .... chercher
21 le film .... fait
22 la femme qui .... pour
23 sans jamais .... fondre
24 des personnalités .... fortes
25 toujours .... folle
26 c'est .... de mes
27 j'ai rencontrées .... cinéma
28 généreux .... être démago
29 qui .... très familier

C *Exercice de personnalisation*

Vous savez maintenant que Virginie Ledoyen est un être positif qui s'enthousiasme pour des choses et des personnalités. Pendant l'interview, vous aurez remarqué toute une liste d'expressions très utiles qu'elle a employées pour communiquer ces enthousiasmes. En voilà la liste dans la *Case-phrases*.

Pour l'écrit ou pour l'oral, n'ayez pas peur d'exprimer de l'enthousiasme pour votre sujet en utilisant cette sorte de langage. Les examinateurs lisent et écoutent trop de candidat(e)s qui ne semblent avoir aucun intérêt pour leur sujet. L'enthousiasme, c'est des points récupérés! Votre projet: Rédigez et enregistrez sur cassette un exposé enthousiaste sur une personnalité, une chose quelconque, ou un passe-temps, en utilisant les phrases dans la *Case-phrases*.

coin accent

prononciation

Vous savez déjà que les voyelles nasales donnent une qualité particulière à la voix française. Ecoutez de nouveau les extraits ci-dessous de la conversation avec Virginie Ledoyen ou la version masculine et imitez-les dans la mesure du possible. Puis enregistrez-vous sur cassette, en faisant particulièrement attention aux voyelles nasales en caractères gras.

«Cer**tains** joueurs sont vrai**ment** cra**quants**. C'est pour moi l'image cinématographique par excell**ence**.
J'ai découvert ce film tout récem**ment**, et ce fut un choc.
Elle y est bouleve**rsante**.
Son jeu, sa pré**sence**, **son** côté opaque.»

CASE-PHRASES

je ne peux pas m'empêcher de penser à ...
c'est une vraie obsession
je la trouve épatante
Certains ... sont vraiment craquants!
on est déchaîné(e)(s)
ma passion du ... ne date pas d'aujourd'hui
Quel événement!
c'est la première chose que je fais
celui de ... est impressionnant
le ... est un des meilleurs moyens pour ...
j'ai toujours aimé la vie de ...
c'était très excitant
c'était l'ambiance de ... qui me fascinait
c'était aussi l'occasion de ...
c'est pour moi l'image ... par excellence
ce fut un choc
... y est bouleversante
je suis aussi fascinée par ...
elle est formidable
le ... s'est fait grâce à elle
c'est cela que j'aime chez ...
j'admire qu'elle puisse ...
j'ai toujours été fou/folle de ...
c'est l'un de mes ... préférés
l'une des personnes les plus ... que j'ai rencontrées
il est attachant
c'est quelqu'un qui m'est très familier

coin infos

le cinéma français depuis 1970

Dans les années 1970–80, de nombreux réalisateurs firent les beaux jours du cinéma français avec des films et des styles très divers. Parmi ceux toujours en activité, on peut citer Jacques Rivette (*La Religieuse, La Belle Noiseuse*), Claude Sautet (*Vincent, François, Paul et les autres, Nelly et Monsieur Arnaud*), Claude Lelouch (*Un Homme et une Femme, Hommes, femmes, mode d'emploi*), Maurice Pialat (*Sous le soleil de Satan, Van Gogh*), Bertrand Tavernier (*Le Juge et l'assassin, L'Appât*), Bertrand Blier (*Buffet froid, Un, deux, trois soleil*), Claude Berri (*Jean de Florette, Lucie Aubrac*), Alain Corneau (*Série noire, Tous les matins du monde*), André Téchiné (*Souvenirs d'en France, Les Voleurs*), Patrice Leconte (*Monsieur Hire, Ridicule*), Jean-Paul Rappeneau (*Cyrano de Bergerac, Le Hussard sur le toit*) . . .

Avec les années 1990 apparaissent de nouveaux réalisateurs comme Jean-Jacques Annaud (*La Guerre du feu, L'Amant*), Jean-Jacques Beneix (*37°2 le matin, IP5*), Luc Besson (*Le Grand Bleu, Le Cinquième Elément*), Eric Rochant (*Un Monde sans pitié*), Christian Vincent (*La Discrète*) . . .
Une nouvelle génération de réalisateurs se révèle, avec de jeunes cinéastes comme Pascale Ferran (*L'Age des possibles*), Cedric Klapisch (*Chacun cherche son chat*), Manuel Poirier (*Marion*), Mathieu Kassovitz (*La Haine*), Laurence Ferreira Barbosa (*J'ai horreur de l'amour*), Sandrine Veysset (*Y aura-t-il de la neige à Noël?*), Arnaud Desplechin (*Comment je me suis disputé . . . ma vie sexuelle*) . . . Tous ont en commun d'inscrire leurs films dans les réalités, parfois sombres, de la société française d'aujourd'hui.

5.7 *Le cinéma littéraire I: Chabrol et* Madame Bovary

Il y a toujours eu un grand public pour les versions filmées des classiques littéraires. Particulièrement reconnues sont l'adaptation par Claude Chabrol de *Madame Bovary* et celles des romans de Marcel Pagnol, *Jean de Florette, Manon des sources, La Gloire de mon père* et *Le Château de ma mère*.

Nous allons étudier maintenant quelques passages et articles sur les films «Madame Bovary» et «Le Château de ma mère», tout en regardant des extraits des textes originaux.

Isabelle Huppert

A Au cours de cette interview la célèbre actrice Isabelle Huppert nous parle de son interprétation du rôle d'Emma Bovary, dans une version filmée du chef-d'œuvre du romancier Gustave Flaubert. Ecoutez-la et notez les détails requis (voir la grille ci-dessous).

1	La pièce dans laquelle elle jouait juste avant «Madame Bovary». [1 point]
2	Son impression du personnage de Mme Bovary. [1 point]
3	Les raisons pour la qualité cinématographique du roman. [2 points]
4	Le metteur en scène. [1 point]
5	Les choses qui l'ont aidée pendant le tournage. [2 points]
6	Comment Isabelle a vu Emma. [4–5 points]

B Mettez les idées ci-dessous dans l'ordre où vous les avez entendues.

1 Juste avant ce film, Isabelle a joué une sorte d'Emma russe.
2 Emma avait un je-ne-sais-quoi de moderne.
3 Le livre de Flaubert était exceptionnel.
4 L'idée d'interpréter Emma ne datait pas d'il y a longtemps.
5 Isabelle voulait rendre Emma héroïque.
6 Huppert a été le seul choix de Chabrol pour le rôle d'Emma.
7 Chabrol avait encouragé le mouvement naturel des personnages dans leurs vêtements du XIXᵉ siècle.
8 Isabelle Huppert a relu de la correspondance de cette période.
9 On peut être influencé par des personnages littéraires sans vouloir les interpréter.

C Lisez maintenant l'extrait (à la page 91) du roman *Madame Bovary*, et faites l'exercice d'interprétation (page 92).

Ce développement dans la relation entre Emma Bovary et son admirateur, Rodolphe, est plein d'émotion. Tâchez de trouver un détail dans le dialogue ou la description qui va avec chaque mot clé ci-dessous.

Exemple: affaiblissement physique: «Je suis fatiguée», dit-elle.

Mots clés

1 incertitude
2 enthousiasme
3 romantisme
4 encouragement
5 insistance
6 gêne
7 volupté
8 proximité
9 anxiété/impatience
10 anticipation

Préparation orale: discutez toutes les possibilités avec votre partenaire. Il existe plus d'une solution pour certains mots clés. Notez ce qui résulte de votre conversation.

*Madame Bovary de
Claude Chabrol (1991)
avec Isabelle Huppert
et Christophe Malavoy*

Au moment où ils entrèrent dans la forêt, le soleil parut.

– Dieu nous protège! dit Rodolphe.

– Vous croyez? fit-elle.

– Avançons! Avançons! reprit-il.

Il claqua de la langue. Les deux bêtes couraient.

De longues fougères, au bord du chemin, se prenaient dans l'étrier d'Emma. Rodolphe, tout en allant, se penchait et il les retirait à mesure. D'autres fois, pour écarter les branches, il passait près d'elle, et Emma sentait son genou lui frôler la jambe. Le ciel était devenu bleu. Les feuilles ne remuaient pas. Il y avait de grands espaces pleins de bruyères tout en fleurs; et des nappes violettes s'alternaient avec le fouillis des arbres, qui étaient gris, fauves ou dorés, selon la diversité des feuillages. Souvent on entendait, sous les buissons, glisser un petit battement d'ailes, ou bien le cri rauque et doux des corbeaux, qui s'envolaient dans les chênes.

Ils descendirent. Rodolphe attacha les chevaux. Elle allait devant, sur la mousse, entre les ornières.

Mais sa robe trop longue l'embarrassait, bien qu'elle la portât relevée par la queue, et Rodolphe, marchant derrière elle, contemplait entre ce drap noir et la bottine noire, la délicatesse de son bas blanc, qui lui semblait quelque chose de sa nudité.

Elle s'arrêta.

– Je suis fatiguée, dit-elle.

– Allons, essayez encore! reprit-il. Du courage!

Puis cent pas plus loin, elle s'arrêta de nouveau; et, à travers son voile, qui de son chapeau d'homme descendait obliquement sur ses hanches, on distinguait son visage dans une transparence bleuâtre, comme si elle eût nagé sous des flots d'azur.

– Où allons-nous donc?

Il ne répondit rien. Elle respirait d'une façon saccadée. Rodolphe jetait les yeux autour de lui et il se mordait la moustache.

Ils arrivèrent à un endroit plus large, où l'on avait abattu des baliveaux. Ils s'assirent sur un tronc d'arbre renversé, et Rodolphe se mit à lui parler de son amour.

Il ne l'effraya point d'abord par des compliments. Il fut calme, sérieux, mélancolique.

Emma l'écoutait la tête basse, et tout en remuant avec la pointe de son pied des copeaux par terre.

Mais, à cette phrase:

– Est-ce que nos destinées maintenant ne sont pas communes?

– Eh non! répondit-elle. Vous le savez bien. C'est impossible.

Elle se leva pour partir. Il la saisit au poignet. Elle s'arrêta. Puis, l'ayant considéré quelques minutes d'un œil amoureux et tout humide, elle dit vivement:

– Ah! tenez, n'en parlons plus ... Où sont les chevaux? Retournons.

Il eut un geste de colère et d'ennui. Elle répéta:

– Où sont les chevaux? Où sont les chevaux?

Alors souriant d'un sourire étrange et la prunelle fixe, les dents serrées, il s'avança en écartant les bras. Elle se recula tremblante. Elle balbutiait:

– Oh! vous me faites peur! Vous me faites mal! Partons.

– Puisqu'il le faut, reprit-il en changeant de visage.

D   Complétez la grille suivante.

Nom	Verbe	Adjectif
1	retirer	**2** ....
3	s'alterner	**4** ....
5	**6**	long
7	**8**	nouveau
voile	**9**	**10** ....
pointe	**11**	**12** ....
amour	**13**	**14** ....
compliment	**15**	**16** ....
ennui	**17**	**18** ....
19	répéter	**20** ....
21	**22**	fixe
23	**24**	serré
25	s'avancer	**26** ....
27	se reculer	**28** ....

CONSOLIDATION

Present participle

1 Trouvez dans le texte de la section 5.7 les phrases qui ont inspiré ces versions anglaises, et notez-les.
  a Rodolphe, walking behind her, was contemplating . . .
  b While stirring the wood shavings on the ground with the tip of her foot . . .
  c He moved forward, opening his arms.
  d 'If that's how it has to be,' he continued, changing his expression.

2 Et maintenant, à vous! Rendez en français les phrases suivantes.
  a He departed this life, carrying his secret to the grave.
  b 'Till Monday,' she replied, shaking my hand.
  c She always did her homework while listening to loud music!
  d I looked at her, scratching my head.
  e By rummaging through dustbins, we just stayed alive.

A consulter: Negative adverbs, pp.188–9

3 Trouvez dans les textes des sections 5.5 et 5.7 l'original des phrases suivantes, et notez-les.
  a The Europeans have only the legend.
  b I never thought that it would be an international success.
  c He did not reply (= he replied nothing).
  d He didn't frighten her at first.
  e Let's not talk about it any more.

4 Et maintenant, à vous! Exprimez en français les phrases suivantes.
  a She didn't reciprocate.
  b You two, don't argue any more!
  c I knew nothing.
  d We have only a few souvenirs.
  e You (*tu*) never believed I would do it!

E   *Face à face*

1 Avec un(e) partenaire pratiquez la lecture de cet extrait littéraire.
2 Interprétez la conversation d'Emma et de Rodolphe d'une manière aussi professionnelle que possible, en communiquant l'ambiance de l'époque.
3 Puis ayant divisé entre vous deux la lecture et les deux rôles, enregistrez votre interprétation de l'extrait sur cassette. Avant de commencer cet enregistrement, décidez quels sont les éléments …

- romantiques
- mélodramatiques
- tragiques
- humoristiques.

coin accent

prononciation

Pour l'anglophone, beaucoup de mots français qui incorporent le son **é** présentent un traquenard surtout quand leur forme écrite est très similaire à celle d'un mot anglais. Pour cette raison, nous avons tendance à prononcer le son à l'anglaise. Ecoutez les mots en **é** suivants tirés du texte et pratiquez-les plusieurs fois sur cassette.

été préméditée pensé proposé rêvé
littérature était parlé représentaient
l'énergie répétait proximité donné
décors passé efforcée déjà idée

5.8 *Astrid Veillon a réalisé son rêve d'enfant*

Comme Virginie Ledoyen, Astrid Veillon est une jeune actrice qui épate son public. Maintenant elle se fraye un chemin dans le monde du cinéma, mais ce n'a pas toujours été comme ça. Réussir n'est pas toujours facile.

A Ecoutez cette interview où Astrid décrit sa carrière jusqu'ici, et écrivez ✓ ou ✗ pour montrer si chaque affirmation est vraie ou fausse.

1 C'est à l'âge de trois ans qu'Astrid commence à rêver de devenir actrice.
2 Elle est née dans un milieu artistique.
3 Les autres gens s'enthousiasment pour son métier.
4 L'année dernière elle a juste évité le chômage.
5 Elle est à Paris depuis sept ans.
6 Elle a obtenu son premier rôle il y a cinq ans.
7 Après ça, elle n'a pas tourné de films pendant quatre ans.
8 A cette époque elle a eu constamment peur du lendemain.
9 Elle a presque perdu espoir.
10 Si elle n'avait pas retrouvé du travail, elle serait partie pour les Etats-Unis.

B Mettez ensemble les moitiés correctes de ces phrases qui se rapportent à la deuxième partie de l'interview (à partir de «J'avais l'impression d'être tombée ...».) Attention: il y a deux deuxièmes moitiés de trop.

Astrid Veillon, vedette de
La Femme du boulanger,
de Nicolas Robowski

1 Pour se remettre de sa dépression, Astrid ...
2 A cette époque, elle prend la décision de ...
3 Son choix de métier est probablement une ...
4 Un coup de téléphone ...
5 Dans son comportement, Astrid ...
6 Sa mère travaille dans ...
7 Sa mère ...
8 La mère ...
9 Plus jeune, Astrid avait ...
10 Maintenant, Astrid reconnaît ...

a réaction à son enfance.
b une école primaire.
c devient stagiaire de théâtre.
d est diplômée.
e un caractère difficile.
f annule sa décision.
g confirme sa décision.
h un centre de réorientation.
i tient de sa mère.
j trouve son travail très intéressant.
k ses points forts et ses faiblesses.
l partir pour les Etats-Unis.

5.9 *Le cinéma littéraire II: Pagnol et Le Château de ma mère*

Marcel Pagnol, l'un des plus grands cinéastes du XXᵉ siècle (voir *Coin infos*), a été premièrement homme de lettres (il a été reçu à l'Académie française en 1946) et est arrivé au cinéma avec le tournage de ses propres pièces de théâtre, *Marius, Fanny*, et *Topaze*.

Par contraste, le roman, *Manon des sources*, a existé tout d'abord comme film, tourné la première fois en 1952. Son scénario est devenu la base du roman.

LA GLOIRE DE PAGNOL

Voilà plus de 30 ans que *La Gloire de mon père*, le classique des classiques de Marcel Pagnol, ne cesse de conquérir de nouveaux lecteurs. A preuve les quelque 180 000 exemplaires annuels vendus en livre de poche. Il faut ajouter à cela les éditions reliées que s'arrachent les collectionneurs et la vente en club qui va, elle aussi, bon train.

Ces cinq millions de volumes écoulés en 30 ans ne font pas le seul succès de Pagnol. Et si tous ses titres ne jouissent pas d'une telle gloire, il est bon de rappeler que *Le Château de ma mère*, numéro deux à son hit parade personnel, s'écoule au rythme annuel de 160 000 exemplaires.

Le cinéma redécouvrant *Jean de Florette* et *Manon des sources* a fait flamber la vente de ces titres lors de la sortie des deux films en salle. Aujourd'hui, précise Bernard de Fallois, éditeur heureux de Pagnol, la vente s'est stabilisée autour de 100 000 exemplaires par an.

Ce succès – qui touche aussi d'autres titres comme *Le Temps des secrets* (90 000 exemplaires) et *Le Temps des amours*, livre posthume (60 000 exemplaires) – ne dépasse cependant pas les frontières. Pagnol reste un écrivain de chez nous et s'il a malgré tout conquis, entre autres pays, les Etats-Unis, c'est grâce à son

Le Château de ma mère

théâtre (en particulier *Topaze*) et à ses films.

«*Quelle revanche*, fait observer Bernard de Fallois, *que ce succès français de l'œuvre de Pagnol! On l'avait d'abord pris pour un auteur de boulevard, pour un amuseur, jusqu'à la publication de La Gloire de mon père, en 1957. Alors, ses qualités de style et d'écriture l'ont imposé. L'université française continue à l'ignorer. En revanche, dans les lycées et collèges, dans les écoles, c'est un classique. Et même s'il n'est pas toujours au programme, les enfants finissent par le découvrir. Ils ne le lisent pas, comme on le dit trop souvent, parce qu'il évoque un passé nostalgique. Ce passé-là, les jeunes n'en ont rien à faire. Ils le lisent parce qu'ils l'aiment.*»

Michèle GAZIER

coin infos

le cinéma en Provence: Marcel Pagnol

Le 28 février 1895 est né, à Aubagne, le petit Marcel Pagnol; c'est l'année où les frères Lumière présentent à Paris la première projection publique du cinématographe.

Prédestination qui fera de Pagnol un des cinéastes les plus populaires de notre temps.

D'abord auteur de pièces de théâtre, il saura s'adapter au cinéma parlant; il tourne «Marius» en 1931, puis «Topaze» et «Fanny» en 1932. Ces films, avec des acteurs comme Raimu, Orane Demazis, Charpin, Pierre Fresnay, entre autres, connaîtront le succès.

En 1933, il fonde sa propre maison de production; il tourne: «Joffroi», «Angèle», «César». «Regain», «Le Schpountz», «La Femme du boulanger». Raimu, Fernandel et toute son équipe à l'accent marseillais font un triomphe.

La guerre de 1940 arrivant, il tourne encore «La Fille du puisatier», puis en 1952 ce sera «Manon des sources».

Il s'en ira, sa tâche terminée, en pleine gloire.

D'autres après lui monteront les films: en 1986 «Jean de Florette» (Claude Berri), «Manon des sources» (Claude Berri), «La Gloire de mon père» (Yves Robert), «Le Château de ma mère» (Claude Chabrol), qui tous reçurent l'accueil enthousiaste du public.

A Expliquez la signification de tous ces chiffres mentionnés dans l'article.

1 180 000
2 5 000 000
3 160 000
4 100 000
5 90 000
6 60 000
7 1957

B Notez toutes les raisons données pour le succès de Pagnol.

C Voilà un extrait du roman de Pagnol, *Le Château de ma mère*.
Après l'avoir lu, répondez aux questions ci-dessous.

Le temps passe, et il fait tourner la roue de la vie comme l'eau celle des moulins.

Cinq ans plus tard, je marchais derrière une voiture noire, dont les roues étaient si hautes que je voyais les sabots des chevaux. J'étais vêtu de noir, et la main du petit Paul serrait la mienne de toutes ses forces. On emportait notre mère pour toujours.

De cette terrible journée, je n'ai pas d'autre souvenir, comme si mes quinze ans avaient refusé d'admettre la force d'un chagrin qui pouvait me tuer. Pendant des années, jusqu'à l'âge d'homme, nous n'avons jamais eu le courage de parler d'elle.

Puis, le petit Paul est devenu très grand. Il me dépassait de toute la tête, et il portait une barbe en collier, une barbe de soie dorée. Dans les collines de l'Etoile, qu'il n'a jamais voulu quitter, il menait son troupeau de chèvres; le soir, il faisait des fromages dans des tamis de joncs tressés, puis sur le gravier des garrigues, il dormait, roulé dans son grand manteau: il fut le dernier chevrier de Virgile. Mais à 30 ans, dans une clinique, il mourut. Sur la table de nuit, il y avait son harmonica.

Mon cher Lili ne l'accompagna pas avec moi au petit cimetière de La Treille, car il l'y attendait depuis des années, sous un carré d'immortelles: en 1917, dans une noire forêt du Nord, une balle en plein front avait tranché sa jeune vie, et il était tombé sous la pluie, sur des touffes de plantes froides dont il ne savait pas les noms . . .

Telle est la vie des hommes. Quelques joies, très vite effacées par d'inoubliables chagrins.

Il n'est pas nécessaire de le dire aux enfants.

1 Qui sont les morts dont parle Marcel?
2 Quand il pense à ces individus, quels sont les endroits particuliers qu'il leur associe?
3 Qu'est-ce qu'il vaut mieux ne pas dire aux enfants?
4 Notez toutes les phrases qui évoquent directement . . .
   a la tristesse
   b la résignation de Marcel
   c son désir de protéger la nouvelle génération
   d son sentiment de petitesse
   e le rythme de la vie
   f l'attachement de Paul à la terre
   g l'idée d'un objet chéri
   h la disparition de la France rurale
   i son sentiment que Paul a été bien dans sa peau
   j l'importance de la mère pour Marcel et Paul

D   Choisissez les adjectifs qui illustrent pour vous la façon dont écrit Marcel Pagnol dans l'extrait à la page 95. Pensez-vous qu'il emploie un vocabulaire . . .?

humanitaire	froid	évocateur	direct
sentimental	terre-à-terre	tendre	dur
amer	triste	rancunier	chaleureux
affectueux	pessimiste	optimiste	conformiste
anticonformiste	aimant	plein de regret	brutal
positif	négatif	bienveillant	malveillant

Notez une phrase qui justifie votre avis, pour chaque adjectif que vous avez choisi.

CONSOLIDATION

Expressions of time

1 Trouvez les phrases et expressions dans les textes qui ont inspiré ces versions anglaises, et notez-les.
   a from then on
   b from 1957 (on)
   c one could imagine that from then on
   d from its appearance on the screens
   e right from the start/always
   f just as they went into the forest
   g For more than 30 years now this classic has been gaining new readers.

2 Maintenant, à vous! Rendez en français les phrases suivantes.
   a They've been threatening to invade for several years.
   b from the time she departed (= her departure) for Paris
   c I've been learning French for almost seven years now!
   d from next year on
   e from tomorrow
   f right from my childhood

---

coin infos

la littérature filmée

A part les adaptations de Pagnol déjà mentionnées, il y a eu beaucoup d'autres livres célèbres qui ont été récemment filmés. Voilà un tableau des plus importants avec quelques blancs.

Exercice d'initiative: Utilisez toutes les ressources qui vous sont disponibles pour remplir les blancs dans le tableau.

Film	Date	Vedettes	Metteur en scène
Cyrano de Bergerac	1990	Depardieu	
Germinal	1993	Depardieu	
Le Colonel Chabert	1994	Depardieu	
La Reine Margot	1995		Claude Berri
Le Hussard sur le toit	1995		Jean-Paul Rappeneau

5.10 *Téléfilms*

Les téléfilms – du cinéma ou de la télévision? C'est à discuter! Pour simplifier le débat, disons que c'est du cinéma télévisé. En France, tout comme aux Etats-Unis ou au Royaume-Uni, les romans policiers font du bon cinéma et surtout de bons téléfilms. En Grande-Bretagne, ce sont les policiers de Ruth Rendell, PD James, Colin Dexter, WJ Burley et, bien sûr, Agatha Christie qu'on adapte pour le petit écran. Les Français ont tendance à importer ces téléfilms britanniques, mais parmi les exemples les plus importants de ce genre en France, on compte les adaptations des histoires du commissaire Maigret, un détective parisien, dont l'auteur est un Belge, Georges Simenon. Maigret fait partie intégrante de la culture française.

Maigret et les caves du Majestic

13.25 15.05   **F2**
Téléfilm   **TT**

Téléfilm français (1992) de Claude Goretta, d'après Georges Simenon.
Adaptation et dialogues: Santiago Amigorena et Claude Goretta. Redif. ST. Bruno Cremer: Jules Maigret. **Jérôme Deschamps:** Prosper. **Maryvonne Schiltz:** Charlotte. **Marilu Marini:** Gigi. **Jean-Claude Frissung:** Janvier. **Jean-Pierre Gos:** Lucas.

Cafetier en chef de l'hôtel Majestic à Paris, Prosper Donge est un employé modèle. Seulement, ce matin-là, son pneu de vélo a crevé et Prosper est arrivé en retard. C'est donc à 6 heures 10 et non à 6 heures qu'il a découvert, dans les caves, le cadavre de Mrs. Clark. Une chance pour lui, ces dix minutes, estime le commissaire Maigret. Au fil de son enquête, de ses rencontres avec le passé de Prosper, de Charlotte, de Gigi et des autres, il est sûr, de plus en plus sûr, que le chef cafetier – que

pourtant tout accuse – n'a rien à se reprocher. Alors qui et pourquoi? Maigret, comme d'habitude, marche à l'inspiration, tâte les lieux, jauge les gens, hume les atmosphères, s'arrête au détail, débrouille le vrai du toc, fait de la psychologie sans en avoir l'air. Et la caméra de Claude Goretta accompagne Maigret-Cremer dans ses déambulations en suivant son rythme avec beaucoup d'intelligence. Ce Maigret rend particulièrement bien le climat Simenon, des bars chic aux bistrots cracras,

des palaces aux pavillons de banlieue.

Maigret se trouve à la charnière de deux mondes, les grosses fortunes et les petites gens, que des seconds rôles plantent avec justesse en deux temps trois mouvements, comme aux plus beaux jours du ciné populaire des années 1930. Et Bruno Cremer passe des uns aux autres avec le regard d'un commissaire qui cherche désespérément à comprendre les misères du monde.

Gérard PANGON

A   Lisez cette annonce pour «Maigret et les caves du Majestic» et trouvez l'identité ou le rôle de la personne mentionnée.

Qui est . . .

1   Santiago Amigorena?
2   Prosper Donge?
3   Mrs. Clark?
4   Charlotte?
5   Gigi?
6   Claude Goretta?
7   Bruno Cremer?

B   Insérez chacun des mots suivants dans une phrase du texte au lieu d'un mot ou d'une expression qui s'y trouve déjà.

Exemple: 1 impeccable   un employé *modèle*   un employé *impeccable*

1   impeccable
2   aperçu
3   pendant
4   certain
5   fonctionne
6   respire
7   la camelote
8   pas
9   au carrefour
10   exactitude

5.11 *Les multiplex*

En Grande-Bretagne on a vu une explosion dans la construction de cinémas multiplex, ce qui a encouragé une augmentation importante dans la fréquentation des cinémas dans ce pays.

Mais en France, pays natal du «septième art», qui jouit d'une renommée mondiale pour la qualité de ses films, le débat continue.

Est-ce que les multiplex gigantesques à l'américaine produiront un cinéma américain avec la perte des petits cinémas de quartier et de l'art cinématographique français? C'est à voir! Vous lirez un article sur les «méga-cinémas», pour voir ce qu'en pensent les Français. Après l'avoir lu, faites l'exercice A.

A Pour chaque mot tiré du texte, complétez la famille des mots.

Nom	Verbe	Adjectif
une construction	1	2 ....
3	craindre	4 ....
5	6	commercial
un créateur	7	8 ....
un défenseur	9	10 ....
11	assurer	12 ....
13	profiter	14 ....
15	16	inquiet
une baisse	17	18 ....
19	contrôler	20 ....
21	22	grand
une autorisation	23	24 ....
25	26	nouveau
27	28	soutenu
29	favoriser	30 ....

B Pour cet exercice il faut lire assez rapidement et superficiellement l'article, pour trouver des faits clés.

Rendez en anglais les phrases suivantes, dont le numéro entre parenthèses indique le paragraphe d'origine dans l'article.

a plus d'un milliard de francs seront dépensés cette année (1)
b ces monstres correspondent à la nouvelle demande du public (2)
c Disneyland sera pourvu l'an prochain (3)
d elle a frôlé la barre des 130 millions (4)
e un amendement destiné à contrôler l'implantation des multiplex (6)
f il l'a qualifié de «catastrophe ...» (7)
g une réglementation tatillonne l'a fait dégringoler (8)
h favoriser une politique de convention (9)

▶ Alors que les grands complexes cinématographiques se multiplient dans tout le pays, les cinémas de quartier craignent pour leur survie, ce qui a amené le Parlement à voter une loi. Les défenseurs des multiplex affirment qu'il s'agit d'une nouvelle manière d'aller au cinéma qui ramène le public dans les salles.

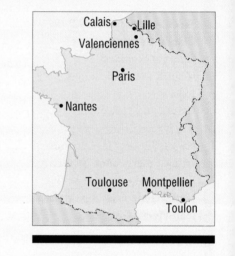

C Maintenant lisez encore l'article entier et faites une liste des avantages [6 points] et des inconvénients [4 points] des multiplex, selon l'article.

D En vous référant à l'article (à partir de «Inquiets de la baisse de fréquentation ...»), expliquez <u>en anglais</u> les mesures prises par le gouvernement français pour résoudre le problème des multiplex et les réactions des gens impliqués.　　　[6 points]

Les méga-cinémas

... C'est pas parce qu'on n'a pas de voiture qu'on ne peut pas aller au cinéma.

1 Plus d'un milliard de francs seront dépensés cette année en France pour la construction de cinémas multiplex. Ces nouveaux centres, avec souvent plus de dix salles, connaissent un succès grandissant qui fait craindre pour l'avenir des petits cinémas de quartier.

2 Installés à la périphérie des villes, fréquemment sur de vastes zones commerciales, ces monstres correspondent, selon leurs créateurs, à la nouvelle demande du public. Des espaces ultra-modernes où, en plus des salles à grand écran, on peut aussi trouver bar, restauration rapide, terminaux internet, jeux vidéo et comptoirs de confiserie.

3 Après Coquelles (terminal du tunnel sous la Manche), Toulon, Nantes, Paris (Forum des Halles et Montparnasse) et Valenciennes, viendra le tour de Lille et de Toulouse, en septembre puis en novembre. Disneyland sera pourvu l'an prochain, comme Montpellier, qui connaît une levée de boucliers des petits distributeurs indépendants.

Les films français remontent en flèche

4 Les défenseurs de ces grandes surfaces du cinéma assurent qu'ils sont seuls en mesure d'enrayer la chute de la fréquentation des années passées. Tombée à 116 millions de spectateurs en 1992, elle a frôlé la barre des 130 millions l'an dernier. A elles seules, les quinze salles de l'UGC Ciné Cité des Halles à Paris ont accueilli en un an plus d'un million et demi de spectateurs.

5 De même, les films français grand public semblent profiter de la multiplication des salles pour résister aux grandes productions américaines. Ainsi, dans le réseau UGC, «Pédale douce» a battu «Toy Story» (Disney) et «Le bonheur est dans le pré» a fait mieux que «Goldeneye», le dernier James Bond.

6 Inquiets de la baisse de fréquentation des salles des centres-villes, les parlementaires ont voté un amendement destiné à contrôler l'implantation des multiplex. Ce texte assimile ces cinémas aux grandes surfaces, et les oblige à se soumettre à une autorisation de la commission d'équipement départementale pour les nouveaux ensembles de plus de 1 500 places.

La désertification des centres-villes

7 Soutenu par le ministère de la Culture, ce dispositif a provoqué la colère de Nicolas Seydoux, PDG de Gaumont. Il l'a qualifié de «catastrophe pour le cinéma français», lors de l'inauguration du complexe de Valenciennes, mardi dernier. Selon lui, «cela va entraîner un ralentissement des investissements avec dans le meilleur des cas l'ouverture de quatre à cinq multiplex de moins par an».

8 Seydoux cite le cas de la Grande-Bretagne où «la construction d'une nouvelle génération de cinémas a fait monter la fréquentation en dix ans de 55 à 125 millions alors qu'en Italie une réglementation tatillonne l'a fait dégringoler dans le même temps de 500 à 100 millions».

9 Le ministère de la Culture, qui a mis en place un observatoire du cinéma, tente de son côté de favoriser une politique de convention entre les villes et les exploitants de petites salles. Dans ce changement de paysage, les petits exploitants tentent de résister. En jouant la carte du cinéma d'art et d'essai, ils parviennent tout de même à fidéliser un public que les hypermarchés du septième art rebutent.

S.A.

5.12 *Qu'y a-t-il au cinéma?*

Puisque le cinéma, le «septième art», jouit d'une telle importance dans la vie des Français, il y a des notes de cinéma, des revues, des annonces publicitaires dans toute une gamme de magazines et de journaux pour informer et entretenir son grand public. Donc, quand on lit un magazine, il est très utile de pouvoir sélectionner rapidement les détails dans le rapport, compte-rendu, etc., qui sont nécessaires pour prendre la simple décision «j'y vais/je n'y vais pas».

coin infos

le cinéma français de nos jours

Actuellement, la France produit environ 130 à 140 films par an, dont près de 80% sont financés en totalité ou en grande partie par des capitaux français. Ce chiffre situe la France au 2e rang pour les investissements cinématographiques. Bien qu'environ 500 salles aient fermé leurs portes depuis dix ans les quelque 4 500 d'aujourd'hui (le nombre le plus élevé dans l'Union européenne) ont accueilli plus de 136 millions de spectateurs, chiffre record durant cette période. Le cinéma français bénéficie d'un système d'aide à la création, à la production et à la distribution géré par le Centre national de la cinématographie (CNC). Cet organisme officiel redistribue les ressources qui proviennent de taxes sur les recettes des salles, sur la vente des cassettes vidéo et sur la diffusion des films par les différentes chaînes de télévision.

SORTIR AU CINEMA

Nouveaux films

C'est la tangente que je préfère ★★
de Charlotte Silvera

Sabine est lycéenne, en première. Son signe particulier: la bosse des maths. Elle se constitue un petit pécule en faisant les devoirs de ses copains et résout tous ses soucis quotidiens comme une équation. Un jour, dans le bus, Sabine croise le regard d'un homme. Elle le trouve beau, ténébreux et . . . géométrique. Il l'enlace et voici l'adolescente prise dans le tourbillon d'un amour qui ignore les lois de la logique.

◆ *Le personnage acharné et spontané de Sabine, Julie Delarme, connaît ses premiers émois amoureux de manière très touchante. Sensible à souhait, le film ne sombre jamais dans le misérabilisme ou la mièvrerie. C'est la tangente . . . est énergique, riche en émotions et nous emporte dans le monde – poétique . . . – des mathématiques. Aussi fascinant que touchant.* **M.T.**

Le Plaisir (et ses petits tracas)
de Nicolas Boukhrief

Le plaisir, ses différents visages (sexe, drogue, techno) et ses «petits» tracas (sida, suicide, overdose) passent tel un relais explosif entre un soldat, une actrice de X, une femme mariée, un homo . . .

◆ *Bien planté dans un décor fin de siècle, le second film de Nicolas Boukhrief, «M. Ciné-Club de Canal+», déroule une série de sketchs cadrés très près de la peau de l'intense Florence Thomassin, de Mathieu Kassovitz et de Fabrice Renaud. Porté par l'ombre d'Ophüls, le scénario frôle parfois le drôle et le piquant, sans pourtant arriver à la hauteur de ses ambitions.* **G.M.**

Mathieu Kassovitz et Virginie Darmon.

A Lisez les notes de cinéma, puis essayez de faire des associations rapides entre les détails descriptifs et le titre du film approprié: écrivez les titres.

Dans ce film, il y a . . .

1 une mathématicienne très douée
2 de l'émotion mais pas de sentimentalité
3 un aperçu des années 1990
4 un rapport homme-adolescente
5 une série de personnages variés
6 un personnage qui fait l'expérience de l'amour pour la première fois
7 des tableaux plutôt qu'une histoire continue

B Choisissez l'un des deux films et expliquez pourquoi vous aimeriez le voir.

5.13 *Expériences personnelles*

A Dans ces notes de cinéma vous aurez noté pas mal de courtes expressions pleines de signification qui donnent chacune une partie de l'essence du film discuté. Pour chacune des phrases ci-dessous, trouvez un film (de n'importe où) pour ou dans lequel on peut dire les choses suivantes.

1 Nommez un film où le personnage principal ...

   a résout tous ses soucis quotidiens.
   b croise le regard d'une autre personne.
   c est pris dans le tourbillon d'un amour.
   d est acharné et spontané.
   e connaît ses premiers émois amoureux.
   f est traité d'une manière très touchante.

2 Nommez un film qui ...

   a est énergique et riche en émotions.
   b nous emporte dans un monde différent.
   c est bien planté dans un décor réaliste.
   d déroule une série de sketchs.
   e n'arrive pas à la hauteur de ses ambitions.

B *Constat personnel*

Quand on parle d'un film, il est toujours utile de pouvoir dire des choses générales sur ce film tout au début de la conversation. Ainsi, vous communiquez à votre interlocuteur une idée des conditions dans lesquelles vous l'avez vu et aussi de vos impressions du film.

1 Choisissez un film français que vous avez vu.
2 Préparez un constat personnel sur ce film en trouvant dans le «moulin à paroles» à droite les expressions qui vous conviennent.
3 Répétez votre constat avec votre partenaire.
4 Enregistrez votre constat sur cassette.

Je vais parler du film Je voudrais discuter du film J'ai choisi le film	parce que/qu' pour la bonne raison que/qu' puisque/puisqu'	il est émouvant/assommant. j'ai été pris(e) par/je déteste l'intrigue. les personnages me fascinent/m'horrifient. l'époque m'intéresse/me dégoûte. je le trouve bien/mal tourné.

J'ai vu le film
C'est un film que j'ai vu
J'ai eu le plaisir de le voir
Je l'ai vu
J'ai eu la (mal)chance de le voir
J'ai dû subir le film
On m'a forcé à voir le film
J'en ai fait l'expérience
	(tout) récemment.
	il y a longtemps.
	il y a ... semaines/mois/ans.
	au cinéma.
	à la télé(vision).
	en (format) vidéo.
	seul(e).
	avec ...
	  ma famille.
	  un copain/une copine.
	  mon/ma petit(e) ami(e).
	  des copains/copines.	

Je l'aime Je l'adore Je l'ai beaucoup apprécié Il m'a inspiré Il ne m'a rien dit Je suis neutre sur ce film Il m'a vexé(e)/ennuyé(e)/contrarié(e)	(tout simplement) parce que/qu' pour la bonne raison que/qu' pour en raison de à cause de	c'est tout à fait mon genre. il a été bien/mal réalisé. les acteurs ont été formidables/médiocres. son traitement du thème. sa froideur/son émotion. sa musique. etc.

5.14 *Travail de synthèse*

A *Radio-Ciné – Jeu-Concours*

Maintenant, écoutez et participez à ce jeu-concours sur le cinéma français.

Vous n'avez besoin que de vos oreilles, d'un stylo, de votre bloc-notes et de votre intelligence.

Ecoutez maintenant les présentateurs et les présentatrices, et trouvez la bonne réponse à toutes leurs questions.

On vous souhaite bonne chance!

B *A vous maintenant!*

1 Préparez et enregistrez sur cassette un exposé de trois minutes sur vos impressions du cinéma français.

2 Ecrivez pour un journal scolaire la critique (200 mots) d'un film français que vous avez vu.

3 Choisissez votre thème:
  • Ecrivez une appréciation (400–500 mots) d'un acteur français/d'une actrice française ou d'un metteur en scène français que vous aimez bien.

  OU
  • «Le cinéma français, victime de la télévision et du cinéma américain, n'a plus de grandes stars et a perdu sa voie.» Pouvez-vous réfuter cette opinion pessimiste?

*P*our la grande majorité d'entre nous, la plupart de notre vie adulte (et consciente!) aura lieu «au travail». Quand on demande «Qu'est-ce qu'il/elle fait dans la vie?», on parle du travail et pas des loisirs – notre identité est étroitement liée à ce que nous faisons pour gagner notre vie. Et si on ne travaille pas ou ne travaille plus? Si on ne «réussit» pas? Quels sont les aspects positifs et négatifs de cette «vie active»?

Dans cette unité on va consolider votre compréhension des points suivants:

- Le futur *(future)*
- Le conditionnel *(conditional)*
- Le passé composé des verbes pronominaux *(perfect tense of reflexive verbs)*

6.1 *J'ai besoin de 1 500 francs par mois*

Etudiante en deuxième année d'histoire à Tolbiac, Claire, vingt ans, vit chez ses parents à Etampes (Essonne). Son père, cadre au BHV, et sa mère, infirmière, ont un revenu mensuel de 28 000 F avec les allocations familiales. Ecoutez Claire qui parle de ce qu'elle fait pour gagner de l'argent.

Paris•
ESSONNE

A Voici une liste d'affirmations concernant Claire. Identifiez les sept qui sont vraies.

1 Claire couche chez ses parents.
2 Elle reçoit 1 500 F par mois.
3 Elle travaille pendant dix heures, tous les samedis.
4 Elle gagne un peu plus que la somme dont elle a besoin.
5 Elle gagnerait plus si elle travaillait dans une usine.
6 Elle aime les gens avec lesquels elle travaille.
7 Elle doit travailler, soit le samedi, soit le dimanche.
8 Elle n'a aucunement l'intention de faire une carrière dans le commerce.
9 Elle a peur que ses études ne souffrent quand elle ira à Paris.
10 Elle a l'intention de continuer à travailler à temps partiel.

B *A vous maintenant!*

Ayant écouté Claire, écrivez-lui pour dire que ...

1 vous êtes tout à fait d'accord avec elle, en précisant pourquoi

OU

2 vous croyez qu'elle devrait se consacrer totalement à ses études, l'année prochaine, en expliquant vos raisons.

Ecrivez environ 200 mots.

coin infos

la population étudiante

2 155 950 étudiants étaient inscrits, en 1996–1997, dans les universités, les IUT, les BTS, classes préparatoires, grandes écoles, écoles d'ingénieurs, de commerce, écoles supérieures privées.

2,8% sont des enfants d'agriculteurs, 9,1% d'artisans, commerçants et chefs d'entreprise, 12,6% d'employés, 13% d'ouvriers, 19% de professions intermédiaires et instituteurs, 34,8% de professeurs, cadres supérieurs et professions libérales.

6.2 *Métier: traductrice*

Pour ceux qui étudient des langues étrangères, la traduction est l'une des carrières préférées. A l'heure de la tombée des barrières géographiques (en Europe) et électroniques (partout), les traducteurs sont de plus en plus sollicités. Gros plan sur un métier difficile mais passionnant.

coin infos

salaire

De 8 000 F mensuels pour un traducteur salarié débutant à 35 000 F brut pour un confirmé. De 10 000 F à 50 000 F brut pour un indépendant.

formation

Aucun diplôme n'est exigé mais pas question d'à-peu-près dans la maîtrise des langues.

débouchés

Plusieurs centaines de postes sont disponibles chaque année.

L'Europe dope les traducteurs

LE TEMOIN

Géraldine Masson, 28 ans, exerce son métier de traductrice, de l'anglais, ou de l'allemand, vers le français, depuis deux ans à Paris. Après un bac économique, une licence d'anglais (trois ans) et un DESS de «traduction éditoriale, économique et technique» (trois ans) à Paris Dauphine, elle trouve un stage dans une grosse société d'informatique.

«Il fallait traduire un logiciel de comptabilité d'origine américaine et l'adapter au marché français», se souvient-elle avec amusement. A la suite de cette première expérience de deux mois, la direction lui propose de choisir sa collaboration: salariée ou indépendante. Géraldine choisit l'indépendance: «Cela me permet d'aborder toutes sortes de travaux, dans des domaines très divers.»

Travailleuse à domicile, sur son ordinateur, au milieu de ses bouquins, elle n'en est pas pour autant bloquée chez elle. Ses journées peuvent commencer dans le studio d'enregistrement du doublage d'un jeu de rôle sur CD-ROM qu'elle a traduit, et où elle assiste les comédiens, ou bien au milieu d'une équipe de traducteurs d'un serveur professionnel sur Internet. Et puis retour à la maison, pour la traduction d'un gros livre de 300 pages illustrées sur la «pêche à la traîne», un contrat de 35 000 F et quatre mois de travail.

En passant elle s'arrêtera à l'Institut océanographique, ou dans une bibliothèque spécialisée sur la pêche, à moins qu'elle ne passe un coup de fil à un fabricant de matériel. «J'adore cette approche documentaire parce que cela me fait rentrer

Géraldine, 28 ans, jongle avec les langues

dans des univers inconnus. Et puis, j'aime l'atmosphère monacale des bibliothèques.»

Faire découvrir des auteurs inconnus

Un mois et demi sur des jeux vidéo importés des Etats-Unis, deux mois sur une brochure technique allemande, quatre mois sur un logiciel, sans oublier la «sous-traitance» pour les documents d'organismes comme la Commission européenne ... «Le travail ne manque pas, constate-t-elle. Ce qui est dur, c'est d'arriver à se faire payer pour la qualité. Les donneurs d'ordre mettent tous les traducteurs en concurrence, agences et indépendants. Ils exigent des délais qui ne permettent pas toujours de faire du bon travail.»

A 70 ou 80 centimes le mot, prix officiel, de l'anglais vers le français, ou 1 600 F la

journée lorsqu'elle travaille «sur site», Géraldine a pu s'assurer un salaire net, toutes charges payées, de 7 000 F mensuels l'année dernière. Elle «espère» atteindre les 8 500 F cette année.

Certes, sa situation n'est pas tout à fait celle qu'elle imaginait jadis ... «Lorsque j'étais à la fac, je pensais décrocher un job de traducteur dans un grand organisme international: sécurité de l'emploi et bon salaire.» Mais aujourd'hui, elle ne regrette rien: «Ce que je fais me paraît beaucoup plus excitant, même s'il faut faire son trou.» En tout cas, les nouveaux territoires que l'insatiable Géraldine aimerait bien explorer prochainement s'appellent doublage de documentaires télé, guides et récits de voyage, et pourquoi pas, quelques auteurs anglais ou irlandais inconnus du public français.

Jean DARRIULAT

A Dans ce résumé de l'article, la deuxième moitié de chaque phrase n'est pas à la bonne place. A vous de faire correspondre les deux bonnes moitiés. Il y a une deuxième moitié de trop.

1 Après ses études secondaires ...
2 A la suite de son stage ...
3 Bien qu'elle passe la journée à la maison ...
4 Elle aime beaucoup ...
5 On ne lui donne pas assez de temps ...
6 Elle n'avait pas prévu ...
7 Elle envisage d'autres emplois ...

a elle a du travail très varié.
b dans le monde de la traduction.
c plus à l'avenir.
d son emploi actuel.
e on lui a proposé un choix.
f pour faire de son mieux.
g faire de nouvelles découvertes.
h Géraldine Masson a obtenu d'autres qualifications.

B Vous êtes le journaliste qui a écrit cet article. Quelles questions auriez-vous posées à Géraldine? Formulez-en cinq, plus posez-les à votre partenaire, qui doit répondre sans regarder l'article. Puis changez de rôle.

C Ce métier vous attire? Ecrivez en français une centaine de mots pour expliquer votre avis.

6.3 *Seriez-vous tenté ...*

Il est de plus en plus facile de travailler en dehors de son pays natal – au moins pour ceux qui parlent une langue étrangère. Seriez-vous tenté(e) de le faire? Ecoutez d'abord les opinions de cinq Français sur la possibilité de travailler ... en Angleterre.

A Ecoutez ces cinq personnes puis notez <u>en anglais</u> leurs réponses à cette question. Pour chaque personne, notez son attitude positive/négative/neutre et donnez ses raisons.

1 Samuel
2 Dominic
3 Sophie
4 Guenaël
5 Catherine

B Ecoutez encore. Dans l'enregistrement, comment dit-on ... ?

1 on doit avoir l'esprit ouvert
2 il vaut mieux ne pas partir
3 je ferais ça avec beaucoup d'enthousiasme
4 complètement enchantée
5 être moins égoïste

C Et vous, seriez-vous tenté(e) d'aller travailler en France/dans un pays francophone? Discutez en groupe en donnant vos réactions à ce que disent les interviewés, sans oublier, bien sûr, d'ajouter vos propres idées et d'expliquer vos avis.

> ### coin infos *i*
>
> *l'opinion des jeunes sur l'emploi*
>
> A partir d'une enquête récente, un regard sur les opinions, les valeurs et les tendances de la génération des 15–29 ans.
>
> De façon générale, les jeunes interrogés au début de l'année 1998 paraissent encore assez pessimistes.
>
> Sur la question de l'emploi, qui reste de loin leur principale préoccupation (23% de demandeurs d'emploi parmi eux au milieu de 1998), ils sont 56% à penser que le chômage va augmenter dans l'année (contre 68% en 1997). C'est un chiffre toujours élevé, mais en amélioration. Est-ce la conséquence de la nouvelle loi sur la réduction du temps de travail à 35 heures par semaine? Il ne semble pas puisqu'ils ne sont que 38% à penser que cette réduction permet de créer des emplois, alors qu'ils étaient 56% l'an dernier. Cependant, 52% estiment que les contrats emploi-jeunes créés par le gouvernement sont utiles pour l'insertion professionnelle des jeunes, 61% considèrent qu'il faut réduire au maximum les écarts entre les revenus et 52% qu'il faut abaisser l'âge de la retraite.

6.4 *Les femmes montent en puissance*

Depuis plusieurs décennies, les femmes bousculent l'univers très masculin des commissariats et des gendarmeries où elles commencent à s'emparer des postes de commandement (voir *Coin infos*, page 134).

Adjudant Nadine Maleig

DE GRANDS yeux clairs appuyés par un léger maquillage, un rouge à lèvres couleur fuschia qui tranche avec le bleu de l'uniforme ... L'adjudant Nadine Maleig est avant tout une femme. Mais une femme gendarme qui commande la brigade de Lanta, une petite unité aux portes de Toulouse où le quotidien est rythmé par les patrouilles et la police de la route, les constatations de cambriolage, les petites affaires de stupéfiants, les problèmes de voisinage et les différends familiaux.

L'adjudant Maleig a «essuyé les plâtres» des personnels féminins dans la gendarmerie.

Elle a fait partie, en 1983, de la première promotion féminine à l'école de la gendarmerie de Montluçon, une fois sa maîtrise de droit pénal en poche. Avec son bagage, elle aurait pu investir d'autres filières, tenter le Capa (concours d'aptitude à la profession d'avocat) ou l'école de la magistrature. Mais visiblement, ce n'était pas son truc. Trop conventionnel.

L'uniforme, les caractéristiques d'un métier qu'elle qualifie de «hors-norme» et une personnalité bien trempée l'ont poussée vers ce «bastion du machisme» que sont l'armée en général et la gendarmerie en particulier.

Femme et commandant d'unité, Nadine Maleig a cinq hommes sous ses ordres. «Je n'ai jamais mis en avant ma condition féminine», assure-t-elle. Elle affirme mettre un point d'honneur à tenir son rang, à prendre tous les tours de service, «même les plus mauvais».

Bref, l'adjudant Maleig montre l'exemple.

Mariée à un gendarme et mère d'une petite fille de cinq ans, elle jongle «comme les autres femmes» avec les gardes et les astreintes, les horaires décalés et sa vie privée. «Question d'organisation», précise-t-elle.

Virginie, un futur «patron»

«JE DEMANDERAI à ce que l'on m'appelle *patron*».

Virginie Perrey éclate de rire.

Dans quelques mois, cette jeune femme originaire de l'Est terminera son stage au commissariat central de Toulouse, et deviendra officiellement commissaire de police. Fille de militaire, scolarisée dans un lycée militaire, Virginie Perrey a tenté d'échapper à son destin.

Prépa HEC, école de commerce: elle a tout fait pour éviter l'uniforme jusqu'au jour où des fonctionnaires de police de la brigade financière sont venus expliquer leur travail aux futurs cadres commerciaux.

«Ensuite, je suis allée rencontrer une femme commissaire de police à Paris et elle m'a convaincue».

Dans la police, Virginie Perrey a trouvé le sel qui lui faisait défaut dans le commerce: «Un petit goût d'aventure, un accès aux postes de responsabilité plus rapide que dans le privé et le sentiment de travailler pour le service public au vrai sens du terme». Après un an passé sous l'uniforme de lieutenant de police à Strasbourg, et deux années de formation à l'Ecole nationale supérieure de la police, Virginie Perrey refuse de se regarder comme une exception.

«Il faut arrêter de focaliser sur le fait que nous sommes des femmes. Dans la police nous ne sommes plus des bêtes curieuses. Maintenant, nous sommes des flics un point c'est tout».

Pour celle qui s'appellera bientôt Madame le commissaire, «tout le mérite revient aux femmes qui nous ont précédées dans le milieu des années 1970».

Grâce à ces pionnières de la

féminisation des commissariats, Virginie Perrey peut aujourd'hui affirmer haut et fort qu'elle «aime bien être en tenue de maintien de l'ordre. Même si ce n'est pas du tout conçu pour les femmes».

Avis aux couturiers du ministère de l'Intérieur.

A   Lisez les deux articles sur Nadine et Virginie puis notez le nom de celle qui . . .

1 a le sens de l'humour.

2 est très organisée.

3 ne cherche pas à profiter du fait qu'elle est une femme.

4 se croit tout à fait ordinaire.

5 croit que l'uniforme ne fait pas très féminin.

6 a été impressionnée par des visiteurs.

7 n'a jamais voulu faire autre chose.

8 est allée en fac.

9 n'a pas voulu faire comme son père.

10 a une journée de travail très variée.

11 trouve son emploi passionnant.

12 est très résolue.

13 ne refuse aucun aspect du métier.

14 n'essaie pas de ressembler à un homme.

15 se croit redevable à celles qui sont venues avant.

B   Les femmes se sont imposées en douceur dans la police autant que dans la gendarmerie. Le texte suivant développe cette idée, mais il y a des mots qui manquent. A vous de choisir pour chaque blanc le mot le plus approprié parmi ceux qui sont donnés ci-dessous.

Grâce à l' **1** .... des femmes dans les services la **2** .... militaire est un peu tombée en **3** .... «Elles ont **4** .... leur place et c'est bien!» constate un gendarme de la section recherche de Toulouse. Dans les services d'enquête de la police, on **5** .... l'efficacité, l'esprit méthodique et la discrétion des femmes.

Autrefois **6** .... d'office à la seule brigade des mineurs, les femmes flics **7** .... peu à peu dans tous les services. Au commissariat central de Toulouse, seule la brigade criminelle et la brigade des **8** .... restent encore exclusivement masculines, **9** .... combien de temps encore? Une partie de la **10** .... viendra du Centre de formation de la police de Toulouse où 35 futures femmes flics **11** .... jeu égal avec leurs 101 futurs collègues masculins.

	a		**b**		**c**	
1	a	excellence	b	arrivisme	c	arrivée
2	a	rigueur	b	force	c	condition
3	a	pauvre	b	arrière	c	désuétude
4	a	eu	b	fait	c	reconnu
5	a	cache	b	loue	c	révèle
6	a	affligées	b	transférées	c	affectées
7	a	s'immiscent	b	s'inscrivent	c	s'organisent
8	a	stupéfaits	b	stupéfiants	c	stupides
9	a	depuis	b	pendant	c	pour
10	a	brigade	b	gendarmerie	c	réponse
11	a	font	b	ont	c	jouent

C   *Face à face*

Personne A   Ayant lu cet article sur les femmes qui font leur chemin dans la police, vous le montrez à votre ami(e), plein(e) d'enthousiasme.

Personne B   Vous n'êtes pas du tout d'accord, croyant que les femmes ne sont aucunement aptes aux hauts grades.

Développez la conversation. Après cinq minutes, changez de rôles.

coin infos

les femmes au travail

Cinquante-deux pour cent des Français sont des femmes, mais elles ne représentent que 11% des députés, ont des salaires inférieurs de plus de 25% à ceux des hommes et travaillent environ 70 heures par semaine. Malgré des progrès importants, l'égalité n'est pas encore acquise.

Dans le domaine professionnel les femmes représentent désormais 45% de la population active (11,5 millions sur un total de 26 millions) et leur taux d'activité entre 25 et 54 ans est passé de 45% en 1968 à 80% aujourd'hui. Mais elles constituent aussi la majorité (51%) des chômeurs. Elles dépassent de trois points le taux de chômage des hommes, soit 14,2% contre 11,1%, (chiffres qui atteignent 31,4% pour les jeunes femmes entre 20 et 24 ans, contre 21,7% pour les hommes), restent plus longtemps inscrites à l'ANPE (Agence nationale pour l'emploi) et sont moins indemnisées.

De même, les femmes représentent 85% des personnes travaillant à temps partiel, situation plus souvent subie que choisie. La majorité d'entre elles sont âgées de moins de 25 ans ou de plus de 55 ans; ce ne sont donc pas des femmes actives mères de famille. Bien entendu, travail à temps partiel signifie salaire partiel, indemnisation partielle du chômage et retraite partielle.

Mais c'est toujours en matière de salaires que l'inégalité entre les hommes et les femmes demeure la plus forte. Quinze ans après le vote d'une loi sur l'égalité professionnelle, l'écart entre les salaires masculins et féminins est encore de 27,2%, ce qui est mieux qu'en 1984 (33%), mais demeure encore beaucoup trop important.

Avec un même diplôme, les hommes accèdent également aux emplois les mieux payés. Si, aujourd'hui, 40% des cadres sont des femmes, seulement 5% d'entre elles sont chefs d'entreprise. Très largement majoritaires dans l'enseignement primaire et secondaire, elles ne sont que 28% parmi les professeurs d'université et les chercheurs, sont passées, en 1997 seulement, de 6% à 11% des députés et ne constituent que 5% des ministres, secrétaires d'Etat, préfets ou ambassadeurs.

6.5 *Quotas ou pas quotas?*

Vous l'avez appris dans le *Coin infos* à la page 107: quoique les femmes représentent 45 pour cent de la population active de la France, dans le monde de la politique, elles ne sont guère visibles; elles ne sont que 11 pour cent des députés, 5 pour cent des ministres ou secrétaires d'Etat. En même temps, plus de 80 pour cent des Français voudraient avoir une femme pour président(e)! Lisez l'article suivant pour vous informer sur des mesures possibles pour améliorer cette situation.

Après les socialistes, aux dernières législatives, le RPR réservera aussi un tiers des places pour les candidates sur les listes régionales. Mais la France est à la traîne des pays européens...

Quotas de femmes: tout le monde s'y met

Le premier gouvernement Juppé avait fait la part belle aux femmes, les fameuses «juppettes». Mais elles furent les premières à faire les frais du remaniement. Photo France-Soir (Gilles André)

L'homme politique de demain sera-t-il une femme? Les Français le souhaitent, si l'on en croit un sondage récent: 90% d'entre eux aimeraient que le Premier ministre soit une femme. Mieux encore, 84% des Français seraient ravis d'avoir une femme pour président de la République. Des chiffres jamais vus, un consensus qui pulvérise les hésitations et devrait renvoyer le machisme aux vieilles lunes.

Le problème, c'est que la France n'est pas prête à laisser une femme accéder aux plus hautes fonctions de l'Etat. Le monde politique, décidément coupé de la réalité, en est encore à s'interroger: quotas ou pas quotas? Et commence tout doucement à bouger. Les socialistes ont donné l'impulsion en réussissant à ce que 30% de leurs candidats lors des dernières législatives soient des femmes.

La droite s'y met aussi. Bernadette Chirac en tête. L'épouse du président de la République, qui est elle-même conseiller général du canton de Sarran, en Corrèze, a estimé, mercredi sur France 2, que «la représentation des femmes est insuffisante» dans le monde politique et qu'«il est anormal qu'il y ait aussi peu de femmes qui se présentent» aux élections.

Le RPR semble également avoir pris conscience du problème: il réservera un tiers des places sur ses listes régionales aux femmes. C'est en tout cas ce qu'a annoncé Nicolas Sarkozy la semaine dernière à Lille: «Nous nous sommes bien moqués des candidates socialistes avant les élections! a-t-il lancé. Maintenant, nous les croisons dans les couloirs de l'Assemblée nationale. Que cela nous serve de leçon.» La machine est apparemment en route.

Scrutins

N'empêche. La France est encore très à la traîne dans le domaine de la parité, dans le peloton de queue de la classe européenne. Les chiffres restent accablants: avec 63 femmes au total élues en juin à l'Assemblée lors des dernières législatives (dont 42 PS, 5 PC, 5 RPR et 7 UDF), la gent féminine représente un peu moins de 11% des députés. Et encore, il y a eu un léger mieux puisque, en mars dernier, un rapport de l'Observatoire de la parité révélait qu'elles n'étaient que 5,5% à l'Assemblée et 5,6% au Sénat. Triste constat quand on sait qu'en 1946, un an après que le général de Gaulle eut donné le droit de vote aux Françaises à la Libération, elles étaient plus nombreuses dans l'Hémicycle qu'aujourd'hui.

En octobre 1995, Alain Juppé avait créé l'Observatoire de la parité pour tenter de faire bouger les choses. Mais la précédente majorité n'avait pas fait siennes les conclusions de cet organisme. Lionel Jospin veut, lui, aller plus loin et a proposé d'inscrire dans la loi fondamentale «l'objectif de la parité entre les femmes et les hommes». Mais cette notion d'objectif de la parité reste vague. Car, si la parité est facile à mettre en œuvre dans les élections de liste, c'est autrement plus complexe dans des scrutins uninominaux, comme les législatives ou les cantonales. Certes, il y est toujours possible de présenter autant de candidats femmes que de candidats hommes, mais rien ne peut garantir que la parité subsistera au niveau des élus.

Quoi qu'il en soit, pour y parvenir, il faut impérativement modifier la constitution. Et une révision de la Constitution est ce qu'il y a de plus difficile à effectuer en période de cohabitation car elle nécessite la totale coopération du président de la République et le bon vouloir du Sénat. Reste à savoir si Lionel Jospin entreprendra une telle réforme, comme il l'avait annoncé.

Catherine LLOUQUET

A Il y a un bon nombre de chiffres et de dates dans l'article. Expliquez leur signification.

Chiffre/Date
90
84
30
2
63
5,5 et 5,6
1946
1995

B

1 «Il faut impérativement modifier la Constitution» a dit Catherine Llouquet au sujet de la représentation féminine à l'Assemblée nationale. Trouvez toutes les affirmations dans le texte qui soutiennent son point de vue.   [6 points]

2 «C'est autrement plus complexe» est un autre commentaire par Catherine Llouquet dans son article. Cette fois-ci, trouvez tous les points dans la dernière section du texte qui soulignent la difficulté d'améliorer la situation.   [6 points]

coin infos

la discrimination

Selon l'enquête Ipsos-Rebondir, la grande majorité des femmes n'a jamais eu le sentiment de ne pas avoir été embauchée parce que le recruteur aurait préféré un homme. La moitié d'entre elles pensent toutefois qu'un congé de maternité freine la progression de carrière.

Seulement 7% des Françaises ont «déjà eu le sentiment d'avoir été victime de discrimination à l'embauche». Cependant, même si ce phénomène n'est apparemment pas aussi courant qu'on le dit parfois, le différentiel de réponses positives à cette question entre les femmes et les hommes (7% pour les femmes, mais seulement 1% pour les hommes) laisse à penser qu'une telle discrimination existe réellement. Près d'une femme sur cinq a été interrogée lors d'un entretien d'embauche sur son hypothétique souhait «d'avoir prochainement un ou des enfants». Cette question n'a été posée qu'à 9% des hommes. Parallèlement, on a demandé à 15% des femmes de décrire la manière dont leurs enfants étaient gardés, soit deux fois plus fréquemment qu'aux hommes (7%). La maternité, les problèmes de garde d'enfants semblent intéresser certains recruteurs. Il y a fort à parier qu'à compétences égales, ces derniers pencheraient plutôt pour employer un homme.

C   *Exercice d'analyse et constat personnel*

Complétez les informations suivantes pour votre propre pays par comparaison avec la France.

• Mon pays est . . .

• Dans l'équivalent de l'Assemblée nationale chez nous,

dans le parti . . .	il y a . . .	par rapport à . . .
de la droite	.... femmes	.... en France.
du centre	.... femmes	.... en France.
de la gauche	.... femmes	.... en France.
vert	.... femmes	.... en France.
En tout,	.... femmes	.... en France.

La proportion est de .... % de femmes   contre........ % en France.

• Aux prochaines élections . . .
  je voterai pour le parti ....
  je ne voterai pas.

• Je crois que la question de la parité des femmes au Parlement . . .
  est d'une importance primordiale.
  est sans importance.
  se résoudra d'elle-même.

• Un Observatoire de la parité chez nous . . .
  diminuerait la discrimination.
  n'aurait aucune valeur.
  aurait un effet discutable.

• Chez nous, il y a . . .
  toujours un manque de femmes au Parlement.
  suffisamment de femmes au Parlement.
  trop de femmes au Parlement.

• Il y aura (à nouveau) une femme comme premier ministre/présidente chez nous . . .
  sous peu.
  d'ici quelques années.
  au bon moment.

• Pour moi, ça ne peut pas arriver/se reproduire . . .
  trop vite.
  trop tôt.
  pendant ce siècle.
  sans l'aide des hommes.
  sans une révolution!

• Si je pouvais choisir une femme comme présidente/premier ministre, ce serait .... , parce que ....

Maintenant, enregistrez vos réponses sur cassette.

6.6 *Le portable est son vrai bureau*

Le travail temporaire apporte une certaine liberté et un peu d'indépendance. Mais la plupart des gens travaillent pour une seule entreprise, et sont cloués à leur chaise toute la journée. Préféreriez-vous un peu plus de mobilité? Ecoutez Mathieu, qui parle de sa façon «portable» de travailler.

A   Les questions auxquelles il répond sont imprimées ci-dessous (**1–10**), mais elles ne sont pas dans le bon ordre. A vous de les ranger correctement.

1 Quels sont les avantages et les inconvénients de votre emploi?
2 En quoi consiste votre travail?
3 Comment est-ce que vous contactez votre chef?
4 Voyez-vous vos collègues?
5 Quelles obligations avez-vous?
6 Vous vous sentez seul, quelquefois?
7 Vous avez un lieu fixe où vous travaillez?
8 Vous contactez souvent votre chef?
9 Comment peut-on vous contacter?
10 Qu'est-ce que vous faites quand vous n'êtes pas avec quelqu'un?

B   On a publié cette interview dans un journal mais en utilisant d'autres mots. Complétez les blancs en écrivant un mot pour remplir chaque blanc.

Si on demandait à Mathieu où se **1** .... son bureau, il vous **2** .... qu'il n' **3** .... a pas. Si on **4** .... se mettre en **5** .... avec lui, c'est par téléphone qu'il faut le faire. Il aime son indépendance et sa seule **6** ...., c'est d' **7** .... à son patron un rapport **8** .... Cette façon de travailler **9** .... plaît beaucoup, et il ne se sent jamais **10** ....

C   *Travail en groupe*

Notez les avantages et les inconvénients du travail de Mathieu. Cette façon de travailler vous conviendrait-elle? Pourquoi? Pourquoi pas?

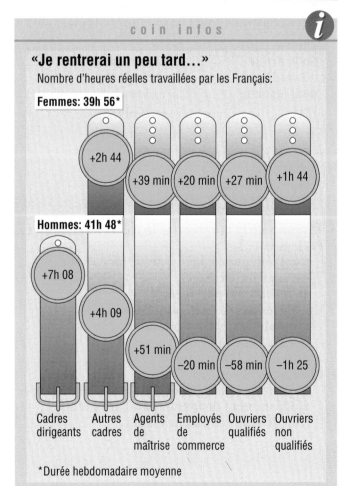

coin infos   *i*

«Je rentrerai un peu tard...»
Nombre d'heures réelles travaillées par les Français:

Femmes: 39h 56*

+2h 44
+39 min   +20 min   +27 min   +1h 44

Hommes: 41h 48*

+7h 08
+4h 09
+51 min   −20 min   −58 min   −1h 25

Cadres dirigeants | Autres cadres | Agents de maîtrise | Employés de commerce | Ouvriers qualifiés | Ouvriers non qualifiés

*Durée hebdomadaire moyenne

6.7 *Les chômeurs, qu'en pensez-vous?*

Si on trouve des problèmes au travail, on gagne du moins de l'argent. Pour ceux/celles qui n'ont pas réussi à trouver un poste, la vie peut être dure. Ecoutez Mme Croze, qui habite près d'Avignon, et qui donne son avis sur le chômage.

A   Après avoir écouté Mme Croze, faites la liste, en anglais, de ce qu'elle reproche aux chômeurs.

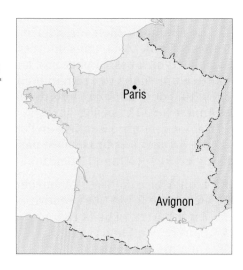

Paris

Avignon

---

coin infos   ***i***

le chômage

Il existe bien sûr d'importantes différences de taux de chômage selon les métiers: de 1% de médecins chômeurs, par exemple, à 40% d'ouvriers de la métallurgie.

De façon générale, la catégorie socioprofessionnelle la plus touchée est celle des ouvriers non qualifiés de l'industrie (un million d'emplois perdus au cours des 25 dernières années): le chômage de longue durée est souvent supérieur à 40%. Dans des secteurs en déclin, comme le textile ou la mécanique, il y a autant de chômeurs parmi les ouvriers qualifiés que parmi les ouvriers non qualifiés.

Les catégories les moins touchées sont les fonctionnaires et les professions de santé. De nombreux jeunes ont été embauchés ces dernières années dans l'enseignement, l'action sociale, la police ..., tandis que le nombre des médecins, infirmières, aides-soignantes ... augmentait très sensiblement.

Les autres domaines où le chômage est souvent inférieur à la moyenne nationale sont l'informatique, la banque, l'assurance et l'alimentation. Au total, une vingtaine de catégories professionnelles sur 84 sont actuellement susceptibles de proposer des emplois à des jeunes gens.

---

coin accent

prononciation

Vous aurez déjà fait beaucoup de progrès avec la prononciation du **r** français. Ecoutez de nouveau Mme Croze ou la voix masculine et imitez la voix choisie, tout en faisant particulièrement attention aux mots qui contiennent un **r**.

«Oui c'est très grave. Tout le monde, tout le monde parle du chômage, c'est, c'est très important.

On arrive à un pourcentage, je crois qu'on est arrivé à 10% de la population.

C'est terrible, c'est, c'est beaucoup.»

B Le chômage, bien sûr, n'a rien de nouveau. Le grand écrivain français Emile Zola, qui s'intéressait passionnément aux questions sociales (voir aussi la page 25), a abordé cette question plus d'une fois, par exemple dans son roman bien connu, *Germinal*. L'extrait en face, tiré d'un conte de Zola, nous donne un aperçu de ce que signifiait le chômage au XIXe siècle.

Voici les points essentiels de l'extrait de ce conte, mais la seconde moitié de chaque phrase n'est pas à la bonne place. A vous de les associer correctement. Attention! Il y a deux secondes moitiés de trop.

1 L'ouvrier a eu beau s'acharner à trouver du travail, . . .
2 Personne ne veut le prendre . . .
3 Arrivé au bord de la rivière . . .
4 Pauvre et affamé . . .
5 Cela lui fait deuil . . .
6 Le voyant hésitant . . .

a l'idée lui vient à l'esprit de se tuer.
b il se trouve confronté par le luxe.
c les passants se méprennent (et pensent qu'il est saoûl).
d parce qu'il accepte de travailler pour presque rien.
e il est encore au chômage.
f il a caché son argent.
g bien qu'il accepte de travailler pour presque rien.
h de savoir qu'il ne peut pas tenir sa promesse.

C Les idées suivantes se trouvent dans le texte. Savez-vous les exprimer autrement?

1 toutes les portes se sont refermées
2 les gens comme il faut se détournent
3 au bout des huit jours
4 éreinté de misère
5 il hâte le pas

D *Phrases squelettes*

Rédigez des phrases en rapport avec le texte, en utilisant les mots ci-dessous. Vous pouvez, éventuellement, modifier les mots mais il vous faut les utiliser dans l'ordre indiqué.

Exemple: Bien que – semaine – réussir

Bien qu'il cherche du travail depuis une semaine il n'a rien réussi à trouver.

1 Malgré – 50 per cent – en vain
2 Rentrant – mauvais temps – tenté
3 Voler – nourriture – famille
4 Promesse – manger – mensonge
5 Bourgeois – éviter – bu

E Imaginez la suite de cet épisode. Ecrivez environ 200 mots.

OU

Est-ce que le chômage est un problème, si on ne risque pas de mourir de faim (c'est-à-dire si on reçoit des allocations chômage)? Donnez votre point de vue en 200 mots.

Germinal, *de Claude Berri (1993) avec Gérard Depardieu*

L'ouvrier est dehors, dans la rue, sur le pavé. Il a battu les trottoirs pendant huit jours, sans pouvoir trouver du travail. Il est allé de porte en porte, offrant ses bras, offrant ses mains, s'offrant tout entier à n'importe quelle besogne, à la plus rebutante, à la plus dure, à la plus mortelle. Toutes les portes se sont refermées.

Alors, l'ouvrier a offert de travailler à moitié prix. Les portes ne se sont pas rouvertes. Il travaillerait pour rien qu'on ne pourrait le garder. C'est le chômage, le terrible chômage qui sonne le glas des mansardes. La panique a arrêté toutes les industries, et l'argent, l'argent lâche s'est caché.

Au bout des huit jours, c'est bien fini. L'ouvrier a fait une suprême tentative, et il revient lentement, les mains vides, éreinté de misère. La pluie tombe; ce soir-là, Paris est funèbre dans la boue. Il marche sous l'averse, sans la sentir, n'entendant que sa faim, s'arrêtant pour arriver moins vite. Il s'est penché sur un parapet de la Seine; les eaux grossies coulent avec un long bruit; des rejaillissements d'écume blanche se déchirent à une pile du pont. Il se penche davantage, la coulée colossale passe sous lui, en lui jetant un appel furieux. Puis, il se dit que ce serait lâche, et il s'en va.

La pluie a cessé. Le gaz flamboie aux vitrines des bijoutiers. S'il crevait une vitre, il prendrait d'une poignée du pain pour des années. Les cuisines des restaurants s'allument; et, derrière les rideaux de mousseline blanche, il aperçoit des gens qui mangent. Il hâte le pas, il remonte au faubourg, le long des rôtisseries, des charcuteries, des pâtisseries, de tout le Paris gourmand qui s'étale aux heures de la faim.

Comme la femme et la petite fille pleuraient, le matin, il leur a promis du pain pour le soir. Il n'a pas osé venir leur dire qu'il avait menti, avant la nuit tombée. Tout en marchant, il se demande comment il entrera, ce qu'il racontera, pour leur faire prendre patience. Ils ne peuvent pourtant rester plus longtemps sans manger. Lui, essayerait bien, mais la femme et la petite sont trop chétives.

Et, un instant, il a l'idée de mendier. Mais quand une dame ou un monsieur passent à côté de lui, et qu'il songe à tendre la main, son bras se raidit, sa gorge se serre. Il reste planté sur le trottoir, tandis que les gens comme il faut se détournent, le croyant ivre, à voir son masque farouche d'affamé.

6.8 *«J'ai pris l'habitude de tout compter»*

On a réfléchi à la vie active, et aux problèmes de ne pas avoir ce travail tellement important. Mais si on travaille dur, c'est pour avoir une sécurité financière, n'est-ce pas? Pour conclure cette unité, on se pose deux questions: est-ce qu'une telle sécurité est garantie? Et si on l'atteint, c'est ça le bonheur?

Lisez cet article où on décrit comment se débrouillent deux retraités belges.

Belgique: Jacques, 67 ans, vit sur ses économies

Bruxelles
Paul Bertrand

Ils sont deux, tempes grises, attablés silencieusement dans ce café vieillot du centre de Bruxelles. Jacques, jeune retraité de la construction (il a 67 ans), sirote lentement sa bière. «Ça fait deux ans que je suis parti. Et je ne m'en plains pas trop.» Ses mains toujours calleuses témoignent de longues années de labeur. «Sur le

chantier, explique-t-il, je gagnais plus de 15 000 francs français par mois. Il y avait des heures supplémentaires, quelques pourboires de clients. C'était confortable. A l'heure de la pension, j'ai fait mes comptes. Basés sur mon salaire déclaré. Je n'ai aujourd'hui que 5 800 F d'allocation de retraite. Cela fait quand même quelques chopes de bière, lance-t-il dans un grand éclat de rire. Mais j'ai quand même pris mes précautions, pour continuer à prendre quelques jours de vacances par an et recevoir dignement mes enfants et mes petits-enfants.»

Jacques énumère sans en révéler les montants: une assurance-vie qui lui assure dorénavant une rente qu'il dit être suffisante, quelques économies (auxquelles il ne touchera qu'en cas d'absolue nécessité) et un étage de sa maison loué à un jeune couple. «Sans cela, reprend-il, j'aurais aujourd'hui le couteau sur la gorge. Pour les gens

de mon âge, c'est normal. On a vécu la guerre et ses restrictions. Le bas de laine, on a ça dans le sang.» A ses côtés, Marcel, ancien postier, opine du bonnet. Voilà dix ans qu'il ne fait plus sa tournée. Sa pension (7 000 francs français) de fonctionnaire lui permet d'en offrir au café. «Mais pas trop, dit-il, il faut faire attention. J'ai pris l'habitude de tout compter.» Marcel n'a jamais envisagé de souscrire une assurance pension complémentaire ou une assurance-vie. «A mon époque, l'Etat nous garantissait des vieux jours heureux. Et je l'ai cru. Un peu naïvement.»

A   Avez-vous bien compris? Complétez ce résumé en mettant un mot seulement dans chacun des blancs.

Jacques a **1** .... sa retraite il y a deux ans et en est assez **2** .... A l'époque **3** .... il avait un emploi, il **4** .... un salaire **5** .... très élevé. En **6** ...., il **7** .... des pourboires. Aujourd'hui, bien qu'il soit **8** ...., il arrive quand même **9** .... se **10** .... un verre et se débrouille même **11** .... passer quelques jours en vacances **12** .... année. Il **13** .... reste aussi assez d'argent pour **14** .... sa famille d'une façon **15** .... Jacques a **16** .... les mesures qui lui ont fourni les **17** .... d'avoir **18** .... d'argent pour vivre. Maintenant, il est même **19** ...., car deux jeunes personnes sont les **20** .... d'un étage de sa maison.

B   Jacques termine en disant au journaliste qui l'a interviewé: «le bas de laine, on a ça dans le sang». Il entend par là qu'il a depuis très longtemps l'habitude de faire des économies, de mettre de côté l'argent qu'il avait gagné durant sa vie de travail. En décrivant son ami, Marcel, le journaliste emploie, lui aussi, certaines expressions qu'on pourrait reformuler autrement. A vous de le faire!

1   Marcel ... opine du bonnet
2   il ne fait plus sa tournée
3   sa pension lui permet d'en offrir
4   j'ai pris l'habitude de tout compter
5   l'Etat nous garantissait des vieux jours heureux

C   Traduisez en anglais le texte à partir de «Jacques énumère ...» jusqu'à «... il ne fait plus sa tournée.»

A consulter: Future, p.197; conditional, pp.198–9

CONSOLIDATION

1   Mettez au futur les phrases ci-dessous, tirées de l'article:
  a   Il a 67 ans.
  b   Il sirote lentement sa bière.
  c   Ça fait deux ans que je suis parti.
  d   Je ne m'en plains pas trop.
  e   Jacques énumère sans en révéler les montants.
  f   Une assurance-vie qui lui assure dorénavant une rente.
  g   Sa pension lui permet d'en offrir au café.
  h   Il faut faire attention.
  i   Ses mains témoignent de longues années de labeur.

2   Faites les petits changements nécessaires pour convertir tous ces verbes du futur au conditionnel.

6.9 *«Que feriez-vous si vous gagniez au Loto?»*

Et si on n'avait pas besoin de travailler ... ?

A   Ecoutez Chantal, Donald, Raoul, Antonio et Jeanne, qui parlent de ce qu'ils feraient s'ils gagnaient au Loto. Qui ...?

1   n'aurait pas envie de quitter son pays adoptif
2   partirait en Amérique
3   récupérerait ce qu'il avait avant
4   chercherait la solitude
5   s'offrirait une demeure de luxe
6   penserait aux gens moins fortunés
7   ne changerait pas ses habitudes
8   se la coulerait douce
9   se payerait une belle voiture
10   s'occuperait de sa famille

B Ecoutez encore et, en adaptant le langage là où il le faut, rendez en français les phrases suivantes.

1 Chantal would head straightaway for an island in the sun where there wasn't a soul.
2 Donald would buy himself a beautiful furnished flat and would deposit the rest of his money in the bank.
3 Raoul would like to find a less demanding job in the building trade.
4 Antonio would go to America and then, if he had any money left, he would buy a house by the seaside.
5 Jeanne would invest her money in property but she wouldn't forget to treat herself.

C Si tout le monde – ou presque – rêve de gagner le gros lot, le rêve ne devient réalité que très rarement. Pourtant, cela est arrivé à Georges ... deux fois! Lisez l'article du *Parisien*, en face, qui raconte ce miracle. Puis regardez attentivement les phrases ci-dessous. A vous de les compléter en y ajoutant les mots que vous jugez nécessaires, mais sans changer ni l'ordre ni la forme des mots donnés.

1 Il y a plus .... ans, un camionneur .... une grosse .... au Loto.
2 Il a .... travailler et s'est montré très .... les .... aimait.
3 Cependant il a .... tout .... avait gagné et il a quitté Lyon .... ailleurs.
4 Cinq ans .... aubaine, il .... avec une femme qui .... jeune que lui.
5 Les deux .... maison et, plus tard, la femme de Georges a donné .... enfant.

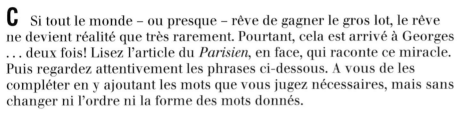

Le miraculé du Loto

Il y a dix ans, Georges, chauffeur routier, avait gagné 2,8 millions de francs. Ruiné en quelques années, il était chômeur et érémiste* ... Jusqu'à samedi. Il a gagné à nouveau: 17 millions de francs!

Toulouse: Nicolas FICHOT

Georges, 40 ans, est chauffeur de poids lourd, près de Lyon. Joueur régulier, il gagne au Loto 2,8 millions de francs. Une fortune! Grisé par l'argent, il abandonne son métier. Georges régale sa famille, ses amis qu'il emmène en vacances.

Mais bientôt le revers de la fortune. Le compte en banque de Georges fond comme neige au soleil. Il quitte la région lyonnaise et, cinq ans après son succès, épouse une jeune femme de 20 ans sa cadette. Tous deux s'installent près de Castelnaudary (Aude), dans un pavillon en location et ont un petit garçon. Mais les factures s'accumulent.

Il y a quelques semaines, faute de paiement, on coupe leur ligne de téléphone. Un huissier saisit leur voiture.

«Vous allez bientôt être expulsés», prévient leur loueur. Georges est au chômage et touche le R.M.I.* Sa femme fait quelques heures de ménage. Tous deux, pourtant, s'acharnent à jouer au Loto pour bousculer la chance. Il est 20 heures samedi dernier. Georges regarde la télévision. La veille, il a rempli un bulletin du Loto. Sur l'écran, les chiffres tombent et l'incroyable se produit. Cette fois-ci, il a gagné 17 126 715 F.

Le lendemain, Georges contacte les organisateurs. Rendez-vous est pris dans un hôtel discret de la Ville rose. Cette fois, il veut rester anonyme. «Je m'en souviens très bien, dit le gérant des lieux. Ils étaient très sympathiques. Ils avaient emprunté la voiture d'un ami pour venir. J'ai donné un jus d'orange au gosse pendant qu'ils se faisaient remettre leur chèque. Mais ils devaient attendre mercredi pour aller le toucher, et ils n'avaient même pas 200 francs pour aller faire la fête. Il a promis à sa femme de ne plus faire de bêtises, se souvient encore l'hôtelier. Il lui a dit que maintenant il allait être sérieux. Les gens du Loto étaient médusés.»

*érémiste = quelqu'un qui reçoit le R.M.I.
(Revenu minimum d'insertion – *Income support*)

D *A discuter et à décider*

Et vous? Que feriez-vous si vous gagniez au Loto? Discutez à deux, puis en groupe, pour découvrir qui a les idées les plus originales ou amusantes. Posez des questions pour que votre partenaire/les autres membres du groupe justifient leurs idées.

E *A vous maintenant!*

Ecrivez une courte lettre – environ 100 mots – à Georges, lui demandant de vous donner une partie de la fortune qu'il vient de gagner. Justifiez-vous!

A consulter: Conditional, pp.198–9

Puisqu'on parle beaucoup d'un avenir rêvé dans ces interviews, on utilise souvent le conditionnel. Remplissez les blancs dans les phrases ci-dessous, prononcées par les interviewés, en y mettant le verbe approprié au conditionnel.

1 Je .... de ma pêche.
2 Je .... le tour des îles en bateau.
3 Je ne .... surtout pas mon argent à la banque.
4 Je .... dans Paris.
5 J'......... ou plutôt je .... ma voiture.
6 Je .... à mes enfants.
7 Ensuite, je .... l'argent pour bien vivre.
8 Après, je .... au Brésil.
9 Je me .... une maison au bord de la mer.
10 Je .... à jouer à la pétanque.
11 Je n'......... pas de me faire plaisir.
12 Je .... des cadeaux à ma fille.
13 J'......... de faire des dons pour les enfants handicapés.
14 Mais en aucun cas je ne .... de ville.

A consulter: Perfect of reflexive verbs, p.195

Mettez les verbes pronominaux dans les phrases ci-dessous (tirées de l'article) au passé composé.

1 Tous deux s'installent près de Castelnaudary.
2 Les factures s'accumulent.
3 Tous deux s'acharnent à jouer au Loto.
4 L'incroyable se produit.
5 «Je m'en souviens très bien» dit le gérant.
6 Ils se faisaient remettre leur chèque.
7 «Il avait promis à sa femme de ne plus faire de bêtises», se souvient encore l'hôtelier.

---

coin accent

prononciation

Le conditionnel
Ce temps n'est pas vraiment difficile à prononcer, si on fait de son mieux pour articuler le verbe lentement et clairement. Puisque les terminaisons du conditionnel sont assez longues, les verbes au conditionnel contiennent le plus souvent plusieurs syllabes. Essayez de prononcer chaque syllabe distinctement et vous n'aurez pas de problème. Ecoutez de nouveau les paroles notées ci-dessous et imitez seulement la voix de votre sexe.

«J'achèterais ou plutôt je rachèterais ma voiture. J'ai été obligé de la vendre: une belle turbo! Je penserais à mes enfants: une maison pour ma fille et une autre pour mon fils. Ensuite, je placerais l'argent pour bien vivre. Je voudrais trouver un travail moins dur que le mien dans le bâtiment. Après je partirais au Brésil un à deux mois parce que ma famille habite encore là-bas.»

«Qu'est-ce que je ferais? J'en sais rien! Eh ben j'achèterais une maison dans les Yvelines. Je partirais pour les Etats-Unis, au Texas, au pays des cow-boys. S'il me reste quelque chose, je me paierais une maison au bord de la mer. Mais en tout cas, je continuerais à jouer à la pétanque à Dauphine. Et puis, je jouerais toujours aux courses . . . mais un petit peu plus!»

«Je placerais tout de suite mon argent dans l'immobilier. Pas question de tout dépenser d'un coup. Mais je n'oublierais pas de me faire plaisir, une villa, une BMW. Je ferais des cadeaux à ma fille et à mon mari. J'essaierais de faire des dons pour les enfants handicapés. Mais en aucun cas je ne changerais de ville. Je suis bien comme je suis.»

6.10 *Topaze*

Mais l'argent fait-il le bonheur? Pas du tout: du moins, c'est l'avis du professeur Topaze, le héros de la célèbre pièce de Marcel Pagnol (voir la page 94) qui porte le nom de son personnage principal. Lisez cet extrait de *Topaze*, où le professeur essaie de faire une leçon de morale à ses élèves.

A Répondez aux questions suivantes en utilisant vos propres opinions.

1   Qu'est-ce qui indique que ce «malhonnête homme» mène une vie luxueuse?

2   Et vous, croyez-vous qu'un tel homme aurait des amis? Pourquoi/Pourquoi pas?

3   Que pensez-vous de l'attitude de Topaze, le professeur? Qu'est-ce que Topaze cherche à dire aux élèves?

4   Et les élèves, est-ce qu'ils vont être convaincus par les idées de Topaze? Pourquoi/Pourquoi pas?

B Exprimez avec vos propres mots les locutions suivantes.

1   ait réussi à s'enrichir
2   il est admirablement vêtu
3   deux laquais veillent sur lui
4   on le fuit comme un pestiféré
5   ça s'arrangera

C On vous a demandé de monter cette pièce en Grande-Bretagne pour un public qui ne comprend pas le français, alors vous devez rendre ce passage en anglais.

TOPAZE: Supposons maintenant que par extraordinaire un malhonnête homme . . . ait réussi à s'enrichir. Représentons-nous cet homme, jouissant d'un luxe mal gagné. Il est admirablement vêtu, il habite à lui seul plusieurs étages. Deux laquais veillent sur lui. Il a de plus une servante qui ne fait que la cuisine, et un domestique spécialiste pour conduire son automobile. Cet homme a-t-il des amis?

L'élève Cordier lève le doigt. Topaze lui fait signe. Il se lève.

CORDIER: Oui, il a des amis.

TOPAZE, *ironique*:   Ah? vous croyez qu'il a des amis?

CORDIER: Oui, il a beaucoup d'amis.

TOPAZE: Et pourquoi aurait-il des amis?

CORDIER: Pour monter dans son automobile.

TOPAZE, *avec feu*:   Non, monsieur Cordier . . . Des gens pareils . . . s'il en existait, ne seraient que de vils courtisans . . . L'homme dont nous parlons n'a point d'amis. Ceux qui l'ont connu jadis savent que sa fortune n'est point légitime. On le fuit comme un pestiféré. Alors, que fait-il?

ELEVE DURANT-VICTOR: Il déménage.

TOPAZE: Peut-être. Mais qu'arrive-t-il dans sa nouvelle résidence?

DURANT-VICTOR: Ça s'arrangera.

TOPAZE: Non, monsieur Durant-Victor, ça ne peut pas s'arranger, parce que, quoi qu'il fasse, où qu'il aille, il lui manquera toujours l'approbation de sa cons. . . de sa cons. . .

Il cherche des yeux l'élève qui va répondre. L'élève Pitart-Vergniolles lève le doigt.

PITART-VERGNIOLLES: De sa concierge.

6.11 *La plage privée*

Même si le professeur Topaze ne réussit pas à persuader ses élèves de penser comme lui, il a peut-être raison quand même.

A Les morceaux de phrases suivants racontent le dessin et l'histoire de monsieur Richard. A vous de les remettre dans le bon ordre.

a Personne n'a pu l'aider
b se fasse bronzer sur sa plage privée
c après avoir bu plusieurs verres de champagne
d nager
e Monsieur Richard a acheté
f par se noyer
g pour empêcher le public d'y pénétrer
h Il est entré dans l'eau mais
i une maison luxueuse
j malheureusement il ne savait pas
k Il ne voulait pas que n'importe qui
l Il a crié «au secours!»
m Il a donc fait construire une barrière
n descendre à sa plage
o Monsieur Richard a fini
p Un jour il a décidé de

B *Travail à deux*

Personne A Vous venez de gagner une grosse somme d'argent et vous déclarez votre intention de vivre à l'écart des autres. Expliquez et défendez vos raisons.
Personne B Vous n'êtes pas du tout d'accord avec la Personne A. Essayez de la persuader de se raviser, en lui faisant ressortir tous les avantages de la société et les dangers de la solitude.

6.12 *Travail de synthèse*

1 Vous avez été invité(e) à participer à une conférence sur les jeunes femmes professionnelles au travail. Le sujet de votre discours est «La jeune professionnelle en France aujourd'hui: le rêve et la réalité». Préparez le texte de votre discours: 350–450 mots.
2 Regardez l'un des films français suivants:

- *Germinal* (Claude Berri, 1993)
- *Marius et Jeannette* (Robert Guédiguian, 1997)
- *La Vie rêvée des anges* (Erick Zonca, 1998)

Après avoir vu le film, écrivez une composition (350–450 mots) sur le thème: «Le chômage peut être une sorte de liberté».
3 «Apprendre une langue étrangère, cela doit garantir une bonne situation dans l'Europe de nos jours.»
Expliquez à quel point vous êtes d'accord, en citant des exemples et des chiffres que vous trouverez dans cette unité ou ailleurs.

Crime et châtiment

Tous les crimes et délits – et les châtiments – dont il s'agit dans cette unité ont été rapportés dans les médias francophones. Souvent tragiques, quelquefois bizarres, il y en a pourtant qui vont peut-être vous faire réfléchir.

7.1 *Quand est-ce qu'un jeu devient un délit?*

Quelquefois, l'enthousiasme exagéré peut aboutir à un délit. Lisez l'histoire à droite où un geste d'amitié a mal tourné.

A Trouvez dans l'article des mots ou des expressions qui ont le même sens que chacun des suivants.

1 ont l'air mal à l'aise	**6** fabrique
2 qui ont une peur bleue	**7** va
3 est inconsolable	**8** comme
4 révèle ses sentiments à	**9** d'une grande importance
5 fou	**10** obéit

B Les phrases suivantes résument l'essentiel de ce fait divers, mais les secondes moitiés sont mal rangées. A vous de les remettre en ordre. Attention! Il y en a deux de trop.

1 Christophe et Frédéric comparaissent devant le tribunal, . . .
2 Pour ce qui est de leur physique . . .
3 Très craintifs, ils veulent faire comprendre au juge . . .
4 Leur amie Sophie était . . .
5 La désespérée . . .
6 Un des garçons s'est renseigné . . .
7 Christophe s'est modelé sur . . .
8 Les deux jeunes ont fait croire au restaurateur . . .
9 Le patron a laissé partir son employé . . .
10 On a photographié . . .

a sur présentation d'un document factice.
b sur le point de passer un examen.
c à l'aide de son ordinateur.
d avait été délaissée par un garçon.
e qu'ils travaillaient pour le compte du gouvernement.
f l'ancien petit ami de Sophie.
g ils ne se ressemblent guère.
h pourquoi ils l'avaient enlevé.
i l'air inquiet.
j le projet qu'ils avaient conçu.
k qu'ils s'étaient excusés auprès de leur victime.
l un acteur célèbre.

Dans cette unité on va consolider votre compréhension des points suivants:

- le plus-que parfait *(pluperfect)*
- le passé composé *(perfect)*
- l'imparfait *(imperfect)*
- les verbes pronominaux *(reflexive verbs)*
- le conditionnel *(conditional)*

C Quelle a été la suite de ce délit? Faites le résumé en une cinquantaine de mots de la dernière partie de cet article. Etes-vous d'accord avec le jugement du tribunal? Expliquez votre avis.

PROCES ▶ Ils voulaient impressionner un garçon qui avait rompu avec leur copine

Deux lycéens condamnés pour avoir joué aux espions

Les yeux baissés, Christophe et Frédéric, deux lycéens, se tortillent devant la barre, engoncés dans des costumes de premiers communiants. Le duo est plutôt mal assorti: l'un, Christophe, est blanc et plutôt frêle, l'autre, Frédéric, est noir, grand et costaud. Les deux compères, morts de trouille, expliquent devant le juge leur formidable imposture du 26 mai dernier. A cette époque-là, Sophie, leur copine de classe d'un lycée de Montrouge, au nord-ouest de Paris, se noie dans le chagrin depuis que son petit ami, un autre Frédéric, l'a quittée. L'éplorée s'épanche auprès de ses deux confidents quelques jours avant l'épreuve du bac. Christophe, inquiet du comportement dépressif de Sophie, décide alors de rabibocher les amants désunis par un stratagème totalement farfelu.

«Une affaire d'intérêt national»

A cette histoire à l'eau de rose s'ajoute un roman noir. Dans sa chambre, le lycéen se confectionne une carte d'agent secret de la DGSE (Direction générale à la sécurité extérieure) grâce à des informations collectées sur Internet. Avec son ami Frédéric, il se rend dans le restaurant proche du château de Versailles où travaille, en tant que serveur, l'ancien petit ami de Sophie. «Je m'appelle Josse Beaumont (NDLR: nom du héros du film «Le Professionnel» joué par Jean-Paul Belmondo). Vous devez me suivre. C'est une affaire d'intérêt national. Des personnes de hautes sphères sont impliquées.» Surpris par des visages aussi juvéniles, le patron du restaurant consent néanmoins à laisser partir son employé si les deux visiteurs lui laissent une

attestation écrite. Christophe s'exécute et rédige une lettre truffée de fautes, tandis que son ami, dans une mise en scène soignée, prend des clichés du serveur. «Je soussigné Josse Beaumont, du 4e régiment d'infanterie, déclare emmener Frédéric pour des raisons de sécurité nationale. Je le ramènerai dans l'état où il était parti.» Equipés d'un pistolet factice caché, les deux piètres espions amènent leur victime à quelques centaines de mètres de son lieu de travail et tombent le masque: «Nous sommes des amis de Sophie. Tu dois la revoir.»

Une bouffonnerie

«Mais, vous ne manquez pas d'air!» sermonne la présidente de l'audience à l'écoute de ce récit. Penaud, Christophe bredouille un embryon d'explication. «J'ai inventé tout cela pour l'impressionner. Je voulais que Sophie retrouve Frédéric, qu'elle reprenne goût à ses études et qu'elle réussisse son bac.» L'avocat de la défense rejoint son client et assimile la virée de ces faussaires à une bouffonnerie. «A mon avis, à la DGSE, ils ne se promènent pas avec un appareil photo vert qui vient de chez Carrefour.» Malgré la solidarité de ses deux amis, Sophie a raté son bac. Les deux garçons, eux, l'ont obtenu. Ils ont eu moins de chance hier: le tribunal a condamné Christophe, le stratège, à deux mois de prison avec sursis ainsi qu'à 120 heures de travail d'intérêt général (TIG) et Frédéric, son complice, à 120 heures de TIG.

François VIGNOLLE

CONSOLIDATION

A consulter: Reflexive verbs, p. 194

1 Répertoriez à l'infinitif tous les verbes pronominaux qui sont utilisés dans l'article (il y en a neuf).
2 Maintenant, choisissez parmi les verbes que vous venez de noter pour remplir les blancs dans les phrases suivantes, au temps le plus approprié.

a Je .... dans la rue quand j'ai vu un ami.
b Ma sœur .... une belle robe.
c Ils n'avaient pas la force d'atteindre le bord du fleuve, donc ils ....
d Avant de changer de nom, le chanteur .... Prince.
e Après avoir reçu un appel urgent, elles .... à l'hôpital.
f Le vol armé .... à la liste des crimes qu'il avait commis.
3 Traduisez en anglais les phrases complètes.

7.2 *Délinquance au féminin*

Il n'y a pas que les garçons qui se livrent à des activités criminelles.
Les filles s'en mêlent, et le fameux «girl power» mène la danse!

A Lisez l'article en face puis répondez *vrai*, *faux* ou *n'est pas dit* aux
phrases suivantes.

1 Il n'y a pas que les ivrognes qui se livrent à ce genre d'activité.
2 Il s'agit d'une jeune fille qui attaquait souvent des ados moins
 jeunes qu'elle.
3 Cette personne agressait ses victimes dans des endroits très
 fréquentés.
4 Un des garçons qui l'accompagnaient était son petit ami.
5 Chaque agression suivait une méthode plus ou moins identique.
6 Si sa victime résistait elle l'attaquait.
7 La plupart des gens qu'elle a attaqués lui ont résisté.
8 L'ado a donné une partie de l'argent qu'elle avait obtenu à un
 jeune homme qui l'avait aidée.
9 Toutes les victimes se sont mises d'accord sur la description de la
 délinquante.
10 Ce n'était pas la première fois que cette ado avait été impliquée
 dans des affaires pareilles.

B Le journaliste utilise des
tournures plutôt pittoresques;
pouvez-vous reformuler les
expressions suivantes utilisées
dans l'article?

1 qui défraient régulièrement la
 chronique
2 des noctambules imbibés
3 afin de les détrousser
4 l'auteur présumé des faits
5 un de ses terrains de chasse
 favoris
6 le physique passe-partout
7 une fois parvenue à ses fins
8 s'empressait de prendre la
 poudre d'escampette
9 agressions retenues à
 l'encontre de la jeune fille
10 elle est passée aux aveux

C Maintenant rendez en anglais le troisième paragraphe de
l'article, intitulé *Des claques aux coups de poing*.

D Après avoir lu cet article, un lecteur un peu bizarre a écrit ce
commentaire sur ce fléau de la société. Malheureusement, il
n'exprime pas très bien ses
sentiments!

A vous de choisir,
pour remplir chacun
des blancs dans sa
lettre, le mot juste
parmi ceux qui sont
imprimés.

Monsieur,
Presque tous les jours 1 .... à la 2 .... des 3 .... des faits divers où il
4 .... de délinquance commise par des jeunes, dont un 5 .... toujours
6 .... de filles. Ce phénomène se 7 .... à travers la France entière et se
reproduit 8 .... dans d'autres pays d'Europe. Le plus souvent on a 9 .... à
de petites agressions, mais qui 10 .... où cela va aboutir? Il semble que la
«douce femme» d'autrefois n' 11 .... plus. Aujourd'hui, c'est Bonnie qui l'
12 .... sur Clyde! Prenez garde, messieurs! 13 .... -vous de l' 14 ....
féminine! Elle est en 15 .... et rien ne l'arrêtera!

1	**a** paraissent	**b** apparaissent	**c** comparaissent		**9**	**a** affreuses	**b** affaire	**c** affaires
2	**a** première	**b** page	**c** une		**10**	**a** sait	**b** doute	**c** s'inquiète
3	**a** mensuels	**b** quotidiens	**c** magazines		**11**	**a** aime	**b** embrasse	**c** existe
4	**a** s'implique	**b** s'agit	**c** s'entend		**12**	**a** emporte	**b** apporte	**c** amène
5	**a** nombre	**b** chiffre	**c** numéro		**13**	**a** protégez	**b** sauvez	**c** méfiez
6	**a** croyant	**b** crasseux	**c** croissant		**14**	**a** équipe	**b** engeance	**c** affaire
7	**a** renforce	**b** répand	**c** répond		**15**	**a** grève	**b** société	**c** marche
8	**a** également	**b** toujours	**c** d'emblée					

Racket de lycéens: une adolescente interpellée

BREST. Les agressions qui défraient régulièrement la chronique ne sont pas toujours imputables à des noctambules imbibés et à la violence masculine. Les femmes elles aussi s'y mettent. Témoin: l'arrestation d'une jeune Brestoise qui s'en prenait régulièrement à des adolescents de son âge afin de les détrousser.

Près des lycées et dans les bus

Depuis le début du mois de mars, l'auteur présumé des faits, une jeune fille de dix-sept ans, sévissait particulièrement dans le quartier de Lambezellec. Elle s'était «spécialisée» dans les agressions dans ou aux abords des établissements scolaires et dans les transports en commun. Elle s'était ainsi manifestée à l'intérieur du lycée de Kérichen, à proximité de l'école Bonne Nouvelle à Kérinou et dans les jardins publics proches de la rue Jules-Lesven. Les lignes de bus desservant le secteur constituaient aussi un de ses terrains de chasse favoris.

Des claques aux coups de poing

La jeune fille agissait le plus souvent en compagnie d'une bande de jeunes garçons. Ces derniers, apparemment, n'intervenaient pas,

mais leur présence était, semble-t-il, de nature à intimider suffisamment les victimes potentielles. Le scénario était à peu près toujours le même. L'adolescente, dont le physique passe-partout s'accompagnait manifestement d'une extrême nervosité, commençait par menacer verbalement ceux qu'elle prenait pour cible. S'ensuivait l'exigence que lui soit remis le contenu des sacs ou des poches de ses interlocuteurs, et de préférence de l'argent. En cas de résistance, elle passait aux actes: cheveux tirés, claques ou coups de poing administrés. Une fois parvenue à ses fins, l'adolescente flanquée de son escorte s'empressait de prendre la poudre d'escampette.

Sept agressions

Au total, le nombre des agressions retenues à l'encontre de la jeune fille s'élève à sept. Six de ses victimes étaient des adolescentes, mais un jeune homme a fait également les frais de ses agissements.

Cependant, tout a une fin. L'étau n'a, en effet, pas tardé à se resserrer autour de la racketteuse, grâce au signalement convergent fourni par les victimes aux services de police lors de leur dépôt de plaintes. Vendredi dernier, les policiers de la Sûreté Urbaine de Brest sont passés à l'action et ont interpellé la jeune fille qui avait d'ailleurs, dans le passé, eu maille à partir avec la justice pour des faits similaires.

Placée en garde à vue au commissariat central, elle est passée aux aveux et a été déférée pendant le week-end devant le Parquet de Brest. Elle a été remise en liberté, mais placée sous contrôle judiciaire.

André RIVIER

E Vous êtes une des victimes de cette adolescente. La police vous a demandé de lui fournir un résumé de ce qui s'est passé. Inspirez-vous des faits mentionnés dans l'article mais ne copiez pas directement le texte. Ecrivez en français environ 150 mots.

CONSOLIDATION

A consulter: Imperfect, p.196

1 Répertoriez tous les verbes à l'imparfait utilisés dans l'article, jusqu'à «sept agressions».
2 Adaptez-les pour traduire en français les phrases suivantes.
  a They used to attack schoolchildren.
  b The bus route was her favourite hunting ground.
  c You (pl.) targeted younger children, didn't you?
  d The teenagers started by threatening their victims.
  e We didn't act like them when we were seventeen!

7.3 *Enfants – et criminels*

Les criminels en herbe, c'est un problème social de plus en plus présent. Et c'est aux tribunaux pour enfants de décider du sort de ces jeunes.

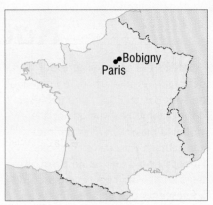

Enfants perdus

Le tribunal pour enfants de Bobigny est le premier de France dans sa catégorie en «chiffre d'affaires». Triste record! Mission de ses neuf juges (sept femmes, deux hommes): protéger les jeunes malgré eux ou avec eux. Leur lot quotidien: gosses martyrs, abandonnés, garçons ou filles paumés, voleurs, voyous, prostitués. Eux, ils doivent apprécier, évaluer raisons, causes, conséquences ... et arbitrer. Vite et sans fin.

IL ENTRE dans le cabinet du juge d'un pas chaloupé. Seize ans et demi, râblé, noir de poil et de prunelle, Bruno est déjà un petit caïd dans sa cité du Blanc-Mesnil. Des années d'école en pointillé (quand les parents se réveillent, on y va, sinon ...) ont fait de lui un quasi-analphabète qui court mollement après un brevet de mécanique qu'il n'a d'ailleurs aucune envie de rattraper. De toute façon, rien ne l'intéresse à part les copains, les combines, les chapardages et les petits vols. C'est bien pour ça qu'il est là, faussement penaud parce que son père, chômeur chronique, lui a promis une trempe s'il se tenait mal devant «la» juge.

La juge, c'est Marie Desolneux; la quarantaine tranquille et épanouie, mère de quatre jeunes enfants, le geste calme et la voix douce ... mais la main de fer. Elle est l'un des neuf juges du tribunal pour enfants de Bobigny (Seine-Saint-Denis), qui, avec 8 746 dossiers traités, ce qui recouvre plus de 20 000 mineurs suivis, s'est propulsé l'an dernier en tête de tous les tribunaux pour enfants de France.

Autant dire que les juges des enfants de Bobigny, sept femmes et deux hommes, n'ont pas le temps

d'avoir la migraine. Premiers arrivés le matin au palais de justice, ils sont aussi les derniers partis. Vie privée, s'abstenir. Si Marie Desolneux s'en tire, c'est grâce à une organisation personnelle rigoureuse. «Sinon, je n'y arriverais pas; je serais obligée de demander une autre affectation, et j'en serais désolée», affirme-t-elle.

Voilà donc Bruno assis face à elle, de l'autre côté du bureau de verre et de métal. Marie attrape une chemise verte, première d'une pile impressionnante: vol de scooter, demi-tour maladroit, l'odyssée se termine brutalement dans une voiture. Bilan: Bruno devant la justice, et ses parents, responsables civils, redevables de 6 752 francs réclamés par l'assurance

du véhicule endommagé. L'adolescent proteste: il n'a rien volé, «emprunté seulement». Marie connaît la musique, on lui joue cet air-là sur toutes les gammes du matin au soir.

«Emprunter sans permission, et, surtout, trafiquer un démarreur, c'est voler, dit-elle. Mets-toi bien cela dans la tête. Tu crois que plus tard, quand tu chercheras du travail et qu'un patron lira "voleur" sur ton casier, il aura envie de t'embaucher? Il est temps d'y penser, à ton avenir. Je suis prête à t'aider si tu y mets de la bonne volonté.» Buté, Bruno baisse un front de jeune bœuf et s'abîme dans la contemplation de ses tennis. Il reçoit la douche comme le canard reçoit la pluie. Ça glisse, ça glisse ...

Nous sommes en audience de cabinet, c'est-à-dire que le magistrat reçoit le jeune délinquant en tête à tête, sans apparat et en vêtements civils. Endimanchés, empruntés, ses parents semblent plus inquiets des conséquences financières qui les attendent que du sort judiciaire de leur enfant. Sans âge, ternes et résignés, ils forment avec leur fils une de ces innombrables familles d'assistés sociaux qui sont le lot quotidien de Marie et de ses collègues.

Pour régler le cas de Bruno, le juge a le choix entre deux solutions: la «remise à parents», sanction en forme d'avertissement qui n'apparaît pas sur le casier judiciaire et clôt l'affaire. Ou bien le renvoi devant le tribunal des enfants, où l'on juge les jeunes convaincus d'agressions physiques et de vols aggravés ou les «récidivistes de l'avertissement».

A Lisez l'article et répertoriez tous les aspects <u>négatifs</u> de la vie de Bruno.

B Répondez par écrit à ces questions.

1 Quelle est votre première impression de ce jeune homme?
2 Qu'est-ce qui montre le sérieux du juge, Mme Desolneux?
3 Quel est le délit commis par Bruno?
4 Que pensez-vous de l'attitude du juge envers la méfiance de Bruno?
5 Trouvez-vous inquiétante l'attitude de la famille de Bruno? Pourquoi/Pourquoi pas?
6 Il y a deux solutions pour le cas de Bruno. Choisissez une de ces solutions et défendez votre choix.

D Ecrivez autrement en français les expressions suivantes en vous référant au texte pour vous aider.

1 noir de poil et de prunelle
2 un quasi-analphabète
3 faussement penaud
4 Marie connaît la musique, on lui joue cet air-là sur toutes les gammes du matin au soir.
5 Il reçoit la douche comme le canard reçoit la pluie.

E Dans le résumé suivant de l'article, il y a quinze mots qui manquent. Pour chaque blanc numéroté, choisissez le mot le plus approprié parmi les trois proposés.

Bruno n'a pas **1** .... dix-sept ans, mais c'est déjà un criminel **2** .... Peu **3** .... comme élève, il ne sait **4** .... pas lire et ne cherche **5** .... vraiment à obtenir un **6** .... Quant à son père, celui-ci est **7** .... chômage depuis longtemps. Devant la juge, Bruno fait semblant d'être **8** .... Elle parle **9** .... mais elle ne se laisse pas persuader facilement. Cette mère de famille d'un **10** .... âge mène une vie disciplinée, à la **11** .... de la plupart de ceux à qui elle a **12** .... tous les jours. La question se pose: Bruno va-t-il changer, **13** .... le délit **14** .... il est accusé sera-t-il **15** .... de beaucoup d'autres?

1	**a** encore	**b** seulement	**c** toujours
2	**a** expert	**b** éprouvé	**c** expérimenté
3	**a** présent	**b** régulier	**c** assidu
4	**a** même	**b** presque	**c** encore
5	**a** plutôt	**b** mieux	**c** pas
6	**a** bêtise	**b** diplôme	**c** famille
7	**a** au	**b** de	**c** en
8	**a** respectif	**b** respecté	**c** respectueux
9	**a** doucement	**b** gentiment	**c** lentement
10	**a** moyen	**b** certain	**c** autre
11	**a** manière	**b** taille	**c** différence
12	**a** affaire	**b** intérêt	**c** droit
13	**a** et	**b** or	**c** ou
14	**a** où	**b** dont	**c** qu'
15	**a** comblé	**b** coupable	**c** suivi

C Voici une liste des expressions de cet article qui se rapportent à la justice. Ecrivez une phrase pour montrer que vous avez bien compris le sens de chacune.

1 le tribunal
2 le/la juge
3 le cabinet du/de la juge
4 le dossier
5 le sort judiciaire

F *A discuter et à décider*

Vous n'êtes pas d'accord devant le cas de Bruno. En effet, certains membres du groupe sont <u>pour</u> et certains <u>contre</u> ce jeune homme. Chaque personne doit présenter son cas, et puis vous allez discuter ensemble. Essayez d'arriver à un accord.

Personne A Vous représentez le juge des enfants. Vous défendez le cas de Bruno. Faites la liste des raisons pour lesquelles il doit échapper à un renvoi devant le tribunal des enfants.

Personne B Vous représentez les assureurs du véhicule endommagé. Pour vous ce jeune homme n'est qu'un criminel en herbe, et vous voulez vous faire rembourser la réparation de la voiture. Expliquez pourquoi Bruno doit être frappé d'une amende.

Personne C Vous représentez les parents de Bruno. Présentez votre cas et expliquez pourquoi il doit être libéré sans être puni.

Personne D Vous êtes le professeur de Bruno et vous êtes certain(e) que Bruno est innocent et qu'il n'avait pas l'intention de voler le scooter. Défendez-le.

Personne E Vous travaillez pour l'Assistance sociale des mineurs et vous pensez que Bruno doit aller dans un foyer pour une période d'un an. Expliquez pourquoi.

7.4 *Quel crime?*

A Ecoutez ces cinq faits divers, puis faites correspondre à chacun le sous-titre approprié. Attention! Il y a un sous-titre de trop.

- C'était la drogue
- Cambrioleur dormeur
- Voleur footballeur
- Assommée par un sac poubelle
- Victime serviable
- Dispute meurtrière

Parmi ces faits divers il y en a un où il ne s'agit pas d'une activité criminelle. Lequel?

B Ecoutez encore une fois les cinq faits divers. Trois des phrases suivantes sont fausses. A vous de les corriger par écrit, en donnant autant de renseignements que possible.

1 David M. s'est fait arrêter parce qu'il faisait beaucoup de bruit.
2 Le passager avait dit la vérité à la police.
3 La gentillesse de la victime avait aidé le malfaiteur.
4 Un jeune avait attaqué sa victime avec une bouteille cassée.
5 Un inconditionnel du foot s'était fait prendre à cause de sa passion.

C Avant de faire son reportage, un(e) journaliste doit noter, bien sûr, quelques détails. Votre prof va vous donner quelques brefs renseignements, trouvés dans la presse, sur plusieurs crimes qui ont été commis récemment en France. Développez ces détails afin de raconter ce qui s'est passé. Votre reportage doit durer entre 25 et 30 secondes. Après vous être préparé(e) pendant deux minutes, enregistrez-le. Les autres membres du groupe vont vous écouter et en noter les points principaux, avant de dire, en anglais, ce dont il s'agit. Rappelez-vous les questions essentielles de tout reportage:

Qui? Quoi? Quand? Où? Comment? Pourquoi? Qu'est-ce qui s'est passé?

7.5 *La vie de prison*

Christian, récemment incarcéré dans une des plus vieilles prisons de France, raconte ses expériences. Ecoutez les extraits de son histoire.

la journée d'un détenu

7 heures: ouverture des cellules.
7 h 30: distribution des petits déjeuners.
8 h 30: départ des promenades.
10 h 15: retour des promenades.
11 h 30: distribution des déjeuners.
14 h 30: départ des promenades.
16 h 15: retour des promenades.
17 h 30: distribution du dîner.
18 h 30: fermeture des cellules et distribution du courrier.

Visite des avocats et visiteurs agréés: le matin de 8 heures à 12 heures et l'après-midi de 14 heures à 18 heures.
Visite des familles (parloirs): 13 heures à 14 h 45 lundi et mercredi, 13 heures à 16 h 30 le samedi.
Activités sportives, culturelles et scolaires: le matin de 8 h 30 à 11 h 30 et l'après-midi de 13 h 30 à 16 h 30.
Travail aux ateliers: le matin de 8 heures à 11 heures et l'après-midi de 13 heures à 17 heures.

A   On a posé à Christian les questions suivantes, mais dans quel ordre? Ecoutez ce qu'il dit puis remettez-les dans le bon ordre.

1   Pourquoi avez-vous écrit au directeur de la prison?
2   Quelle idée aviez-vous déjà de la vie de prison?
3   Quelles sont vos impressions des autres détenus?
4   Ça vous plaît, le travail que vous faites actuellement?
5   Vous avez été témoin de violence depuis que vous êtes en prison?
6   En quoi consistait votre travail, avant?
7   Comment avez-vous appris à vous débrouiller?

C   Avant de faire parler Christian, le journaliste a écrit une introduction, qui est imprimée ci-dessous. Cependant, comme vous le voyez, il y a certains mots qui manquent. Choisissez dans la case le mot le plus approprié pour remplir chaque blanc.

Avant, il **1** .... un salaire de 25 000 F nets par **2** ...., habitait un **3** .... appartement, conduisait une Mercedes – dérisoires **4** .... d'une vie **5** .... Aujourd'hui il a **6** .... le complet-cravate de directeur d'une banque d' **7** .... pour un vague blouson **8** .... **9** .... un mois et demi il essaie de s' **10** ...., de comprendre les **11** .... de la **12** .... d'arrêt de Fresnes, cette prison construite il y a plus **13** .... un siècle. Christian, pour la première fois **14** .... sa vie, se retrouve dans un univers qu'il ne **15** .... absolument pas.

B   Christian a donné des réponses assez détaillées à ces questions. Ecoutez-le encore une fois et, après avoir vérifié vos réponses à l'exercice précédent, notez en anglais ...

1   comment on apprend en prison.
2   la violence dont Christian a été témoin.
3   les leçons qu'il a apprises.
4   ce qu'il a fait pour améliorer sa situation.
5   ses impressions des autres détenus.

adapter affaires argent au bel d' dans de dépensait depuis échouée informe maison maîtrise mois pendant petit prison qu' réussie rouages roues sale symboles touchait troqué vendu

D   Dans le cas de Christian, vous semble-t-il que la prison est un châtiment efficace? Résumez ses expériences en 100–150 mots et décidez: après avoir été prisonnier, est-il plus probable, ou moins probable, que Christian commette une autre activité criminelle? Expliquez votre opinion, en écrivant environ 100 mots.   -

7.6 *Une évasion manquée*

«Quand on aime, tout est permis» dit-on. Le cas de Jacques et de Sylviane sort pourtant un peu de l'ordinaire.

ELLE DETOURNE UN HELICOPTERE POUR LIBERER L'HOMME QU'ELLE AIME

Jacques Hyver: l'évasion dans la peau ... (Photo A.F.P.)

Dix ans plus tôt, Jacques Hyver avait enlevé le vice-président du C.N.P.F., M. Maury-Laribière ...

Cette fois, ce spécialiste de l'évasion – il s'était enfui de la centrale de Saint-Maur avec une ... benne à ordures – a raté son coup. Malgré l'amour que lui porte Sylviane ...

• Paris

Châteauroux •

Morzine •
Genève •

«**S**URVOLEZ la prison de Chamdollon ou je fais sauter l'hélico!» Dans le dos du pilote, sa jolie passagère vient de brandir un fusil-mitrailleur et un pistolet. Dans un sac, elle a une grenade. Pourtant, il y a moins de cinq minutes qu'ils ont décollé de l'aérodrome d'Annemasse (Genève). Auparavant, la passagère, Sylviane Arons, avait réservé sous un faux nom un hélicoptère pour un vol d'une demi-heure. En principe pour faire des photos au-dessus de Morzine. Mais sa destination à elle, c'est Chamdollon en Suisse.

Deux mois de cavale

Dans cette centrale, où sont incarcérés les détenus particulièrement surveillés, se trouve Jacques Hyver. Devenu une figure notoire du grand banditisme, il avait enlevé il y a des années le vice-président du C.N.P.F., Jacques Maury-Laribière. Moins d'un mois après, il avait assassiné le patron d'une boîte de nuit des environs de Paris, Christian Maury. Condamné à douze puis vingt ans de réclusion, il refait parler de lui plusieurs années plus tard en s'évadant de la prison de Saint-Maur (Châteauroux, Indre). Avec deux complices, ils enfoncent la porte du pénitencier avec une benne à ordures. La cavale dure deux mois. Puis Jacques Hyver est arrêté en Suisse après avoir pris en otage la famille d'un banquier. Il se retrouve à Chamdollon. Mais Hyver ne rêve que d'évasion.

Il rencontre alors Sylviane Arons, une Française qui purge une peine légère pour escroqueries. Amour fatal. Le couple ne rêve plus que de liberté. Lors de sa libération, les gardiennes découvrent sur la jeune femme un plan d'évasion en hélicoptère remis par Jacques Hyver. Interrogée, elle répond: «C'était pour un jeu ...».

Mais, là, au-dessus de la banlieue genevoise, ce n'est plus un jeu. Pour fêter le 40e anniversaire de Jacques Hyver, elle veut le faire évader. Le pistolet-mitrailleur pointé sur lui, le pilote tente d'entamer une discussion. Il réussit à persuader Sylviane Arons qu'il ne peut atteindre la prison sans cartes aéronautiques. Il se pose de nouveau sur l'aéroport, convainc la jeune femme de le laisser sortir et revient en brandissant des cartes avec un technicien. «Alors, raconte-t-il, nous nous sommes jetés sur les sacs où elle avait rangé ses armes. Puis nous l'avons ceinturée.»

Pour Jacques Hyver, exit la «belle» ...

Patrice BERTRAND

A Les phrases suivantes racontent l'essentiel de l'article, mais les deuxièmes parties de chaque phrase sont mal rangées. A vous de les remettre à la bonne place. Il y a une deuxième moitié de trop.

1 La petite amie du criminel a menacé ...
2 Sylviane avait loué l'hélicoptère ...
3 Jacques Hyver était déjà l'auteur ...
4 Après s'être évadé, Jacques Hyver ...
5 En prison il avait fait la connaissance ...
6 Quand Sylviane Arons a été libérée, on a trouvé ...
7 Lorsqu'on lui a posé des questions, elle a prétendu ...
8 Sylviane Arons envisageait de donner à son ami ...
9 Elle a fini par croire ...
10 On a enfin réussi ...

a un document que lui avait donné son amant.
b à maîtriser la femme.
c ce que le pilote lui disait.
d un cadeau très original.
e de plusieurs crimes très graves.
f le pilote de l'hélicoptère.
g que ce n'était pas pour de vrai.
h d'une femme.
i sous le prétexte d'être photographe.
j était resté en liberté pendant quelques semaines.
k plusieurs meurtriers.

B Les expressions suivantes se trouvent dans l'article. Ecrivez-les autrement en utilisant le(s) mot(s) entre parenthèses.

Exemple: un vol d'une demi-heure (durer, minutes)
un vol qui allait DURER trente MINUTES

1 un faux nom (vrai)
2 en s'évadant (quand)
3 la cavale dure deux mois (liberté, assez)
4 Hyver ne rêve que d'évasion (seule, s'évader)
5 lors de sa libération (quand)

C Rendez en français le texte suivant, en vous référant à l'article.

While serving a short prison sentence, a young woman had met a murderer with whom she had fallen in love. In order to celebrate her new friend's birthday, she decided to hire a helicopter and free him. They had just taken off when she pointed a revolver at the pilot, telling him to fly over the prison where the convict was being held. The pilot, however, managed to persuade his passenger that she would not be able to reach the prison if she did not have the necessary documents. After landing, he seized her weapon and called the police.

D *A discuter et à décider*

Vous venez de lire cet article du *Parisien*; discutez-en avec votre partenaire.

Personne A Vous trouvez le geste de la jeune femme plutôt romantique. Défendez votre point de vue.
Personne B Pour vous cette jeune femme n'est qu'une simple criminelle. Dites pourquoi vous n'êtes pas d'accord avec votre partenaire.

CONSOLIDATION

A consulter: Pluperfect, p.196

1 Utilisez l'article pour vous aider à rendre en français les phrases suivantes.
  a I had escaped from the town centre.
  b Had you (*vous*) reserved seats for us?
  c He had abducted all the family's cats.
  d The terrorists had killed the ambassador and her husband.
  e Why hadn't you tidied your clothes?
2 Maintenant, mettez les phrases suivantes tirées du texte au plus-que-parfait.
  a Nous nous sommes jetés sur les sacs.
  b Nous l'avons ceinturée.
  c Ils ont décollé de l'aérodrome.
  d Ce spécialiste de l'évasion a raté son coup.
  e Hyver est devenu une figure notoire du grand banditisme.
3 Ayant adapté ces phrases en utilisant le plus-que-parfait, rendez-les en anglais.

7.7 *Des voleurs – en voyage!*

Quand on part en vacances, on ne s'attend guère à être victime d'une agression criminelle. Mais, tout comme les vacanciers, les malfaiteurs ont élargi leurs horizons et repoussé plus loin leurs frontières. Lisez l'article en face.

A Les sous-titres suivants décrivent les huit paragraphes de l'article, mais ils ne sont pas dans le bon ordre. A vous de lire l'article et de les ranger correctement.

1 Résistance bafouée
2 Peu d'optimisme
3 Réaction de la presse d'outre-Manche
4 Malfaiteurs d'origine française ou étrangère
5 Agressés dans le Midi
6 Une bande bien organisée
7 Victimes d'un peu partout
8 Entente pas très cordiale

B Trouvez dans l'article un mot ou une expression qui a le même sens que chacun des suivants.

1 d'été
2 averti
3 après
4 argent
5 délit
6 train
7 qui avaient l'air
8 presque

C Notez le lieu (la ville/le pays) qui convient aux phrases suivantes. C'est là où ...

1 une bande de criminels a réussi à s'échapper.
2 on a fait de la publicité défavorable à la France.
3 habite un passager qui a résisté à son agresseur.
4 des voleurs s'étaient mis d'accord pour se retrouver.
5 des victimes sont arrivées, ayant presque tout perdu.
6 il y a le plus de gens qui se plaignent.

D Traduisez en anglais le paragraphe 6, à partir de «Les péripéties ne manquent pas ... », jusqu'à « ... les plus hermétiques».

E Dans cette version différente de certaines phrases de l'article, il y a des mots qui manquent. A vous d'écrire un mot français pour remplir chaque blanc, tout en gardant le sens original de la phrase.

1 Le lendemain, les malfaiteurs – ou d' .... qui faisaient comme .... – ont .... d'autres ....
2 Le voyageur – .... de Toulouse – a .... d' .... ses biens aux malfaiteurs.
3 .... le passager s'est .... il avait .... à la tête et il avait perdu 33000 francs.
4 La .... des passagers .... d'Italie.
5 Les agents de .... de la SNCF (il y en a environ un ....) ne sont pas très ....

F Vous avez été agressé(e) par un de ces «commandos». Ecrivez une lettre à l'éditeur du *Figaro* en racontant ce qui vous est arrivé. Proposez aussi des remèdes à ce problème et concluez sur un ton positif, malgré votre expérience. Ecrivez environ 150 mots.

G *Travail d'interprète*

Travaillez en groupe de trois personnes. Avant de commencer, relisez les trois derniers paragraphes de l'article.

Personne A Le père/La mère de la famille anglaise agressée, qui se plaint de ce qui s'est passé.
Personne B Un employé de la SNCF qui essaie d'expliquer le problème et de calmer le passager/la passagère.
La **personne C** doit interpréter.

Points à mentionner:

• quand et où la famille a été agressée
• ce qu'ont fait les malfaiteurs
• les conséquences de cette agression pour la famille
• la qualité de la sécurité ferroviaire
• ce qu'on peut faire pour améliorer la situation
• Les Anglais sont-ils les victimes les plus souvent agressées?

Nouvelle offensive dans le Midi de la France

Les «pirates du rail» prennent le train en marche

Nouvelle alerte aux «pirates du rail» dans les trains des grandes lignes du réseau ferroviaire français. Samedi, en pleine nuit, aux environs de Marseille, un «commando» a assommé et dépouillé un passager de l'express Cerbère-Vintimille et résisté aux six contrôleurs lancés à sa poursuite. Trois d'entre eux ont été blessés. Le lendemain, les malfaiteurs – ou leurs émules – ont récidivé à bord du Genève-Nice, qui se dirigeait vers le sud. Là, les voyageurs endormis de toute une voiture ont été rançonnés avant d'être tout à fait réveillés.

Une forme d'insécurité inquiétante au moment de l'intense trafic estival qui fait dire à nos amis britanniques que les express et rapides de la SNCF sont devenus de véritables «coupe-gorge». *The Independent*, un grand journal de Londres, qui avait déjà mis en garde ses lecteurs contre le «gang du chloroforme», racontait récemment des scènes vécues par des victimes qui, au terme de leur voyage dans notre pays, n'avaient plus que leurs yeux pour pleurer.

L'express 349 Cerbère-Vintimille roule du côté de Saint-Louis-les-Aygalades, dans les Bouches-du-Rhône. C'est encore le calme de la nuit dans le compartiment n° 12 où un père de famille et ses deux jeunes enfants sont allongés sur deux couchettes. Soudain, la porte s'ouvre, deux hommes surgissent et, sans perdre de temps, veulent fouiller valises et bagages à main. Le voyageur – un Toulousain – n'entend pas se laisser faire, mais un coup de matraque viendra à bout de sa résistance. Ils étaient malhonnêtes, mais prudents, ces voleurs qui, pour ne pas être dérangés, ont aspergé leur victime de gaz irritants afin de mieux la neutraliser. Le réveil du passager a été douloureux et l'inventaire de sa mésaventure conséquent: 33 000 francs en espèces et ses cartes de crédit avaient disparu. En prime, un violent mal de crâne et de la colère rentrée.

L'histoire ne s'arrête pas là. Leur forfait accompli, les deux individus – comme les voleurs du Hendaye-Nice l'avaient fait le 26 juin – tirent le signal d'alarme. Une opération minutée, car le convoi s'est arrêté tout près de la gare de Saint-Louis-les-Aygalades où trois complices étaient au rendez-vous. L'épilogue nous est conté par l'un des six contrôleurs de l'express 349 lancés à la poursuite des cinq individus. «*Des violents à l'allure jeune, déterminés à résister. Ils nous ont bombardés à coups de pierres et fait reculer à l'aide de jets de gaz lacrymogène avant de s'enfuir chargés de sacs de toile dans lesquels ils avaient enfoui leur butin, dérobé à une quinzaine de personnes*».

Le lendemain, les pilleurs ont opéré sur le rapide 343 Genève-Nice. Une razzia en douceur, cette fois, car aucune des victimes en route pour la Côte d'Azur ne s'est réveillée. Les «visiteurs» n'avaient pas lésiné sur le chloroforme. Parmi les plaignants, un étudiant britannique, deux nurses allemandes, un

Deux commandos ont attaqué successivement l'express Cerbère-Vintimille et le Genève-Nice, dépouillant des passagers et blessant plusieurs contrôleurs.

banquier écossais, un ingénieur australien ... Nulle ségrégation. Devises, cartes bancaires, passeports, appareils photo ... En débarquant sur la Côte d'Azur, ils n'avaient plus rien.

Surtout les Italiens

Les péripéties ne manquent pas en chemin de fer. Parti le 20 juillet de Brive pour Paris, un couple de Londoniens et ses trois enfants sont rentrés chez eux vraiment fâchés avec les «mangeurs de grenouilles». Ils étaient quasiment nus en arrivant à la gare Montparnasse. Gary, le père, a confié sa déconvenue à l'*Independent* qui – c'est de bonne guerre – en a fait ses choux gras. «*Nous pensions passer une bonne nuit, car nous avions fermé le verrou.*» Il est vrai qu'on n'est pas obligé de savoir que ces gangsters savent travailler à «l'épingle à cheveux» pour violer les fermetures les plus hermétiques.

Que répondre aux doléances de nos hôtes? Que les Français ne sont pas épargnés. Ce qui, évidemment, ne les consolera pas. Quant aux pilleurs, ils sont français ou belges, allemands, italiens ou espagnols, ressortissants de l'Europe de l'Est ou africains et, croit-on, peuvent disposer de complicités plus ou moins internes ... On dit même qu'il y a des sujets de Sa Gracieuse Majesté parmi les «pirates» de notre réseau ferré. Aux touristes britanniques qui se croient particulièrement visés, les policiers niçois rétorquent: «*Sur 36 plaintes prises au hasard parmi les dernières enregistrées, six seulement émanent d'Anglais.*» En fait, ce sont surtout les Italiens qui arrivent en tête sur la liste des victimes.

Au service de surveillance de la SNCF, qui dirige un millier d'agents de sécurité, on est fataliste. «*Personne n'est à l'abri. Ni en première ni en seconde classe. Porte du compartiment fermée ou pas.*» La preuve? Chaque jour de la saison d'été, 30 à 40 plaintes sont enregistrées au commissariat de Nice. Et une dizaine à Cannes. Des doléances, le plus souvent sans suites lorsque les rançonneurs ne sont pas pris en flagrant délit.

Lucien MIARD

7.8 *Le rôle de la police*

En France, comme ailleurs, l'attitude des gens envers la police est souvent ambiguë. Ecoutez Chantal qui donne son opinion sur les forces de l'ordre.

A Ecoutez ce que dit Chantal et notez en français ce qu'elle dit <u>pour</u> et <u>contre</u> les forces de l'ordre.

B Ecoutez encore une fois la première partie, puis répondez en français aux questions suivantes, sans copier le texte.

1 Qu'est-ce que Chantal reproche à certains policiers?
2 Selon Chantal, quel est le rôle des CRS?
3 Pourquoi est-ce que Chantal n'approuve pas toujours ce que font les CRS?
4 En quoi le rôle des CRS est-il différent de celui de la police municipale? Pour vous aider, consultez le *Coin infos* en bas de la page.

7.9 *Faut-il armer les policiers municipaux?*

Un policier armé, c'est tout à fait normal dans beaucoup de pays. Mais est-ce nécessaire? On a interviewé cinq Français dans la rue pour savoir.

A Pensez-vous que les polices municipales devraient être armées? Lisez ce qu'en pensent ces personnes. Qui est-ce: Patrick, Hélène, Daniel, Roger, Yannick – ou personne?

1 Cette personne pense qu'il faut prendre beaucoup de précautions avant d'armer les policiers municipaux.
2 Cette personne a des raisons personnelles pour être favorable à cette mesure.
3 Cette personne s'y oppose carrément.
4 Cette personne reste indécise.
5 Cette personne dit que la police municipale est moins crédible que la police nationale.
6 Cette personne s'attend à ce que la police municipale soit plus proche des habitants.
7 Cette personne croit que le rôle de la police municipale est nettement différent de celui de la police nationale.
8 Cette personne croit que c'est absolument nécessaire.

B Lisez encore leurs avis. Comment dit-on ... ?

1 You can't entrust a weapon to just anyone.
2 someone who's trigger-happy
3 they'll do it to their heart's content
4 What alternative is there?
5 near where I live

C Ecoutez la seconde partie. Pour chaque blanc dans ce résumé, choisissez le verbe approprié et adaptez-le.

Quelquefois, les gens qui **1** .... en voiture **2** .... que la police ne les **3** ...., même s'ils ne **4** .... pas trop vite. Cependant, la présence de la police est rassurante, quelquefois. Quand mon père **5** .... un accident, je **6** .... qu'on n'attendrait pas trop longtemps pour que la police **7** .... Ils ont été très calmes et **8** .... de tout. Et quant aux agressions, il **9** .... souhaitable d' **10** .... plus de policiers.

> craindre attraper savoir circuler avoir
> avoir arriver s'occuper être aller

C *Face à face*

Référez-vous aux opinions que vous avez lues.

La **personne A**, qui habite seul(e) un quartier chaud où le taux de criminalité est très élevé, est favorable à cette idée.
La **personne B** craint une explosion de la violence si la police municipale se fait armer.

coin infos

la police française

Ce qu'on appelle la «police municipale», c'est en fait la branche locale de la Sécurité publique, qui est responsable du maintien de l'ordre sur la voie publique; elle contrôle l'organisation des polices urbaines. Deux autres branches de la police:

- la Police judiciaire (PJ) mène les enquêtes et présente les accusés aux tribunaux. Elle comprend une sous-direction des affaires économiques et financières, le service qui a recruté Virginie Perrey (voir la page 106).
- les Compagnies républicaines de sécurité (CRS) sont des réserves mobiles qu'on envoie sur n'importe quel point du pays, soit pour faire respecter l'ordre, soit pour venir en aide à la population (secours en montagne, par exemple). Les CRS surveillent aussi la circulation routière (les «motards» bien connus en font partie).

Peu de bavures mais des dérapages

● Pour ses détracteurs, la police municipale porte en elle les germes de bavures telles que celle de Perpignan. En fait, si les grosses bavures sont rarissimes, plusieurs dérapages impliquant des policiers municipaux ont défrayé la chronique ces dernières années. Ainsi, en 1996, la PJ de Nantes avait mis au jour un trafic de procès-verbaux impliquant deux municipaux. Une dizaine d'automobilistes verbalisés à tort avaient déposé plainte. La même année, un agent municipal du Crès (Hérault) avait dérobé une arme dans le coffre de son commissariat avant de braquer ses propres collègues. En mars 1997, c'est un agent toulonnais qui est surpris en train de voler du matériel (menottes, bombes lacrymo, ...) dans une voiture de la police nationale! «Mais la police nationale a aussi ses moutons noirs!», plaide un policier municipal. Plus inquiétant sans doute: l'appropriation à des fins partisanes par certains maires de «leur» police. Ainsi, à Orange, à Toulon, à Marignane ou à Vitrolles (au nord-ouest de Marseille), les élus Front national ont reconnu s'être dotés d'une police «à leur image». Elle est souvent loin de faire l'unanimité. **F.Lh.**

Pensez-vous que les polices municipales doivent être armées?

● Patrick Rentz
● 29 ans
● Viticulteur
● Zellenberg (Haut-Rhin)

«C'est la vision de l'arme qui est dissuasive pour d'éventuels agresseurs. Sinon, cela ne sert à rien de confier certaines missions de surveillance à la police municipale. Mais une formation spéciale me paraît indispensable. On ne peut confier une arme à n'importe qui. Quitte à effectuer une sélection après un examen psychologique pointu. Pas question de confier un pistolet à un maniaque de la gâchette.»

● Hélène Bruno
● 42 ans
● Secrétaire
● Herblay (Val-d'Oise)

«C'est indispensable. Notamment pour la surveillance des parkings autour des gares. En trois mois, on m'a volé ma voiture, puis de l'essence. Si les délinquants apprennent que les policiers municipaux ne sont plus armés, ils vont s'en donner à cœur joie. Avoir des agents supplémentaires armés, pour surveiller une ville, ce n'est jamais de trop. Si on ne peut augmenter les effectifs de la police nationale, comment faire autrement?»

● Daniel Chabotier
● 47 ans
● Employé SNCF
● Provins (Seine-et-Marne)

«Si les agents municipaux veulent être aussi crédibles que la police nationale, ils doivent être armés. Maintenant, il s'agit de savoir si cela peut constituer un danger. Je suppose que si on leur confie une arme, c'est qu'ils doivent être formés pour cela. Mais les missions de la police municipale doivent être complémentaires de celles de la police nationale. J'attends des policiers municipaux qu'ils soient plus proches des habitants.»

● Roger Duvivier
● 60 ans
● Imprimeur à la retraite
● Montry (Seine-et-Marne)

«Je suis totalement contre. Nous disposons d'une police nationale. Il ne faut pas mélanger les genres. Sinon, c'est la course à l'armement. Il risque alors d'y avoir des dérives, certains voulant jouer les Zorro. Le boulot des policiers municipaux, c'est la surveillance de leur commune. Un peu comme les gardes champêtres autrefois. C'est-à-dire faire respecter les arrêtés du maire, aider les personnes âgées, etc.»

● Yannick Dufau
● 22 ans
● Etudiant
● Saint-Rémy-lès-Chevreuse (Yvelines)

«Je suis partagé. Il faudrait laisser le choix aux communes. Du côté de chez moi, il existe un quartier difficile. Une fois, une bande de jeunes avec des pitbulls est venue semer la pagaille, pendant un match de basket. S'il y avait eu des agents municipaux armés sur place, peut-être que rien ne serait arrivé. L'arme est dissuasive. Mais je crois que la formation de ces policiers doit être poussée, pour éviter toute bavure.»

CONSOLIDATION

A consulter: Conditional, pp.198–9

1 Dans chacune des phrases suivantes mettez au temps approprié le verbe donné entre parenthèses.

a Si la police municipale ne (porter) pas d'armes, les agresseurs éventuels ne seraient pas dissuadés.

b Si on (être) témoin d'un crime, on doit en informer la police.

c Si la police municipale était plus proche des habitants, nous (être) plus contents.

d Si j'(avoir) un arme, je m'en serais servi.

e Si les jeunes (lire) des livres au lieu de regarder des films violents, il y aurait moins de délinquance.

f Si tu commets un crime nous (venir) te voir en prison.

2 Maintenant traduisez en anglais les phrases complètes.

7.10 *Homicide ou accident?*

Quand est-ce qu'un accident devient un crime? Et comment juger ou bien punir ceux qui provoquent un accident mortel?

A   Ecoutez le bulletin d'infos sur cassette et notez en français ce que signifient les numéros suivants.

1	32	**5**	1,5
2	5	**6**	3
3	16	**7**	4
4	2		

C   Voici une version différente de ce fait divers. Remplissez les blancs en écrivant pour chacun <u>un</u> mot.

Un chauffard d'une **1** .... d'années est en prison ce soir. Ahmed Malki a été **2** .... à une **3** .... de cinq ans qu'il doit **4** .... pour l'homicide qu'il a **5** .... après avoir bu une bouteille et **6** .... de whisky. Le jeune **7** .... par ce chauffard **8** .... en vélo avec un ami qui, de son côté, ne pourra plus **9** .... à cause des **10** .... qu'il a reçues. Ce n'est qu'à la **11** .... d'un second accident, peu **12** ...., que Malki a été **13** .... Après avoir avoué **14** .... policiers qu'il était drogué, le coupable ne se **15** .... pas désormais en prison **16** .... amis. Les trois passagers qui se **17** .... dans la voiture, **18** .... failli à leur **19** .... civique d'aider les deux ados, seront, eux aussi, privés de leur **20** ....

B   Ecoutez le bulletin encore une fois. Comment dit-on . . . ?

1   he was sentenced
2   for causing
3   he was driving while drunk
4   the reckless driver
5   after causing
6   he'd admitted to the police
7   the medical evidence
8   at the time the incident occurred

D   La punition qu'a reçue Ahmed Malki est-elle juste? Ecrivez votre opinion en 150 mots, en français.

7.11 *Jugements et verdicts*

Jugements et verdicts font l'objet de discussions de comptoir ou de salon en France: «Vingt ans pour un vol!, entend-on dire, ils y vont fort!» «Ce policier acquitté, c'est injuste!» Les Français, en vérité, se montrent parfois plus cléments que les juges. Inversement, il arrive que la France profonde redouble de sévérité, comme par exemple, envers les tueurs de la route.

A *A discuter et à décider*

Pour chacun des cinq crimes suivants décidez, avec votre partenaire, quel jugement vous auriez apporté. Choisissez parmi les verdicts possibles et faites des notes pour justifier votre décision.

- acquittement
- 3 ans de prison avec sursis
- 5 ans de prison dont 2 avec sursis
- 5 ans de prison ferme
- 10 ans de prison
- autre: à vous de préciser

Cas A   Dans une cité où le taux de délinquance est élevé, un jeune Beur tourne autour d'une Peugeot 309. Depuis sa fenêtre au troisième étage, le propriétaire, qui l'année précédente s'était fait voler sa 206GTi, l'observe puis l'abat de deux coups de fusil.

Cas B   En pleine nuit, à Avignon, une moto s'engage dans un sens interdit. Un policier, après avoir essayé de l'arrêter, tire dans la direction du conducteur et le tue. «Je visais les jambes», dit, devant le tribunal, le policier pour sa défense.

Cas C   Dans un petit village, deux marginaux ont attiré une fillette de leur entourage en pleine campagne. Affolés par ses cris, ils l'ont étouffée et tuée en voulant la faire taire.

Cas D   Dans une boîte de nuit, une jeune femme légèrement vêtue flirte pendant toute la soirée avec un homme qui lui propose de la raccompagner à sa voiture. La femme accepte. L'homme lui propose alors de la raccompagner chez elle. Elle refuse. Il la viole sous la menace d'un couteau.

Cas E   Un policier chargé de réprimer le proxénétisme est pris en flagrant délit de racket sur des proxénètes qui, en échange de son silence, lui fournissent des informations sur le milieu et une commission sur leurs affaires.

C   Ecoutez encore. Comment dit-on . . . ?

1 for the time being
2 As far as I'm concerned I'm against it.
3 It's a rip-off.
4 The quality doesn't matter.
5 the 'black economy'
6 We're not talking about the same customers.
7 It's so inexpensive.
8 I remain convinced that
9 when you haven't got enough money to
10 It destroys competition.
11 It's a boom industry.
12 It should be stopped.

B   On entend parler souvent de «crimes sans victimes». Mais une telle chose existe-t-elle vraiment? Le phénomène international de la contrefaçon, surtout de marques célèbres, est-ce une activité criminelle moins grave?

Ecoutez les opinions de Frédéric, Paul, Sonia, Gaëlle, et Christian. Qui . . .

1 croit que les producteurs authentiques de marques ne sont pas touchés?
2 comprend les problèmes tant des consommateurs que des producteurs?
3 refuserait d'acheter un article contrefait?
4 s'y oppose carrément?
5 a acheté à son insu quelque chose de contrefait?
6 achète de la contrefaçon sans s'inquiéter?
7 est contre la criminalisation de la contrefaçon?
8 connaît quelqu'un qui avait acheté à l'étranger un article contrefait?
9 pense que les fabricants de produits authentiques sont impuissants à résister à cette pratique?
10 croit que cela crée du chômage?

D   *A vous maintenant!*

Ecrivez 50 mots sur ceux qui achètent des articles contrefaits à partir de chacun des points de vue suivants:

- le P.D.-G. d'une compagnie dont les produits sont contrefaits et vendus dans beaucoup de pays du monde.
- un consommateur qui est content de son article contrefait.
- un consommateur qui regrette d'avoir acheté quelque chose de contrefait.

7.12 *Travail de synthèse*

1   Ecrivez un compte-rendu (250–500 mots) d'un méfait qui a récemment fait la une dans les médias.

–Notez les données principales du méfait.
–Commentez la façon dont les médias l'ont rapporté.
–Exprimez votre opinion sur le dénouement du procès.

2   Ecrivez un essai (250–350 mots environ) sur l'un des thèmes suivants. Dans chaque cas, présentez votre point de vue et trouvez des arguments solides pour le défendre. Servez-vous de tout ce que vous avez appris dans l'unité.

- «La pauvreté est à l'origine de tous les crimes.»

- délinquance juvénile: qui faut-il punir le plus sévèrement, le/la jeune déliquant(e), ou ses parents?

- la police française fait-elle tout ce qu'elle peut pour lutter contre les nouvelles formes de criminalité: racket ferroviaire, contrefaçon, etc.?

- si la police est armée, est-ce que cela dissuade les criminels, ou est-ce que cela les encourage à s'armer aussi?

coin accent

intonation

Ecoutez de nouveau ces paroles de Christian et imitez son intonation ou celle de la voix féminine.

«C'est une pratique injuste. D'abord, cela casse la concurrence et les vraies marques ne sont pas en mesure de se battre contre les faussaires. Malheureusement, c'est un secteur qui marche bien, et qui est même en plein développement. Moi, si on m'offrait des imitations, je refuserais. Il y a des gens qui risquent de perdre leur travail, à cause de la contrefaçon. Pour moi, il n'y a aucun doute, il faudrait la réprimer.»

unité 8
Le français dans le monde: la francophonie

Dans cette unité on vous offre quelques aperçus de la place et du rôle du français dans le monde. L'unité est divisée en plusieurs dossiers, qui portent sur:

- **la France en Europe**
- **l'Europe francophone**
  (dossier sur la Belgique)
- **l'Afrique francophone**
  (rôle de De Gaulle en Afrique et dossier sur l'Algérie)
- **l'Amérique francophone**
  (dossier sur le Québec)
- **Trois îles francophones**
  (dossiers sur la Guadeloupe, la Martinique et la Réunion)
- **La France dans le monde**
  (la mondialisation)

Regardez la carte de la francophonie à la page 3.

QU'EST-CE QUE C'EST, LA FRANCOPHONIE?

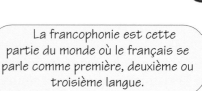

Qu'est-ce que c'est exactement, la francophonie?

La francophonie est cette partie du monde où le français se parle comme première, deuxième ou troisième langue.

Ça se comprend, mais pourquoi parle-t-on français à 5 000 km de la France?

La francophonie, c'est pour la plupart les anciennes colonies de la France et de la Belgique qui appartenaient dans le temps à la mère patrie, comme le Québec et le Congo.

Je croyais que c'était bien ça!

La carte page 3 te montrera les pays de la francophonie.

La France en Europe

8.1 *L'euro, qu'en pensez-vous?*

Tout comme vos concitoyens, les Français ont une attitude un peu équivoque vis-à-vis de l'euro, très souvent parce qu'ils se croient mal informés. Faites les activités et finissez en trouvant votre point de vue personnel sur cette nouvelle monnaie.

A Ecoutez les opinions de ces sept individus interviewés dans la rue sur l'avènement de l'euro. D'abord, essayez de compléter chaque bulle, en utilisant les expressions dans la *Case-phrases*. Après, écoutez la cassette pour vérifier vos réponses.

CASE-PHRASES

effets positifs
probablement justifié
qu'il y aura des difficultés quotidiennes
informée sur l'euro
décision totalement politique
me cause de l'inquiétude
sera le calcul mental
à sa mise en place
forte en calcul
impatience son arrivée

Madeleine : Je me crois mal ....

Arsène : Il y aura probablement des ....

Nelly : Pour moi, le problème ....

Philippe : Je suis très favorable ....

Ghislaine : Aucun souci! Je suis ....

Sébastien : Quant à moi, je pense ....

Jean-Marc : J'attends avec ....

Claire : L'arrivée de l'euro ....

B *Face à face*

Le **partenaire A** pose les questions suivantes sur l'euro.
Le **partenaire B** répond selon les clés en anglais entre parenthèses.

A Est-ce que tu es plutôt pour ou contre l'euro?
B (*Say you are favourably disposed to its being brought in.*)
A Pour quelles raisons?
B (*You think it should have a beneficial effect on the economy of your country.*)
A Il y a d'autres raisons?
B (*You are good at adding up. It shouldn't be a problem.*)
A Est-ce que tu crois qu'on nous a donné suffisamment d'information sur l'euro?
B (*You think the general public is badly informed.*)

C *A vous maintenant!*

Utilisez les informations données dans les deux exercices et dans le *Coin infos* pour créer un *constat personnel* de sept ou huit phrases, exprimant vos espoirs/inquiétudes vis-à-vis de l'euro.

---

coin infos

attitudes envers l'euro

- 58% des Français sont favorables à la mise en place de l'euro.
- 57% envisagent une influence positive sur l'économie française.
- 75% croient que leur problème principal sera le calcul mental.
- 68% anticipent des difficultés dans la vie de tous les jours.
- 67% se croient mal informés sur l'euro.
- En août 1997, 40% des Français étaient plutôt sceptiques vis-à-vis de la construction européenne, contre 41% qui y étaient favorables. En juin 2000, il restait 35% de sceptiques, contre 47% de favorables. Le nombre d'enthousiastes était passé de 8% à 12%.
- 6% sont sans opinion.
[*Source:* SOFRES]

8.2 *Interview à la radio*

Pour considérer la question euro à un niveau un peu plus sérieux, on vous donne maintenant l'occasion d'écouter en deux morceaux une discussion radiophonique. Deux spécialistes en économie et politique y parlent du rôle changeant de la France en Europe.

A   Vous travaillez dans les bureaux d'une entreprise anglophone qui va s'implanter en France. Votre chef de service a certaines connaissances du français, mais elle a eu du mal à comprendre certaines phrases de l'interview et elle vous demande de l'aider. Ecoutez et complétez pour elle les phrases incomplètes dans la transcription ci-dessous.

Chantal   *Rebonjour de la part de Chantal Lefebvre! Et maintenant, chers auditeurs, chères auditrices, il est huit heures précises. Passons à notre discussion sur le rôle de la France en Europe avec Mimie Bergson et Christian Merlot, agrégés de l'Université, se spécialisant en économie et en politique. A vous de commencer, Mimie Bergson.*

Mimie   *Pour commencer 1 .... le rôle toujours changeant de la France en Europe. Par exemple, jusqu'au milieu du XIXe siècle, la France était depuis longtemps ce qu'on peut appeler le premier Etat d'Europe, à l'exception de l'empire russe, 2 .... après la Russie.*

Christian   *Tout cela a changé en 1870 avec la guerre franco-allemande et avec la Commune. Avec la victoire de la Prusse et 3 .... dans le contexte du XIXe siècle, 4 .... les relations franco-allemandes.*

Mimie   *C'est exact! Les guerres de 1870–71, 1914–18 et 1939–45. Et après 1945 et la cessation d'hostilités, il y a eu la construction ou même la reconstruction européenne. Vers la fin des années 50, on a eu le commencement de la Communauté européenne, de la CEE, qui a évolué graduellement, 5 .... en 1992 qui grandit toujours et qui s'appelle maintenant l'Union européenne (UE).*

Christian   *Un axe central et même indispensable de cette construction européenne 6 .... l'alliance franco-allemande, l'Allemagne 7 .... notre ennemi héréditaire. Une influence subtile que je perçois maintenant est l'attitude changeante du Royaume-Uni, 8 ....*

Mimie   *Oui, la Grande-Bretagne donne même l'impression d'être sur le point d'accepter l'euro! Mais, pour nous autres Européens, ce qui est peut-être un peu problématique chez les Britanniques est leur lien un peu trop étroit avec les Américains.*

Christian   *Oui, je suis d'accord avec ça, surtout que la France poursuit une politique d'indépendance vis-à-vis des USA et de la Russie, 9 .... En fait, il faut dire que la France a un rôle tout à fait singulier, ayant quitté l'organisation militaire de l'OTAN en 1966, 10 .... en sympathie avec le bloc occidental. Pour être honnête, elle trouve toujours difficile d'accepter une OTAN sous domination américaine.*

Chantal   *Tournons-nous maintenant vers l'économie. Mimie Bergson, comment est-ce que la France se situe dans l'Union européenne moderne?*

B Jo Simmons, votre chef de service, n'est toujours pas sûre qu'elle ait suffisamment bien compris ce qu'ont dit Mimie Bergson et Christian Merlot et vous demande de regarder son résumé anglais de l'émission. Il contient quelques erreurs. Corrigez-les pour aider Mme Simmons.

Vox Popularity Services

From: Jo Simmons

Thank you for your last bit of help. Would you now please look through my summary of what I heard and put in the corrections for all the things I must have got wrong!

- The roles of France and Europe are always changing.
- Until the middle of the C19th, France had been the number 1 state in Europe, even more so than Russia.
- All changed in 1870 with the Franco-German war.
- Prussia became a world power.
- Franco-German relations became the centre-point of European politics.
- The big extension of the European Community was in 1992.
- It has now stopped growing.
- The Franco-German relationship remains a lynchpin of the EU.
- Not all will benefit from the UK's changing attitudes.
- Britain seems to be about to accept the euro.
- Britain's close links with the Americans are less of a problem now.
- France continues to stay independent of the USA and Russia.
- France is a bit isolated, having left NATO in 1966.
- France's problem with NATO is the way it is dominated by the Americans.

Thank you,

JS

coin infos

les sigles

Quand on parle de politique, on utilise forcément des sigles. Voilà une des raisons pour lesquelles la politique d'un autre pays peut facilement nous laisser perplexes.
Les sigles français dont vous aurez le plus souvent besoin sont:

- la CEE: la Communauté Economique Européenne (= EEC), appelée maintenant . . .
- l'UE: . . . l'Union Européenne (= EU)
- l'OTAN: l'Organisation du Traité de l'Atlantique Nord (= NATO)
- la PAC: La Politique Agricole Commune (= CAP)

Partis politiques français:

- le PC: le Parti Communiste
- le PS: le Parti Socialiste
- le RPR: le Rassemblement pour la République
- l'UDF: l'Union pour la Démocratie Française
- le FN: le Front National

C *Exercice d'interprétation*

Maintenant, Jo Simmons, votre chef de service, vous demande d'interpréter pour elle le reste de l'interview, qu'elle avait déjà enregistrée sur cassette.

1 Ecoutez plusieurs fois le matériel, qui commence par «Il y a sans aucun doute . . .»
2 Répertoriez les mots et expressions que vous ne connaissez pas bien.
3 Votre partenaire, qui a le texte de la conversation, va arrêter la cassette après chaque phrase. Interprétez en anglais toutes les phrases que vous entendrez, comme si votre partenaire n'avait aucune connaissance du français parlé.

8.3 *L'Europe, un nouveau territoire?*

En 1968, les étudiants et certains travailleurs français ont semé les graines d'une révolution qui a failli réussir. Comme vous verrez dans son curriculum vitae, Daniel Cohn-Bendit, militant engagé et leader du mouvement étudiant en 1968, a fait une carrière politique à l'extérieur de la France après en avoir été banni pour son rôle dans les «événements» de 68. Il a une vision de l'avenir de l'Europe et surtout sur des rôles de la France et de l'Allemagne qui mérite d'être écoutée.

A Décidez si les affirmations suivantes sont vraies ou fausses selon le sens de la première partie de l'entrevue, ci-contre.

1 Daniel a étudié en France dans les années 1960.
2 Avec l'Europe la vie deviendra moins complexe.
3 L'Union européenne diminue les risques de conflit entre ses membres.
4 L'Europe est un concept nouveau et donc compliqué.
5 Il n'y aura pas de rôle pour toutes les institutions européennes.
6 Il n'est pas normal que les Etats défendent leurs propres intérêts.
7 Le Parlement européen doit être indépendant des gouvernements.

DANIEL COHN-BENDIT, ALIAS «DANY LE ROUGE», FIGURE DE MAI 68, EST DEVENU «DANY LE VERT». ELU DEPUTE EUROPEEN EN 1994, IL A TROUVE UN AUTRE CHAMP DE BATAILLE POUR ETANCHER SA SOIF DE REVOLUTION: LE PARLEMENT EUROPEEN ...

TRANCHE DE VIE

«Fils d'émigrés juifs allemands, né à Montauban en 1945, ni français, ni allemand, je suis, comme on dit, un bâtard [...]. Je revendique avec fierté ma transnationalité», écrit Daniel Cohn-Bendit dans «Nous l'avons tant aimée, la révolution». Il partage son enfance et ses études de sociologie entre la France et l'Allemagne et devient un des leaders du mouvement étudiant de mai 68. Ce qui lui vaut d'être interdit de séjour en France. Outre-Rhin, il milite au sein du mouvement Combat révolutionnaire, devient éducateur, libraire, écrivain, rejoint les écologistes et sera maire-adjoint de Francfort. Député européen, il aimerait être tête de liste écologiste en France aux élections européennes. Cohn-Bendit a publié notamment «la Révolte étudiante», (Seuil, collection «l'Histoire immédiate», 1968) et «Nous l'avons tant aimée, la révolution» (Bernard Barrault, 1987).

Pour vous, la construction européenne, une «identité» européenne, cela semble évident. Mais, pour d'autres, c'est plus abstrait, ou plus inquiétant. Qu'est-ce qui peut faire rêver dans l'Europe?

Ce qu'il faut bien comprendre, c'est que l'Europe est un nouveau territoire, où l'on peut concevoir un avenir différent. Aujourd'hui, si un jeune a envie de faire ses études ou de travailler en Europe, c'est possible. Ses perspectives ne sont plus définies seulement dans le cadre de l'Hexagone.

Vous pensez qu'il y a déjà moins de frontières dans les esprits?

Absolument! Je crois qu'il y a une acceptation naturelle de l'Europe chez les jeunes. Ils ne se posent pas la question d'être pro-européens: ils sont fondamentalement européens. Ils sentent l'Europe comme quelque chose qui leur appartient et qui leur est dû. Pourquoi? Parce que l'Europe, aujourd'hui, peut nous simplifier la vie. Je trouve déjà extraordinaire que l'on ait réussi à créer un espace politique, l'Union européenne, où une guerre entre la France et l'Allemagne est aussi impossible qu'entre la Bavière et la Prusse.

Au niveau des institutions, à quoi ressemblerait l'Europe idéale?

Je me méfie des expressions comme «l'Europe idéale». L'Europe, c'est compliqué, parce que c'est quelque chose de nouveau. Ce n'est ni l'Europe des gouvernements, ni les Etats-Unis d'Europe. C'est un nouvel espace politique, un nouvel espace de souveraineté, et il faut que l'Europe sache définir cette souveraineté, à savoir: qu'est-ce qui est européen? Pour ça, il faut enfin un début de débat constitutionnel, pour que toutes les institutions européennes (Conseil des chefs d'Etat et de gouvernement, Commission européenne, Parlement européen, Cour de justice européenne) puissent jouer pleinement leur rôle. Les gouvernements défendent les intérêts des Etats, c'est normal. Mais il faut vraiment que le Parlement européen, élu au suffrage universel, soit un contrepoids aux gouvernements, contrôle l'exécutif européen (la Commission) et définisse ce qui est «l'intérêt européen» ...

Daniel Cohn-Bendit en mai 68 ...

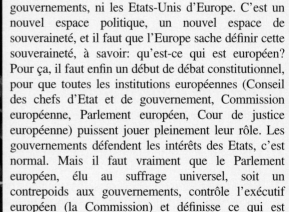

... et aujourd'hui

B Choisissez la bonne conclusion pour chacune des affirmations suivantes, tirées de la deuxième partie de l'interview, *Il voit tout en vert*.

1 Il y aura peut-être une collaboration entre les . . .
   a écologistes français.
   b écologistes français et allemands.
   c gouvernements des deux pays.

2 Il n'y aura pas d'air propre à Forbach . . .
   a dans un proche avenir.
   b si on ne traite pas le problème économique de Sarrebruck.
   c si on ne commence pas par Sarrebruck.

3 Sur la Bosnie et l'Algérie, l'UE a été . . .
   a hésitante.
   b ferme.
   c têtue.

4 Dans l'Union, les intérêts français et allemands . . .
   a sont identiques.
   b équivalent à l'intérêt commun européen.
   c sont moins importants que ce dernier.

5 En Europe, il existe . . .
   a un manque de politique sociale.
   b une politique sociale néolithique.
   c une politique sociale non-interventionniste.

6 Dans les trois plus grands pays, il y a une majorité pour . . .
   a le changement politique.
   b la stabilité politique.
   c de nouvelles politiques monétaires.

7 Les gens devraient penser à travailler . . .
   a toujours dans leur pays natal.
   b un peu dans un autre pays.
   c toute leur vie à l'étranger.

8 La monnaie unique créera . . .
   a des amitiés.
   b des monopoles.
   c une identité commune.

IL VOIT TOUT EN VERT

Daniel Cohn-Bendit a opté pour cette couleur politique et défend une certaine idée de l'Europe. Il la voudrait sociale, culturelle, écologique . . . et rêve d'un Parlement européen, qui, au-delà des gouvernements, se batte pour «l'intérêt commun européen».

Vous êtes membre des Verts allemands, vous avez approché les écologistes français en vue des législatives européennes. L'écologie, c'est typiquement un enjeu européen?

C'est un enjeu fondamental, parce qu'il n'y a pas de solutions aux problèmes écologiques qui ne soient pas européennes. Vous ne pouvez pas faire de l'air propre jusqu'à Forbach s'il est pollué à partir de Sarrebruck, juste de l'autre côté de la frontière.

Autre enjeu: celui des relations extérieures . . . On ne peut pas dire que, sur la Bosnie ou l'Algérie par exemple, l'Europe se soit fait entendre d'une seule voix . . .

Il faudra bien analyser les travaux de la CIG (Conférence intergouvernementale*). Il faut qu'il y ait une possibilité de décision à l'échelle européenne, à laquelle soit associé le Parlement européen. Le but, c'est que se développe enfin l'idée de «l'intérêt commun européen» dans les relations extérieures comme intérieures de l'Union. Et non pas simplement les intérêts français et allemands . . . C'est ça qui est passionnant, mais difficile.

Vous croyez cela possible? Regardez l'Europe sociale, laissée de côté pour l'instant . . .

Bien sûr, c'est possible! Actuellement, il y a une politique sociale en Europe: c'est la politique néolibérale, qui refuse l'intervention dans le domaine social. Mais s'il existe une majorité décidée à avancer vers l'Europe sociale, elle se fait. Aujourd'hui, il y a une nouvelle majorité en Angleterre, en France et en Allemagne, avec une obligation de changer de politique parce que les gens en ont marre. Et bien ça, ça vous fait une autre Europe sociale . . .

Reste qu'on parle essentiellement de monnaie unique, de critères de convergence, de pacte de stabilité . . . Qu'est-ce qui pourrait rendre l'Europe plus excitante?

Si vous voulez, l'Europe, en soi, est aussi peu excitante que la France, et la France est aussi excitante que l'Europe . . . En ce moment, on a des sociétés un peu bloquées. La seule chose qui puisse rendre l'Europe excitante, c'est l'envie de la construire. Et notamment le fait de concevoir une partie de sa vie à Berlin, à Rome ou je ne sais où . . . Maintenant, pour ce qui est de la monnaie, c'est quelque chose qui a une grande valeur symbolique. C'est un point de non-retour dans la construction européenne. Si, pratiquement, dans quelques années, les enfants achètent leur glace avec la même monnaie en Sicile, en Finlande ou en Bretagne, on aura automatiquement une autre identité européenne . . .

• Propos recueillis par **Luc BRUNET**

* Commencée à Dublin, la CIG s'est terminée en juin 1997, à Amsterdam.

C Remplissez les blancs dans ce résumé de l'entrevue, en utilisant les mots dans la case.

Avec un côté français et un côté allemand, Daniel Cohn-Bendit, l'un des **1** . . . . de la révolte étudiante en 1968, **2** . . . . dans le mouvement *Combat révolutionnaire* et se voyait banni de la **3** . . . . Après cela, il s'est fait une carrière politique à l'**4** . . . . , devenant le numéro deux du **5** . . . . à Francfort et membre du Parlement **6** . . . . Pour Daniel, la construction de l'Europe est une **7** . . . . , mais quand il explique ses idées, il évite des termes comme «l'Europe **8** . . . . ». Membre du mouvement écologiste, il a établi des liens avec les Verts **9** . . . . , et sur le plan de la politique extérieure, il croit que l'Europe doit **10** . . . . avec une seule voix. Pour lui, la monnaie unique a une signification **11** . . . . et marque une étape des plus importantes dans la **12** . . . . de l'Europe.

---

idéale France construction meneurs traîtres militait parler étranger priorité objection maire symbolique concrète européen français intérieur

8.4 *Acheter sa maison en France*

Une grande partie de l'histoire de France peut s'expliquer par le fait primordial de sa géographie. Contrastant avec l'insularité britannique, la France est depuis plus de mille ans un carrefour et se situe au centre de l'Europe de l'Ouest sur les plans géographique et mental. Et avec l'avènement de l'euro, on voit la reprise d'un phénomène déjà connu. Cette nouvelle monnaie semble faciliter le retour des acheteurs étrangers en voie de se procurer leur résidence secondaire ou de retraite. Lisez alors ce rapport, paru dans *La Vie française*.

A Vous êtes chez *Home and away*, une société immobilière britannique, se spécialisant dans la vente des résidences secondaires en Europe. Votre société a des filiales en France, surtout à Paris, où vous faites un stage de travail pendant vos études universitaires en gestion. Vous êtes censé(e) accomplir les tâches suivantes pour votre chef de service. Les tâches sont toutes basées sur les informations données dans le rapport *Régions frontalières*.

Votre chef de service, Caroline Bouleau, est absente, partie en voyage d'affaires. Il y a un message sur le répondeur, qui donne le prix du mètre carré pour les villes indiquées sur la carte de France. Ecoutez le message et notez les prix.

Prix moyen du mètre carré:		
	Neuf	Ancien
Lille	....	....
Le Havre	....	....
Caen	....	....
Strasbourg	....	....
Bayonne	....	....
Aix-en-Provence	....	....
Marseille	....	....
Nice	....	....

▶Régions frontalières: l'euro en ligne de mire

Les acheteurs étrangers sont de retour en France. L'arrivée de l'euro pourrait stimuler de nouvelles vocations d'acquéreurs ... avec une certaine disparité selon les régions.

Le basculement prochain des devises en euros va-t-il stimuler l'intérêt de nos voisins européens pour le marché immobilier français? Il est encore trop tôt pour l'assurer. Pourtant, il semble d'ores et déjà acquis que les régions frontalières avec l'Italie, l'Espagne, la Belgique ou l'Allemagne seraient les plus à même d'en profiter. Selon les professionnels de l'immobilier, notamment les promoteurs, l'euro devrait permettre d'élargir les zones de commercialisation. «Dans les régions comme la Côte d'Azur, proche de l'Italie, ou l'Alsace, voisine de l'Allemagne, nous orientons nos programmes vers les étrangers. Avec l'euro, cette tendance va s'accentuer», souligne Stéphane Richard, président de la CGIS, un des tout premiers groupes de promotion français. Une opinion partagée par l'Observatoire immobilier de la Côte d'Azur, selon lequel la Riviera française reste une terre de prédilection pour les estivants étrangers.

Mais l'ère de la spéculation semble révolue. Selon Jacques Niclot, agent immobilier à Saint-Raphaël, «les clients, aujourd'hui, ont un budget plus serré. Ils achètent soit des appartements avec vue sur mer entre 600 000 et 800 000 francs, soit des petites villas habitables pour les vacances pour lesquelles ils ne dépensent pas plus de 1,5 million de francs. Les retraités, eux, préfèrent investir dans une résidence plus confortable, plus grande, dans laquelle ils peuvent vivre une grande partie de l'année, et qui leur coûte environ 2 millions de francs».

Le marché du très haut de gamme ne semble pas menacé pour autant. Au contraire. Les étrangers y sont plus nombreux qu'ailleurs. Pour preuve, l'agence Emile Garcin, en Provence, dont la clientèle est étrangère à 80%. Avec 20% d'Américains et 60% d'Européens. Hormis les mas et les belles villas, l'agence constate un regain d'intérêt pour les propriétés

---

NORMANDIE

☞ **Le marché du neuf bien orienté.**

NOTRE AVIS

Profitez de la baisse des prix de l'ancien. En particulier dans le haut de gamme, près de Caen.

AQUITAINE

☞ **Dynamisme de la construction neuve.**

NOTRE AVIS

Des opportunités en périphérie des villes avec des prix bas pour les maisons anciennes. Gardez un œil sur les opérations immobilières en cours sur le front de mer.

viticoles dans le Var, principalement achetées par des Suisses.

Dans l'ensemble, les agents immobiliers observent un raffermissement de la demande. Même si, comme le rappelle Jacques Niclot, «la situation présente n'a plus rien à voir avec celle des années 86–90, lorsqu'un client sur deux était étranger». Outre une clientèle transalpine régulière, il compte également parmi ses acheteurs des Anglais, des Américains, des Belges, des Hollandais, des Suisses et des Suédois.

De leur côté, les Espagnols recommencent à franchir les Pyrénées, pour la première fois depuis 1992. Trois dévaluations successives de la peseta avaient, à l'époque, fait fuir les acheteurs ibériques ... L'explication de ce retour? L'euro!

Autre zone frontalière connue de longue date pour une forte densité d'acheteurs étrangers: l'Alsace. Sur les 10 900 achats de logements effectués entre 1992 et 1995, d'après la Direction régionale de l'équipement, 13% ont été le fait d'Allemands et 3% de Suisses. En tête des villes les plus

appréciées par la clientèle allemande, Lauterbourg, Seltz et Neuf-Brisach, avec respectivement 66%, 62% et 48% d'acquéreurs venus d'outre-Rhin. Le prix des terrains et le coût de la construction, beaucoup plus faibles en France, expliquent cet engouement.

La région Nord-Pas-de-Calais présente une situation plus contrastée. Délaissée par les particuliers belges et anglais, elle devient en revanche très prisée par les entreprises étrangères, notamment britanniques. Ces dernières sont près de 240, surtout dans les secteurs informatique et électronique, à s'être implantées dans le Nord, en particulier dans l'agglomération lilloise. Mais, dans cette région, de nombreux ménages français font la démarche inverse et préfèrent investir en Belgique.

Si la Côte d'Opale, la région du Touquet et le domaine d'Hardelot retiennent encore une forte concentration d'Anglais, en Normandie, en revanche, les acheteurs britanniques se font rares. Témoin Philippe Crochet, agent immobilier à Beuzeville, près de Honfleur, dans l'estuaire de la Seine: alors qu'il réalisait la moitié de son chiffre d'affaires grâce aux Anglais en 1989, depuis 1992, ils ne sont plus que deux par an à le consulter.

En fait, la véritable révolution que pourrait entraîner l'euro dans le domaine immobilier serait une harmonisation des régimes fiscaux. Dont profiterait l'ensemble du marché en France, où les taux d'imposition (droits d'enregistrement, taxe d'habitation) atteignent des sommets.

Marie-Josée BRETTE

NORD

☞ **Demande soutenue dans le neuf mais les prix restent stables.**

NOTRE AVIS

Préférez l'ancien en particulier dans les quartiers de Saint-Maurice ou Moulins (à Lille-Sud). Et pourquoi pas en Belgique ...

ALSACE

☞ **Le marché est plutôt stable.**

NOTRE AVIS

Des quatre-pièces et plus à saisir dans les nouveaux complexes du Bon Pasteur, des Malteries et du parc des Poteries, à Strasbourg.

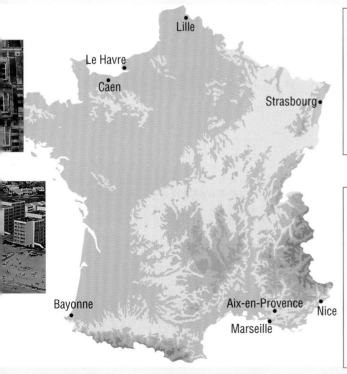

Lille
Le Havre
Caen
Strasbourg
Bayonne
Aix-en-Provence • Nice
Marseille

PROVENCE

☞ **Les ventes du neuf ont progressé de 21% dans les Alpes-Maritimes, grâce aux étrangers notamment!**

NOTRE AVIS

Encore quelques bonnes affaires. Des villas à rénover sur les hauteurs de Nice à moins de 800 000 francs.

B Votre chef d'équipe, Sam Taylor, qui vient d'arriver en France et dont le français n'est pas brillant, vous demande de préparer un mail pour Mme Boulanger dans lequel vous la remerciez de son appel et incorporez les détails suivants, basés pour la plupart sur la première partie du rapport *Régions frontalières* (jusqu'à «…Les étrangers y sont plus nombreux qu'ailleurs.»).

Si vous avez une salle d'informatique dans votre école/collège, envoyez le mail à votre partenaire dans la salle.

Home and Away
INTERNAL COMMUNICATION

From: Sam Taylor,
Team Leader

To: Chris Weaver,
new staff member

Please send an e-mail in French to Mme Boulanger, including the following details:

1 Thanks for her message.
2 Mme Bouleau is away on business, I'm replying on her behalf.
3 Does her department think that the euro will continue to attract other Europeans to the French housing market?
4 Do they think the euro will help expand the enterprise zones?
5 Do they think the Riviera will remain the nº 1 spot for summer holiday-makers from abroad?
6 Are clients' budgets more limited than last year?
7 Do they think that retired people will continue to prefer homes with the emphasis on comfort?
8 What about the very top of the range? Is it threatened in any way?

CONSOLIDATION

A consulter: Infinitive constructions, pp. 200–2

Les phrases suivantes, chacune avec un verbe à l'infinitif, figurent toutes dans le rapport *Régions frontalières*. Sans regarder de nouveau le texte, essayez de décider ce qui va dans les blancs devant les infinitifs, *à*, *de*, *pour*, ou rien du tout. Dans certains cas, rien ne manque.

1 Il est encore trop tôt . . . l'assurer.
2 L'euro devrait . . . permettre d'élargir les zones.
3 Les retraités préfèrent . . . investir dans une résidence plus confortable.
4 Une résidence dans laquelle ils peuvent . . . vivre une grande partie de l'année.
5 La situation n'a rien . . . voir avec celle des années 1986–1990.
6 Trois dévaluations avaient fait . . . fuir les acheteurs.
7 De nombreux ménages français préfèrent . . . investir en Belgique.
8 Ils ne sont plus que deux par an . . . le consulter.

C Votre bureau principal à Londres vous a envoyé le fax ci-dessous. Vous trouverez les informations nécessaires pour répondre dans la deuxième partie du rapport, à partir de «Pour preuve, l'agence Emile Garcin … ». Rédigez un fax en anglais en réponse à ses questions. [20 points]

A FAX FROM

Home and Away
IN THE UK & FRANCE

To: C. Bouleau, Paris Office.

Caroline,

For our Board Meeting re expansion in France, need urgent up-to-date info on the following, like yesterday! Sorry for the rush, but you know what it's like here! Can you let me have the info within a couple of hours. It'll save my life. NP is on the warpath!

1 What nationalities are showing an interest in the Var?
2 Is it true that the Spaniards are showing an interest again?
  If so, why?
3 Who's showing particular interest in Alsace? Can you give me figures?
4 We are getting wind of something going on in Nord-Pas-de-Calais. Lots of business interest, but not individual homes. Is that true? Again, any figures?
5 Which areas still attract a lot of Brits?
6 Any regions where Brit buyers are getting thin on the ground?

Owe you a BIG favour, sweetie.

Love, Jess

L'Europe francophone: balades en Belgique

Tout comme le cœur de la France se trouve dans les régions plutôt qu'à Paris, la Belgique, c'est le pays et le peuple, plutôt que Bruxelles. Malheureusement, pour les vacanciers descendant en France, en Allemagne ou en Espagne, la Belgique n'est souvent qu'un pays de passage. Cette attitude ne désavantage que les estivants inconscients des attraits d'un pays et d'un peuple qui méritent bien leur attention.

Les trois Belges les plus connus depuis la Deuxième Guerre mondiale sont probablement

1 le romancier, Georges Simenon, créateur du Commissaire Maigret
2 le dessinateur, Hergé, qui nous a donné Tintin
3 le chanteur, Jacques Brel, qui nous a chanté un peu son pays.

Pour que vous ayez quelques connaissances de la Belgique, nous vous présentons ce mini-dossier sur plusieurs endroits qui valent la visite.

«Le plat pays qui est le mien», chantait Jacques Brel. Et c'est vrai pour Ostende, ses dunes et ses polders, sa plage de sable fin qui s'étire interminablement. C'est peut-être moins vrai pour le mont Kemmel, qui culmine à … 151 mètres! Quant à Chimay, perchée sur son éperon rocheux, elle domine l'immense forêt ardennaise. Avec 330 habitants au kilomètre carré, plus du triple de la densité française, la Belgique est l'un des états les plus densément peuplés du monde. Heureusement, il reste encore des espaces protégés pour effectuer de belles balades!

8.5 *Ostende, hier et aujourd'hui*

Il y a depuis longtemps un lien étroit entre la Belgique et la Grande-Bretagne, une entente symbolisée peut-être par le port et la station balnéaire d'Ostende. Lisez ce compte-rendu sur le développement de cette ville.

Ostende
Les bains de mer

En 1783, William Hesketh, hôtelier anglais, reçoit la permission d'exploiter la première «bathing machine»: une charrette de bain, montée sur roues. Quatre costauds tiraient ladite charrette jusqu'aux premières vagues, tandis qu'à l'intérieur, à l'abri des regards importuns, les dames souffrant des nerfs ou de consomption enfilaient des costumes qui les encapuchonnaient de la tête aux pieds. Les médecins anglais, persuadés des vertus thérapeutiques de l'eau de mer, étaient à l'origine de cet engouement qui allait faire la fortune d'Ostende.

Dès l'indépendance de la Belgique, Léopold Ier, qui avait longtemps vécu à Brighton et subi l'influence de cette mode très british, décida que la ville deviendrait résidence d'été de la famille royale. Le raccordement au réseau ferroviaire européen et la construction d'une digue de mer de quatre kilomètres de long achevèrent de consacrer Ostende comme la station balnéaire à la mode.

Le succès de la ville était basé sur un mélange subtil d'hygiénisme, de loisirs et d'infrastructures modernes.

Des moules-frites
Ostende accueille, à la fin du XIXe, 200 000 touristes chaque année. Les villas somptueuses, où se mêlent architecture néoclassique et style Belle Epoque, s'alignent face à la mer. Tout ce beau monde s'amuse et danse encore tandis que s'annonce déjà la Première Guerre mondiale. Si elle épargne la ville,

celle-ci ne retrouvera jamais son faste et son insouciance d'antan. La Seconde Guerre verra la destruction de la quasi-totalité de la cité portuaire. Ne subsistent aujourd'hui que les galeries royales, construites en 1907, qui menaient du chalet royal, lieu de villégiature des souverains belges, à l'hippodrome.

La ville offre aujourd'hui un front de mer uniforme et bétonné, troué par endroits par quelques villas qui ont échappé à la destruction. Les tentes rayées s'alignent sagement sur la plage, tournant le dos au nouveau casino, bunker disgracieux et triste. Les ferries blancs entament leur route vers l'Angleterre. Des touristes attablés mangent des moules-frites apportées par la serveuse, qui les tutoie gentiment avec ce doux accent des Flamands qui ignorent le «vous».

A Vous travaillez dans les bureaux de Publi-Films, une société indépendante au Royaume-Uni qui tourne des films publicitaires. La municipalité d'Ostende vient d'établir un lien avec vos directeurs dans le but de produire un film publicitaire sur la ville, dans une perspective anglo-saxonne. Puisque vous avez des compétences en français, vous êtes chargé(e) de certains travaux français–anglais.

Parmi les tâches préliminaires, votre chef de service vous demande de résumer en anglais les points essentiels de l'article sous les rubriques dans la case.

Ostend as a spa-town:	[7 points]
Ostend 1900–1945:	[6 points]
Ostend today:	[6 points]

B Le Syndicat d'initiative a envoyé le fax suivant à votre chef de service, qui vous demande de lui rendre en anglais les points essentiels. [10 points]

Facsimile du: SYNDICAT D'INITIATIVE – OSTENDE

A l'intention de: CJ Brightwell, Publi-Films

Très contents que vous alliez tourner un film publicitaire sur Ostende pour le marché britannique. Voudrais suggérer un rendez-vous entre vous et notre directeur de publicité au plus tôt. Je vous propose le 12, le 13, ou le 15 de ce mois. C'est à vous de choisir, mais il faut que je le sache demain, le 3, au plus tard.
Pourriez-vous aussi me communiquer:
1 la durée optimale d'un tel film
2 le prix approximatif
3 s'il sera nécessaire d'embaucher des acteurs belges
4 sur quels aspects d'Ostende vous voudriez vous concentrer.

Je vous remercie d'avance.
Christie van Dyck

MEMORANDUM PUBLI-FILMS

From: Section Head
To: My Helpful Translator!

Thanks for your help so far with Ostend. Please will you translate these notes into a reasonable fax for immediate despatch?

Thank you for your fax. We appreciate your enthusiasm for the project. Very much agree about an early meeting. The 12th would suit us fine. We normally produce such publicity films to a length of 15–20 mins. with an approx. price of £2,000 per min.
No actors necessary. Will interview local people.
Will need French and Dutch speakers from your personnel to interpret the sound track.
We'd like to start with the Galeries Royales and the sea front and then discuss other locales with your office team.

Best wishes, etc.

[13 points]

C Votre chef de service vous donne sa réponse au fax pour la transmettre en français au Syndicat d'initiative d'Ostende.

CONSOLIDATION

A consulter: Imperfect, p.196; conditional present, pp.198–9

Pour communiquer une impression dramatique, on a écrit le paragraphe avec le titre *Des moules-frites* (jusqu'à «… la cité portuaire») au présent de narration et au futur. Pour créer un changement d'effet, mettez tous les verbes qui sont au présent (à l'exception de *subsistent*) à l'imparfait et ceux qui sont au futur au présent du conditionnel (attention: mettez *épargne* au passé simple).

8.6 *Au pays de la bière*

Et maintenant, notre premier changement de terrain. Lisez l'article sur Stéphane Cnocquaert, décrivant une partie de sa Flandre natale, une région trop bien connue par les soldats de la Première Guerre mondiale, mais qui a vite repris sa verdeur typique et qui nous offre sa plaine verdoyante, ses côteaux riants et son histoire peut-être inattendue de pays inventeur de la bière. Mais, si c'est de l'histoire, c'est de l'histoire bien vivante.

Mont Kemmel
Balades au pays du houblon

Les pentes du Mont Kemmel (159 m) offrent de nombreuses possibilités de balades pédestres, équestres ou à vélo.

S'il a parcouru, sac au dos, la Corse, les Canaries, la Réunion, gravissant les montagnes, escaladant les falaises, Stéphane Cnocquaert ne dédaigne pas pour autant ses chers monts de Flandre. Il connaît sur le bout des semelles les 250 kilomètres de chemins, qui, entre plaines et monts, font la joie des marcheurs de la région. Et pour cause: la plupart de ces itinéraires, il les a lui-même repérés, balisés, répertoriés.

Président du club de randonneurs de Bailleul, Stéphane Cnocquaert, après un court exil en terre armentiéroise, est rentré chez lui, sur les pentes du mont des Cats. A deux pas de l'abbaye, où les moines trappistes fabriquent toujours leur célèbre fromage. Ce pays est le sien. Gamin, il courait entre les hautes rangées de houblonnières dont il égrenait à la main les plantes blondes et odorantes au moment de la cueillette. Il a fait halte dans chacun des estaminets qui jalonnent le pays et sait tout de leurs spécificités.

Rousses voluptueuses et brunes chaleureuses

Ce marcheur invétéré est aussi grand amateur de bières: les rousses voluptueuses, les blondes légèrement ambrées, les brunes chaleureuses n'ont pour lui aucun secret, même s'il en use avec modération. Il sait en apprécier la saveur, en juger la légère amertume: «Normal, j'ai été élevé là ... Ma grand-mère habitait au bout de la rue...» Et de montrer du doigt l'alignement des mâts sur lesquels s'enroulent les spirales des houblons cultivés amoureusement, de génération en génération, par la famille Beck. Une famille d'agriculteurs qui a créé en 1994 sa propre brasserie artisanale: les champs d'un côté de la route, la brasserie de l'autre et pour goûter au tout, un gîte d'étape où les Beck père et fils accueillent leurs hôtes en les initiant aux secrets de la culture de l'orge ou du brassage.

A Lisez le texte et expliquez les points suivants: C'est qui? C'est quoi? C'est où?

1 Kemmel
2 Stéphane Cnocquaert
3 une houblonnière
4 une «blonde»
5 la famille Beck

B Vous êtes secrétaire de l'association britannique *The Really Real Ale Lovers* et vous organisez une excursion de trois ou quatre jours au pays des houblonnières en Belgique. Votre association vous demande de traduire en anglais la partie de l'article qui concerne la famille Beck, depuis «Et de montrer . . .» jusqu'à la fin.

C Plus tard, vos confrères vous demandent d'écrire une lettre à Stéphane Cnocquaert, à partir des notes que vous avez prises pendant votre réunion mensuelle.

CONSOLIDATION

A consulter: Verb forms, tenses, pp.193–6

Il y a un bon mélange de temps parmi les verbes dans cet article. Regardez tous les verbes de nouveau et placez chacun sous la rubrique appropriée dans la liste ci-dessous.

présent
participe présent
passé composé
imparfait

THE REALLY REAL ALE LOVERS

Meeting notes:

Say we've read about him in the Belgian magazine.

Ask him if he would be prepared to accompany our 3–4 day trip in October.

Does he think the Beck family would let us tour their brewery?

What other famous breweries could we visit?

Would he like to plan a visit for us?

How much would it cost for him to join us on the trip?

We would pay all his board and lodging, too.

8.7 *Les beautés de Chimay*

Passons maintenant à une autre contraste, à Chimay et à son étang de Virelles, une zone humide très bien connue pour sa beauté et pour les efforts faits pour la préserver et la développer. Lisez l'article puis procédez à la tâche écrite.

Chimay
Au pays du chêne et du roseau

Chimay

Perchés sur leur éperon rocheux, Chimay et son château forment un îlot de pierres et d'ardoises argentées sur un océan de verdure. A l'horizon moutonnent l'immense forêt ardennaise vers le sud et l'est et les vastes bois de Fagne vers le nord. Ils forment un écrin pour le joyau naturel de la principauté: l'étang de Virelles. Cette réserve naturelle couvre 85 hectares. C'est l'une des plus belles zones humides de Wallonie.

«Le plan d'eau a été créé voici quatre siècles à l'initiative des maîtres des forges», explique Bernard Dubois, directeur du site. Ces derniers exploitaient le minerai de fer. Ils ont également défriché de vastes espaces forestiers pour alimenter les fonderies en combustibles et ils disposaient d'eau en abondance avec les quatre rivières: l'Eau d'Eppe, l'Eau blanche, l'Eau noire et l'Oise. Le vivier de Virelles, créé dans un fond de vallée humide par un barrage sur le ry Nicolas, permit l'essor de cette industrie. Après le déclin des forges, ce site sauvage, propriété des princes de Chimay, eut une double vocation de chasse au gibier d'eau et de pisciculture intensive. Avant que le tourisme, dans les années 1960, ne commence à fleurir sur les berges du plus vaste étang de Belgique (depuis détrôné par le lac de l'Eau d'Heure situé à quelques kilomètres au nord). «En 1982, la famille princière a décidé de vendre l'étang. Trois associations de protection de la nature, confortées par un mécène éclairé, la Générale de Banque, se sont mobilisées pour éviter que cette grande zone humide ne soit dénaturée ...», poursuit Bernard Dubois. Elles ont obtenu un statut de réserve naturelle agréé par la région wallonne. L'état de santé de l'étang était plutôt inquiétant. Et les associations gestionnaires se sont d'abord attelées à restaurer la qualité biologique du site. Peu à peu, la forêt le recolonisait. Désormais, chaque hiver, quand les berges sont prises par la glace, un bataillon de bénévoles vient couper les roseaux et entretenir la forêt marécageuse peuplée d'aulnes qui prospèrent les pieds dans l'eau. Ils ont créé de véritables sanctuaires pour les nombreux oiseaux qui y trouvent gîte et couvert. Toute l'année, des visites guidées permettent aux visiteurs de s'initier aux richesses de ce patrimoine naturel.

Vous faites un stage de travail dans votre hôtel de ville, qui vient de négocier un jumelage avec Chimay.

Puisque vous êtes le/la seul(e) anglophone au bureau avec des compétences en français, on vous a demandé de rédiger en anglais une fiche publicitaire de 150 mots, inspirée de l'article en face et censée encourager l'intérêt des gens de votre région. Pour cette raison, n'oubliez pas d'omettre de votre publicité les détails du texte qui ont une orientation plutôt négative.

8.8 *Travail de synthèse*

Vous organisez des vacances en Belgique et vous voudriez que Claude, un(e) ami(e) français(e) vous accompagne. Ecrivez-lui une lettre de 350–450 mots dans laquelle vous prônez les vertus de la Belgique, en utilisant le contenu des trois textes que vous avez déjà étudiés. Ne copiez pas de longues phrases, mais modifiez-les d'une façon personnelle. Les expressions dans la *Case-phrases* vont vous être utiles dans ce but.

CONSOLIDATION

A consulter: Formation of adjectives, pp.189–90

Utilisez les expressions adjectivales dans la description de Chimay pour vous aider à rendre en français les phrases suivantes:

1 a silvery ocean
2 an immense desert
3 a vast field
4 a natural spring
5 one of the largest castles
6 a master of arts
7 a forest inn
8 a damp forehead
9 a wild boy
10 a double prize
11 the 1990s

CASE-PHRASES

J'ai lu que . . .
J'ai appris que . . .
Il paraît que . . .
Monsieur X est d'avis que . . .
Dans l'article, on cite . . .
L'auteur explique comment . . .
L'auteur s'enthousiasme pour . . .
J'ai été ravi(e) de lire que . . .
J'ai hâte de voir . . .
Tu aimerais bien voir . . .
Tu apprécierais certainement . . .
As-tu entendu parler de . . . ?
Connais-tu déjà . . . ?
As-tu déjà fait l'expérience de . . . ?

L'Afrique francophone

8.9 *Charles l'Africain*

Regardez tout d'abord la carte de l'Afrique à la fin de la Deuxième Guerre mondiale pour voir l'étendue de la colonisation française dans ce continent.

Dans les années d'après-guerre, un Français de souche aristocratique a très vite reconnu le «vent du changement» en Afrique, qui nécessitait la libération des colonies des puissances européennes. Cet aristocrate, c'est le général Charles de Gaulle, qui est toujours respecté dans certains pays africains pour avoir reconnu la justice des demandes de ces pays et pour avoir eu le courage de soutenir leur cause.

Lisez maintenant cette bande dessinée sur les rapports entre le général Charles de Gaulle et Brazzaville, l'ex-capitale de l'AEF (l'Afrique équatoriale française).

1 S'il est une cité d'Afrique francophone à laquelle le nom du général de Gaulle restera longtemps associé, c'est Brazzaville. Pour les Africains comme pour les Français, l'ex-capitale de l'AEF (Afrique équatoriale française) est tout d'abord «un lieu de mémoire».

2 «De Gaulle, l'homme de Brazzaville». La paternité de cette épithète célèbre est communément attribuée à François Mitterrand. Il l'aurait prononcée en juin 1958 à l'Assemblée nationale, alors qu'il siégeait sur les bancs de l'opposition.

3 Le lien entre Brazza et de Gaulle est d'autant plus fort qu'il est noué dans la tourmente. Le 28 août 1940, un peu plus de deux mois après que ce général de brigade méconnu eut appelé depuis son exil londonien à la résistance contre le régime de Vichy, la capitale de l'AEF annonce son ralliement à la France libre.

4   C'est sans doute ce choix qui conduira Charles de Gaulle à Brazzaville le 24 octobre de la même année.

Le ralliement de Brazzaville, deux jours après celui du Cameroun et du Tchad, donne à la France libre une base territoriale très vaste et très importante militairement et politiquement.

5   Depuis Brazza, de Gaulle va également s'adresser au monde. Après les premières émissions radiophoniques diffusées depuis Londres, le Général va utiliser Radio Brazzaville comme porte-voix de la Résistance.

6   Les émissions puissantes de Radio Brazzaville feront bientôt entendre dans une grande partie du monde la voix de la France libre non censurée, comme il lui arrive de l'être à la BBC de Londres quand les rapports entre de Gaulle et Churchill traversent une crise.

7   Moins de quatre ans plus tard, du 29 au 31 janvier 1944, le Général effectue son septième voyage au Congo. Là encore, la visite restera gravée dans les mémoires.

8   Au lendemain de son arrivée, il ouvre la Conférence africaine française de Brazzaville. Cette instance va préparer la libre disposition des Africains par eux-mêmes, et proclamer la Communauté.

9   Sa voix, les Africains allaient la connaître bien avant que certains aient pu voir le général de Gaulle lui-même ou même découvrir son visage dans des journaux ou des magazines.

10   En 1958, c'est la dixième fois qu'il fait escale à Brazza. Et c'est encore la capitale congolaise qui verra se sceller l'Union des douze États souverains africains et malgache d'expression française, en décembre 1960, avant le traité de Yaoundé.

A Après avoir lu la bande dessinée, lisez aussi les bulles ci-dessous et choisissez une bulle appropriée pour huit des dix images.

A

J'allais tout simplement dire la vérité. Il n'aurait pas fallu me couper la parole!

B

Cette Union durera longtemps.

C

Charles de Gaulle, vous êtes l'homme de Brazzaville!

D

Il faut que nous rejoignions la résistance honorable contre un système qui ne tient aucun compte de la liberté, en donnant notre appui à la France!

E

La métropole doit mener chaque peuple à un développement personnel!

F

Depuis Brazzaville je m'adresse à tout le monde libre. Il faut vaincre Hitler!

G

Tu vois, il y a de Gaulle encore une fois en couverture!

H

Au Congo, je me sens comme chez moi!

B *Vrai/Faux*

Relisez la bande dessinée et décidez si les constatations suivantes sont vraies ou fausses.

1 De nos jours, Brazzaville est la capitale de l'AEF.
2 C'est Churchill qui a appelé de Gaulle «l'homme de Brazzaville».
3 François Mitterrand était du même parti politique que le général.
4 De Gaulle a été frappé par la loyauté de Brazzaville.
5 L'AEF a donné une base efficace à la France libre pour continuer son opposition à Hitler.
6 Brazzaville se rallie à de Gaulle avant le Cameroun.
7 Les Congolais n'oublieront jamais de Gaulle.
8 Radio Brazzaville a exercé une influence mineure dans le combat contre Hitler.
9 Churchill a censuré les émissions de Charles de Gaulle.
10 Après cela, de Gaulle n'a pas su maîtriser les médias.

L'Algérie, ancienne colonie

8.10 *Sur la voie de l'indépendance*

Vous savez maintenant quelque chose du rôle joué par de Gaulle dans l'émancipation de certains pays africains. Passons alors au cas Algérie, une colonie française pendant plus de cent ans avec une assez grande population blanche qui ne voulait absolument pas que l'Algérie soit indépendante. L'insistance de de Gaulle a failli couper son pays en deux, mais l'indépendance de l'Algérie en 1962 a aussi, dans un certain sens, libéré la France, car elle lui a donné sur la scène internationale une force morale qui manquait à certaines autres puissances, attachées à leur passé colonial.

> métropole mondiale laissent militaire barque
> métropolitaine algérienne agricole agriculture
> insurrectionnel série majorité européen
> secrète algérienne révolutionnaire pouvoir
> année brutal atroce atrocités Français
> civiles époque événements

A Remplissez les blancs dans le texte, en utilisant le vocabulaire dans la case.

La France et l'Algérie

En 1962, l'Algérie a reçu son indépendance de la France à la suite d'un référendum en France **1** .... Par l'intermédiaire de ce référendum, l'Algérie a reçu une mesure de justice et les Français ont été libérés d'une charge qui menaçait de faire sombrer la barque française. Maintenant, il est facile d'oublier la sévérité de la crise vécue dans l'Hexagone à cause du traitement **2** .... des gens d'origine algérienne et des représailles exercées contre la France par les résistants arabes. Sur le plan **3** ...., la guerre d'Algérie, ou plutôt le traitement des musulmans,

empêchait ou menaçait les bons rapports entre la France et ses voisins. Etudions un peu les événements de l' **4** .... de la guerre d'Algérie.

Il faut d'abord comprendre qu'en 1945, à la fin de la Deuxième Guerre **5** ...., les Européens en Algérie, qui n'étaient qu'un million, dominaient l'administration et l' **6** .... du pays. Les 8,5 millions de musulmans étaient nettement plus pauvres et certainement moins scolarisés. Voilà une liste des **7** .... à partir de 1947 qui ont déterminé la crise en Algérie et sa résolution.

1947	Un nouveau statut prévoit l'élection d'une Assemblée **8** ...., dans laquelle près de neuf millions de musulmans vont élire le même nombre de députés que le million de **9** .... d'Algérie (qui ont en France le surnom péjoratif, les «pieds-noirs»).	**1956**	L'armée française détourne l'avion des dirigeants du FLN.	**avril 1961**	Il y a une tentative de putsch **18** .... par ces mêmes troupes. De Gaulle tient ferme. A partir de ce mois, l'OAS (l'Organisation de l'armée **19** ....) lance une série d'attentats pour décourager de Gaulle et empêcher l'indépendance.
		1957	La Bataille d'Alger, marquée par des **13** .... des deux côtés.		
		13 mai 1958	Les Français d'Algérie déclenchent une manifestation à Alger et y instaurent un pouvoir **14** ...., qui bouleverse le monde politique. Le général de Gaulle revient au **15**		
1er nov. 1954	Le Front de Libération Nationale (FLN), mouvement partisan d'action **10** .... mené par Messali Hadj et Ahmed Ben Bella, lance des actions (70 en tout) contre une série de cibles **11** .... et militaires.			**18 mars 1962**	Les négociations entamées en 1960 mènent aux accords d'Evian, qui **20** .... la voie ouverte à la libération de l'Algérie.
		1959	De Gaulle prépare la France métropolitaine au concept d'une *Algérie* **16**		
		janvier 1960	Les Français d'Algérie dressent des barricades à Alger.	**5 juillet 1962**	L'Algérie devient indépendante. La grande **21** .... des Français d'Algérie sont rapatriés en France.
1954–55	Ces années ont connu de la répression générale et des représailles contre le FLN.				
1955	Il y a une **12** .... de massacres d'Européens.	**1960**	Cette **17** .... marque le commencement des négociations avec le gouvernement provisoire de la République algérienne.		

B *Travail de radio*

Vous allez entendre une série de courtes actualités radiodiffusées, se rapportant chacune à la guerre d'Algérie. En utilisant la liste des événements page 155, décidez l'année ou la date précise qui va avec chaque actualité.

Actualité	Année/Date précise
1	
2	
3	
4	
5	
6	
7	
8	
9	
10	

CONSOLIDATION

A consulter: Perfect, pp.195–6; past historic, pp. 197–8

Regardez de nouveau la liste d'événements à la page 155 et mettez chaque verbe au passé composé, puis au passé simple.

Exemple: prévoit: a prévu; prévit

coin accent

prononciation

Encore un dossier avec beaucoup de chiffres! Pour perfectionner encore votre maîtrise de la prononciation des chiffres, pratiquez ceux en-dessous, en utilisant comme modèle la voix appropriée sur cassette:

en 1962	1954–55
en 1945	1957
les 8,5 millions	le 13 mai 1958
à partir de 1947	janvier 1960
les près de 9 millions	avril 1961
le 1er novembre 1954	le 18 mars 1962
70 en tout	le 5 juillet 1962

Quand vous pourrez répéter ces phrases avec un peu d'assurance, écoutez de nouveau votre modèle et, en arrêtant la cassette, répétez chaque phrase sans regarder le texte.

coin infos

l'Algérie

Superficie:	2 381 741 km² (deuxième pays d'Afrique)
Population:	28 000 000
Capitale:	Alger
Langues:	arabe, français, berbère
Religion:	islam
Economie:	pétrole et gaz naturel
1848–1962:	colonie de la France
1965–76:	gouvernée par des régimes militaires
1976:	la démocratie restaurée

Mer Méditerranée

Alger   TUNISIE

MAROC

ALGERIE

Les années 1990 sont caractérisées par une lutte sanglante de la part des musulmans fondamentalistes pour la maîtrise de l'Algérie. La France donne son appui au gouvernement et subit par conséquent des actes de terrorisme.

8.11 *La terreur au quotidien*

La France continue de ressentir une certaine responsabilité envers l'Algérie, à cause de leur histoire partagée. Et, dans le rapport de François d'Alançon, en face, le mot «continue» est le mot-clé, parce que, comme le titre vous le suggère, on cherche à imposer une sorte de normalité dans la vie de tous les jours à Alger et dans les autres villes. Il est salutaire de noter aussi le rôle de la France dans un monde changeant. C'est maintenant le rôle d'un ami presque impuissant devant un problème apparemment insoluble chez son voisin.

A   Trouvez dans la case ci-dessous les adjectifs qui manquent dans la première partie du rapport.

> transcendantale internationale partiales imprimés voilés tous chaque militaires dernière
> interrompue distant tranquille frustrés chaque nationale entières postale dévoilées derniers
> civile autre incessant familière

B   Traduisez en anglais depuis «Ahmed évoque la haine du riche . . .» jusqu'à la fin du rapport.

[40 points]

C   Résumez en une centaine de mots les points principaux de l'article.

La vie continue en Algérie

J'ai retrouvé Alger la Blanche, son ciel bleu de carte 1 .... et sa mer d'huile, déjà comme une promesse d'été. Le trafic 2 .... des voitures, les taxibus bondés, la foule des piétons dans les rues du centre-ville, les femmes 3 ...., les boutiques gorgées d'articles, les cafés, les salons de coiffure. 4 .... matin, les écoles, les lycées et les universités se remplissent. Dans les bureaux, les commerces et les usines, chacun s'épuise au jeu de rôle. Parce que, dans sa journée, on peut s'attendre à tout, y compris au pire. Comme l' 5 .... jour, quand une bombe a explosé, place des Trois-Horloges, entre un magasin et un bar. Scène trop 6 ....: la fumée, la panique, les ambulances et la police qui boucle les lieux. Tout ça peut arriver, juste avant que le Samu, la protection 7 .... et les «services d'hygiène» n'interviennent pour effacer les traces du forfait.

Et puis, très vite, la vie continue. La presse consacre des pages 8 .... au courrier du cœur et à des feuilletons à l'eau de rose. Grâce aux antennes paraboliques, en vente ces 9 .... temps à 12 000 dinars (1 franc 5 9,60 dinars) sur le marché, les Algériens peuvent s'échapper, s'offrir un moment d'évasion. Des supporters 10 .... dénoncent les mauvaises performances des «Verts» de l'équipe 11 .... de football à la Coupe africaine des Nations. On calme ses nerfs à coup de tranquillisants, d'alcool ou de dope. Tout est bon pour chasser le stress, de la méditation 12 ...., à la consultation d'un *taleb*, mi-sorcier, mi-marabout, en passant par le *zombretto*, une boisson à base d'alcool à brûler.

DANS LES BANLIEUES d'Alger, il faut vivre. L'eau manque souvent. La cage d'escalier est envahie par les patients du médecin qui reçoit au premier.

Parfois, ils sonnent à la porte dès l'aube. Au détour d'une allée, un fast-food. J'ai accompagné Ahmed pour faire le tour de sa cité d'Aïn Nadja, entre El Harrach et Baraki. A mi-chemin entre Alger et les terres agricoles de la Mitidja, entre le port et l'aéroport, Aïn Nadja reste un point névralgique. Ahmed, 40 ans, vit là depuis 1992 avec sa femme et leurs deux enfants. Un immeuble de quatre étages, 32 familles, six personnes assassinées depuis deux ans. Ahmed m'explique comment les habitants se sont organisés pour se défendre en cas d'attaque: «On s'est cotisé pour acheter des échelles et des sirènes, construire des murs et installer des portes en fer. Pendant le mois de Ramadan, les gens montaient la garde sur les terrasses, armés de pierres et de parpaings, de couteaux et de marteaux, de haches, de barres de fer ou de cocktails Molotov.»

«La pression de la vie est trop grande», souligne Ahmed. Les entreprises publiques licencient. La grande vague de recrutement dans l'armée, la gendarmerie, la police et la garde communale s'est arrêtée en 1996. «Aujourd'hui, soit tu deviens "trabendiste" (vendeur de produits importés) ou vendeur à la sauvette sur le marché noir, soit tu rejoins les patriotes (les GLD, groupes de légitime défense armés par le pouvoir) ou les groupes armés islamiques. J'en connais qui travaillent de tous les côtés. Le jour, ils sont dans la garde communale, à 12 000 dinars par mois, la nuit, ils se mettent à leur compte. Dans le racket des conducteurs de grosses cylindrées qui reviennent de l'aéroport, bourrées de marchandises, ou dans le vol de voitures, dans la protection des dépôts de trabendistes ou au service des groupes armés quand ils ont un parent dans le maquis.»

Ahmed évoque la haine du riche, la soif d'argent, de voitures et de biens: «Dans mon immeuble, le dernier type qui a été tué, c'était un agent de la sécurité militaire. Des jeunes de la cité l'ont assassiné pour du fric.»

Retour à l'hôtel *El Dzazair*, l'ancien *Saint-Georges*, résidence obligée des journalistes étrangers. Chargée d'assurer ma sécurité, et par là même de surveiller mes allées et venues, une escorte de trois policiers en civil, reliés par talkie-walkie à un «central», accompagne le moindre de mes déplacements. Rares sont les moments où j'échappe à ce marquage étroit, même si mes entretiens se déroulent hors de la présence de mes cerbères musclés qui ont parfois tendance à se prendre pour des Rambo.

L'Amérique francophone: le Québec

Devinette:

Il y a une partie de la francophonie qui n'est pas la France, mais qui était autrefois la Nouvelle France. De nos jours, ce pays qui n'est pas la France est dans un sens la vieille France. Et quel est ce pays, en même temps société très moderne et peuple qui garde certaines valeurs de l'ancienne France, une France qui n'existe plus? Vous tombez bien! C'est évidemment le Québec.

Dans ce dossier, explorez un peu avec nous le caractère québécois, unique et précieux, un caractère moité français, moitié anglo-américain, un caractère dont on saisit un peu l'essence dans le texte de la page 159. Il donne un aperçu français de la façon dont parlent les Québécois francophones. Il est un peu exagéré, mais il y a quand même un grain de vérité dedans.

---

coin infos

le territoire

D'une superficie de 1 667 926 km², le Québec est immense. Il pourrait contenir trois fois la France, ou sept fois le Royaume-Uni.

Ce vaste territoire contient plus d'un million de lacs et de cours d'eau. Le fleuve Saint-Laurent, qui prend sa source dans les Grands-Lacs, le traverse d'ouest en est sur quelque 1 200 km avant de se jeter dans l'Atlantique. Cet immense fleuve atteint quelque 64 km de largeur. Le Saint-Laurent est devenu le principal axe fluvial du

continent nord-américain.

Les terres qui bordent le fleuve, appelées Basses-Terres du Saint-Laurent, sont parmi les plus fertiles. Au sud s'élèvent les Appalaches, une chaîne de montagnes aux sommets arrondis et boisés, entrecoupée de plaines cultivées. L'autre versant des Appalaches jouxte les Etats-Unis d'Amérique.

Au nord des Basses-Terres du Saint-Laurent se dressent les Laurentides, une chaîne de

montagnes qui forment la frontière sud du Bouclier canadien.

Du sud au nord, le Québec s'étend sur 15 degrés de latitude. Au sud, près des rives du Saint-Laurent, où vit 80% de la population, le climat est tempéré. Les zones urbaines voisinent avec la forêt de feuillus et la forêt mixte. Plus au nord, le climat est subarctique, et l'extrême nord du territoire connaît les rigueurs d'un climat arctique.

8.12 *Le français façon Québec*

Ecoutez maintenant Nicholas Fournier, jeune conseiller à la Délégation du Québec, qui va vous lire les deux versions de *Fin de semaine au Saguenay*. Puis trouvez les choses dans la version québécoise qui a) viennent clairement de l'anglais américain, b) vous font sourire un peu.

Tu parles-tu le français du Québec?

Ecouter jaser nos cousins du Québec est un régal sans égal. Entre vieilles expressions françaises et apports d'origine anglaise, il faut parfois réfléchir à trois fois pour saisir le sens d'une phrase, mais le petit jeu amuse tout le monde. En guise de test-amuse-gueule, ce court texte rédigé par un Yvon Simard, originaire du Saguenay, et sa «traduction».

Fin de semaine au Saguenay

Depuis que je suis tombé en amour, tous les vendredis soirs, je saute dans mon char, pis je monte au Saguenay pour trouver ma blonde, pis foirer avec la gagne de chums. Là-bas, les Bleuets y sont pas achalés, ils lâchent leur fou facilement. Je m'arrête dans une binerie sur le bord de la route pour me sucrer le bec avec la tarte aux bleuets qui est écoeuremment bonne. Juste avant de repartir, je prends du gaz parce que ce serait ben plate de rester pogné sur le chemin à me faire manger par les maringouins. Je planche pour arriver au plus vite et être là avant la noirceur. Tiens ben ta tuque et tes bobettes que je me dis, ça va y aller par là! La radio joue au boutte, je suis aux petits oiseaux. Dernier tournant, je vois la maison de ma blonde. La patate fait boum boum en la voyant qui descend de la galerie pour me donner un petit bec dans le cou et me demander dans le creux de l'oreille: «Tu m'aimes-tu?» Je lui réponds: «Fais pas simple, tu sais ben que je t'hais pas, pantoute».

Autrement dit ...

Week-end au Saguenay

Depuis que je suis amoureux, tous les vendredis soirs, je prends ma voiture et je me rends dans la région du Saguenay pour retrouver ma petite amie et ma bande de copains. Pour les Bleuets (NDLR: surnom des gens de la région), tout est prétexte à faire la fête et à se libérer de leurs inhibitions. Je fais halte dans un petit restaurant sur le bord de la route pour casser la croûte et je me régale d'une part d'excellente tarte aux myrtilles. Avant de reprendre mon chemin, je fais le plein d'essence car ce serait vraiment dommage de tomber en panne dans cet endroit désert et de me faire dévorer par les moustiques. J'appuie sur l'accélérateur car je veux arriver avant la nuit. Accroche-toi bien, me dis-je tout en restant prudent. La radio à fond, je suis aux anges. En prenant le dernier virage, j'aperçois, le cœur battant, la maison de ma petite amie, je la vois qui s'avance vers moi pour m'embrasser tendrement et me chuchoter à l'oreille: «Tu m'aimes?» Je lui réponds: «Evidemment, et tu le sais très bien.»

intonation

Exercice de révision:

Week-end au Saguenay commence par une phrase qui contient beaucoup de virgules naturelles. Ecoutez une fois de plus Nicholas pendant qu'il lit la phrase et pratiquez la façon dont la voix monte après chaque virgule naturelle.

Depuis que je suis amoureux, tous les vendredis soirs,

je prends ma voiture

et je me rends dans la région du Saguenay

pour retrouver me petite amie

et ma bande de copains.

8.13 *Le Québec et la France: quelques contrastes*

Quand Isabelle et Nicholas sont arrivés en France en route pour leur travail à la délégation du Québec à Londres, ils ont été plus frappés par les différences que par les similarités entre leur partie du Canada et le pays de leurs ancêtres. Voici la transcription presque complète de leur conversation sur les contrastes.

Isabelle Si une Québécoise ou un Québécois de dix-sept ans se trouvait implanté en France, **1** ....? Je pense bien que ... le climat [je] trouve est ...

Nicholas Oui, ben, **2** ...., je pense ... pour les climats au Québec, on a vraiment quatre saisons **3** .... En France, **4** ...., j'ai l'impression.

Isabelle Non, pas vraiment.

Nicholas Puis, aussi, je crois, aussi, pour les ... **5** .... les gens ... **6** ...., aussi. J'ai l'impression qu'au Québec, on est très facile d'approche, on se parle facilement, on rencontre des gens dans ... dans les cafés, à l'école, tout de suite les contacts sont créés, on s'échange les numéros de téléphone, **7** .... c'est différent. Les gens prennent plus de temps à se connaître ... L'amitié demande peut-être plus longtemps. **8** ...., c'est peut-être **9** .... quand même **10** ....

Isabelle On a ... ben ... on a la réputation d'être très chaleureux ...

Nicholas Puis, **11** .... Je sais pas ce que tu en penses, Isabelle, mais, comme les ... **12** ...., ça serait vraiment pour un Québécois ... un retour pas en arrière, mais **13** .... ses racines, son histoire, sa culture.

Isabelle Oui, ses, ses ancêtres, aussi. [Oui.] Non, effectivement, tant qu'on ... on pense à ça, nous, on est telle[ment] ... on est une petite ville, très jeune comparativement à la France. Ah, **14** ....

Nicholas Oui, exactement ... Bon, ben. **15** ...., aussi, **16** .... J'ai l'impression ... La France ... a des produits **17** .... Québec **18** .... ou qu'on n'a pas la chance d'avoir ... **19** ...., par exemple. [Exactement.] Donc, ça c'est une super expérience.

Isabelle Notre nourriture est très différente, parce que ... à cause ... que nous avons **20** .... [Oui.] On a besoin de ... de ... on mange très gras, si je peux dire, parce que ... on a besoin d'être ça ... .

Nicholas Des calories ... un peu pour se garder au chaud!

la population

Le Québec regroupe plus de sept millions d'habitants qui forment une société majoritairement francophone.

Les francophones descendent des colons venus de France aux XVIIe et XVIIIe siècles. Aujourd'hui, ils sont près de six millions qui maintiennent une société francophone sur un continent nord-américain où se retrouvent 250 millions d'anglophones.

Les anglophones du Québec sont les descendants des immigrants britanniques qui ont quitté les Etats-Unis après la guerre de l'Indépendance américaine. Ils sont plus de 590 000 et habitent surtout la région de Montréal. Ils jouissent de droits reconnus, dont un réseau scolaire anglais, de la maternelle à l'université inclusivement, un réseau hospitalier, des moyens de communications, etc.

Les Québécois, ce sont aussi quelque 600 000 immigrants venus d'Asie, d'Europe, d'Amérique latine et d'Afrique depuis le début du XXe siècle. Ils ont apporté une richesse et un dynamisme culturels importants.

Le Québec compte enfin quelque 67 000 Autochtones, les fils et les filles des premiers habitants qui ont foulé le sol de l'Amérique du Nord. Ils sont plus de 59 000 Amérindiens et 7 000 Inuit. Les nations amérindiennes, au nombre de dix, diffèrent entre elles par leurs origines, leurs langues, leurs coutumes et leurs modes de vie. Leurs membres vivent pour la plupart dans des villages ou des territoires qui leur sont propres. Les Inuit, autrefois appelés Esquimaux, habitent des régions situées à l'extrême nord du Québec, sur les côtes des baies d'Hudson et d'Ungava.

A Ecoutez la conversation, en regardant le texte de la transcription.

1 Répertoriez les phrases qui manquent. Ce sont toutes des phrases qui expriment des équivalences, des différences et des contrastes.

2 Maintenant, utilisez ces phrases comme base pour le travail suivant. Ecrivez une analyse de 300–450 mots sur des différences que vous avez remarquées entre un pays ou une région francophone et votre propre pays. N'hésitez pas à emprunter des idées à Isabelle et Nicholas. Servez-vous aussi de la *Case-phrases*.

B On a souvent l'impression que les Québécois sont les Français de l'Amérique du Nord. Une fausse impression, selon Nicholas Fournier, qui voit plus de différences que de points communs entre les deux peuples. Il a même des choses à dire sur le rapport Québec–Grande-Bretagne qui vont peut-être vous surprendre.

Ecoutez ce que dit Nicholas et complétez chaque phrase en ajoutant <u>un</u> seul mot.

1 Les différences entre les Québécois et les Français sont ....

2 Nicholas se sent moins à l'aise en France qu'en ....

3 Pour Nicholas, la France est importante pour son lien avec ses ....

4 Il trouve aussi d'extrêmes différences de ....

5 Les Québécois ont un tempérament moins ....

6 Le mode de vie québécois ressemble plus à celui des ....

7 La cuisine québécoise est moins similaire à ce qu'on trouve en ....

8 Les systèmes juridiques au Québec et en Grande-Bretagne ont la même ....

9 Pour Nicholas, la France reste assez ....

CASE-PHRASES

dans le premier on a tendance à . . .
dans le deuxième on se lie plus à . . .
il en résulte . . .
c'est un résultat/une conséquence de . . .
la situation géographique/économique influence . . .
ils ont subi l'influence de . . .
plus on . . . , moins on . . .
ceci se voit rarement chez . . .
on en voit la preuve dans . . .
les Méridionaux font . . . de préférence . . .
les Alsaciens ont plutôt recours à . . .

coin infos

les régions québécoises

Le territoire québécois est divisé en seize régions qui diffèrent l'une de l'autre par leur climat, leur superficie, leurs ressources et leur peuplement.

Montréal, centre international du commerce et de la finance, ville universitaire et scientifique, constitue le centre névralgique de la vie économique et culturelle du Québec. La région métropolitaine abrite 3,3 millions d'habitants et compte 5 271 entreprises qui assurent 50% de la production manufacturière québécoise. La ville possède l'un des plus importants ports de mer de l'est de l'Amérique du Nord. Carrefour cosmopolite à la fois moderne et chaleureux, la ville affiche une silhouette nettement contemporaine, mais a cependant gardé de son passé un vieux quartier formé de rues étroites en pavés d'époque, qui fut témoin de ses trois siècles d'histoire.

La capitale politique du Québec porte le même nom: Québec. Située sur un promontoire escarpé qui domine le fleuve Saint-Laurent, la ville de Québec est la seule ville encore fortifiée en Amérique du Nord. Avec les années, les vieilles fortifications ont été entourées d'immeubles gouvernementaux, d'établissements universitaires, de quartiers à architecture récente, de centres commerciaux et de parcs technologiques. La ville abrite également un port de mer ainsi qu'un important centre de services et de recherche qui a acquis une réputation mondiale dans les domaines de l'optique et du laser. Plus de 650 000 personnes habitent la région de la capitale.

8.14 *Une éducation québécoise*

Ici, Isabelle Chouinard parle de son éducation au Québec après l'âge de seize ans. C'est un système éducatif qui se différencie quelque peu de ce qu'on voit en France. Isabelle discute de son CGEP (Certificat Général en Etudes Professionnelles).

Travail de transcription

Pour continuer à perfectionner votre aptitude pour la transcription, écrivez chaque mot prononcé par Isabelle, en repassant la cassette aussi souvent que vous voulez.

8.15 *Radio-Canada, Télé-Québec*

La radio et la télévision au Québec ont les mêmes préoccupations que les médias dans les autres pays occidentaux. Dans le domaine de la musique, par exemple, il y aura des concerts BCBG et il y en aura de plus engagés. Il y aura aussi des *téléthons*, qui collectent des fonds pour les défavorisés, tout comme chez vous.

A *Radio-Canada*

Remplissez les blancs dans cette transcription de la publicité de Radio-Canada pour un concert avec des participants très engagés. Chaque blanc représente <u>un</u> mot seulement.

Aux Beaux Dimanches, pour la **1** .... fois une émission de deux heures **2** .... au *Show du Refuge*, avec Dan Bigras, dont la huitième édition a été **3** .... au Spectrum de Montréal le 24 novembre. Comme par le passé, les caméras sont témoins d'un spectacle **4** .... d'émotion, riche de surprises et de moments **5** .... témoignant de la complicité entre les artistes qui participent à ce «happening», dont **6** .... les profits sont **7** .... au Refuge des jeunes de Montréal qui s'occupe des **8** .... sans-abri de 17 à 24 ans.

B *Télé-Québec*

Télé-Québec annonce un spectacle de très haut standing. Après avoir écouté cette annonce d'émission, mettez dans la grille tous les noms, instruments, etc., requis.

lieu du spectacle:
de la part de qui?
nom du spectacle:
Sylvie Legault est:
Alexandre Da Costa est:
Patrice Painchaud est:
Luc Lemire est:
Nancy Dumais est:
Claude Léveillée est:
Patrick Normand est:
Marie Jean est:

8.16 *Musique à Montréal*

La vie culturelle à Montréal est exactement ce qu'on attendrait de toute métropole, pleine, diverse, mouvementée, avec une saveur et un parfum nettement québécois, c'est-à-dire français et canadiens.

Sur la page suivante, ces annonces de spectacle, dans l'une desquelles figure la célèbre Céline, native du Québec, vous donneront une bonne impression de cette diversité.

A Pour *Bran Van 3000*, *Céline* et *Alexis Le Conteur*, trouvez un équivalent approximatif parmi les artistes de votre pays.

B Trouvez dans l'article une autre façon de dire . . .

1 stars
2 objectif
3 platines
4 femmes hardies
5 disque
6 se faire accepter
7 traîné
8 à la mode
9 retient l'attention
10 fougueuse
11 des percussions

C Traduisez en anglais le paragraphe qui commence «Avec à peine quatre ans . . .»

[25 points]

dimanche 6

Bran Van 3000

Le collectif Bran Van 3000, James Di Salvio en tête, est de retour au Métropolis, où il a donné, en juillet, «peut-être le meilleur spectacle du groupe depuis la sortie de *Glee* dans les bacs» (Richard Labbé). À 21 h. Info: 514 790-1245.

lundi 7

Céline

«Un show encore supérieur au précédent, force est de constater. Céline Dion a une fois de plus confirmé sa domination dans l'univers du divertissement» (Alain Brunet). Au Centre Molson, 20h. Info: 514 790-1245.

mardi 8

The Tallis Scholars

Chef de file de la musique sacrée de la Renaissance, l'emsemble vocal britannique The Tallis Scholars, sous la direction de Peter Phillips, donne un concert à l'église Saint-Jean-Baptiste, 20h. Au programme: les œuvres des grands maîtres de la polyphonie des XVe et XVIe siècles. Info: 514 396-3388.

mercredi 9

Alexis Le Conteur

Le Beauceron Alexis Roy, entouré de trois musiciens, dont Monsieur Pointu, présente *Minuit tapant*, un spectacle de contes et musique traditionnelle, à la Cinquième salle de la Place des Arts (514 842-2112).

L'art d'être DJ

Sans eux, pas de *nightlife*. Ils en sont les vedettes. Qu'ils préfèrent la techno, le hip hop ou la house, les DJ ont tous la même mission: nous faire danser jusqu'aux petites heures du matin.

Misstress Barbara: hyperactive

La vaste majorité des DJ sont des hommes. Mais à Montréal, on retrouve de plus en plus de femmes derrière les tables tournantes. Certaines d'entre elles, comme Maus et Krista, ont beaucoup de succès. Mais si les amazones du vinyle devaient avoir une reine, ce serait sans doute Misstress Barbara.

Avec à peine quatre ans d'expérience, Misstress Barbara a su s'imposer comme DJ. «Au début, ça n'a pas été facile parce que je suis une fille. On ne me prenait pas au sérieux. Ça n'a pas duré longtemps.» Les promoteurs ont très vite compris que la petite avait du talent. Aujourd'hui, elle est de tous les raves locaux et on peut la retrouver les samedis au très branché High Bar. Elle vient tout juste de signer un contrat de disque avec une grosse étiquette britannique. Son premier disque devrait sortir le printemps prochain.

La clé de son succès? «C'est mon karma … et je travaille beaucoup.» Il n'y a pas que cela. Son style accroche: une techno énergique, endiablée avec très peu d'emphase sur la mélodie. «J'ai fait de la batterie pendant sept ans, je suis très sensible au rythme.» Le moins qu'on puisse dire, c'est que sa musique lui ressemble. «Je suis hyperactive, c'est normal pour une sagittaire.» En passant, elle est née un 3 décembre. Joyeux anniversaire, Barbara.

Christophe BERGERON

La DJ Misstress Barbara: «Au début, ça n'a pas été facile parce que je suis une fille. On ne me prenait pas au sérieux.»

163

8.17 *Perspective québécoise sur une petite île*

Voici quelques observations par Nicholas sur son Québec à lui et sur son séjour en Angleterre. S'il devait choisir entre les deux, le choix ne serait peut-être pas facile. Mais c'est à vous de l'écouter . . .

A Après avoir écouté Nicholas, remplissez les blancs dans ce résumé de la conversation. Chaque blanc représente <u>un</u> mot seulement.

Nicholas ne supporte pas **1** .... l'hiver québécois, surtout que cela dure **2** ....
Pour être honnête, l'hiver ne lui **3** .... pas. Mais il y retournera quand même un
4 ...., car le Québec lui offre **5** .... d'opportunités et surtout la diversité **6** ...., sans parler de la **7** .... des Québécois, qui ont un côté des plus **8** .... et avec qui il est très facile de **9** ...., un côté qui semble manquer aux habitants de **10** ...., peut-être parce que cette ville est si **11** .... et les gens n'ont pas beaucoup de **12** .... pour parler, pas comme les gens de la **13** .... Nicholas a aussi passé du temps à l' **14** .... de Leeds pour apprendre à connaître un pays.**15**......., plutôt que de séjourner aux USA, un pays qui ne l' **16** .... pas.

[10 points]

B Si Nicholas trouve une certaine affinité entre son Québec et la Grande-Bretagne, il y voit quand même des disparités, dont certaines l'amusent et d'autres lui plaisent. Faites la liste des points importants auxquels il se réfère dans la deuxième partie de l'interview.

C *Face à face*

Partenaire A Un(e) Québécois(e).
Partenaire B Un(e) royaliste.

A est amusé(e)/irrité(e) par l'idée d'une famille royale.
B la défend de bon cœur, avec énergie.

Pour vous aider à préparer votre conversation, utilisez les quelques idées exprimées par Nicholas pendant l'entrevue plus la *Case-phrases* ci-contre.

Quand vous aurez préparé votre conversation, adoptez un ton énergique/snob/détaché/supérieur/guerrier/abruti/ignorant/ condescendant – à vous de choisir!

Finalement, enregistrez sur cassette la version avec les voix que vous préférez.

CASE-PHRASES	
La famille royale . . .	
✓	✗
est rentable	encourage l'élitisme
ragaillardit le peuple	n'est pas démocratique
attire les touristes	n'est pas britannique
donne de quoi discuter	encourage les lèche-bottes
rend visite aux malades	est égoïste
nous représente outre-mer	ne répond plus à nos besoins
symbolise le pays	est démodée
a de l'allure	facilite le népotisme
encourage les autres	est un fardeau financier
travaille dur	est trop distante du peuple
aide le travail caritatif	cherche la publicité
aide le commerce	se croit immortelle

8.18 *Travail de synthèse*

Quand vous aurez parcouru les diverses sections de ce dossier, essayez un des suivants.

• Vous organisez des vacances avec un(e) ami(e) français(e) cet été. Ecrivez-lui une lettre (250–300 mots) dans laquelle vous prônez le Québec comme destination de vacances, en utilisant les idées et le matériel dans *Dossier: Le Québec.*

OU

• Préparez une présentation orale (450–500 mots) pour votre groupe sur ce qui vous intéresse le plus dans *Dossier: Le Québec.*

Trois îles francophones:
1 La Guadeloupe

8.19 *Introduction aux Antilles françaises*

Vous trouverez ci-dessous une introduction à notre étude sur les Antilles françaises. Remplissez les blancs en utilisant les mots dans la case ci-dessous.

Les Antilles, une chaîne d'îles et 1 .... groupés en archipel, révèlent comme presque toutes les îles en mer 2 .... une origine volcanique. On n'a qu'à penser à l'éruption désastreuse dans l'île de Montserrat, une 3 .... colonie britannique, dans les années 1990, pour être conscient de ce fait. Dans ce dossier on 4 .... d'une façon un peu plus détaillée les îles de la Martinique et de la Guadeloupe. Chacune est 5 .... par des volcans actifs dont les plus importants sont la Montagne Pelée (Martinique) et la Soufrière (Guadeloupe). Cette dernière s'est 6 .... récemment d'une manière spectaculaire.

Bien sûr, le volcanisme est un élément 7 .... dans la géologie et la géographie des Antilles et il faut dire un élément plutôt 8 ...., mais c'est aussi cet ensemble géologique et géographique qui a fait de ces îles un paradis 9 .... de nos jours. Si les Antilles sont vraiment un paradis est une question à l'ordre du jour que nous 10 .... un peu plus tard. Pour le moment il faut avouer que les Antillais vivent un peu à la 11 .... du climat. Soleil, plage, cocotiers, cela est l'idéal recherché par les vacanciers, mais le climat tourne vite au 12 .... à la saison des cyclones, qui se montrent très souvent 13 ....

Les Antilles francophones (la Guadeloupe, la Martinique, Haïti, la Dominique et Sainte-Lucie), vestiges de l'empire colonial 14 ...., ont subi un long passé esclavagiste rompu par Schoelcher (voir la page 170). Elles formaient autrefois une partie 15 .... de l'ancienne économie coloniale, fournissant surtout canne à sucre et bananes pour les tables de France 16 .... De nos jours la vie à l'européenne sur les îles n'existe que dans les concentrations de population sur les côtes. Ici, on a su développer un secteur d'activité 17 .... (administration, commerce, tourisme, université).

Plus on 18 .... vers l'intérieur des îles, plus ce secteur tertiaire disparaît et puisque l'agriculture avait été 19 .... par les cultures commerciales implantées par la colonisation, il n'20 .... pratiquement pas de base solide de cultures vivrières. Ce fait 21 .... pour vous plus tard les remarques et les observations de 22 .... Antillais sur l'économie, le chômage et la pauvreté. Passons maintenant à un examen de 23 .... îles bien connues: la Guadeloupe et la Martinique.

ancienne	existe	expliquera	certaines
explorerons	certains	français	chaude
intégrante	considérera	menaçant	d'îlots
merci	désastre	métropolitaine	dévastateurs
réactivée	dominée	s'avance	tertiaire
essentiel	touristique	dominée	

coin infos

les départements et territoires d'outre-mer

Héritage de l'époque coloniale, les départements et territoires d'outre-mer ont le même statut ou un statut plus autonome que celui des départements et régions de la métropole.

Colonies françaises depuis le XVIIᵉ siècle, la Martinique, la Guadeloupe, la Guyane et la Réunion sont des départements d'outre-mer (DOM).

Si certaines colonies deviennent indépendantes entre 1958 et 1976, d'autres comme Saint-Pierre et Miquelon, Mayotte, la Polynésie française, Wallis-et-Futuna, la Nouvelle-Calédonie et les terres australes et antarctiques françaises (Terre Adélie, Iles Kerguelen . . .) demeurent ou deviennent des territoires d'outre-mer (TOM). Ce statut de collectivité territoriale leur donne plus d'autonomie par rapport à la métropole.

Tous ces DOM-TOM constituent des ensembles de populations variées d'origine européenne, africaine, indienne, chinoise, etc. aux relations parfois tendues (notamment en Nouvelle-Calédonie).

Leur situation économique est souvent difficile, en raison de l'insuffisance de leurs ressources. D'où un nombre important de chômeurs et de personnes assistées.

L'agriculture (banane, canne à sucre) est la principale activité, l'industrie est très peu développée (la Nouvelle-Calédonie possède cependant d'importantes mines de nickel).

Le tourisme progresse mais demeure insuffisant, aussi les DOM-TOM doivent-ils compter sur les aides et les subventions de la métropole et de l'Union européenne.

CONSOLIDATION

A consulter: Past participles as adjectives, p.195

Il y a un certain nombre de ces adjectifs dans le texte ci-dessus. Utilisez-les pour vous aider à rendre en français les phrases suivantes.

1 female players, grouped in teams of four
2 a little less detailed reports
3 films dominated by an excess of action
4 a threatening contribution
5 a solution sought by everybody
6 a discussion providing possible answers
7 an economy dominated by the fear of unemployment
8 an explanation implanted by the government

8.20 *La Guadeloupe des Guadeloupéens*

A Quelques Guadeloupéens parlent dans les bulles de leur île. Mariez les bonnes paires de bulles.

1 Mon grand-père, un négociant en vin bordelais, a épousé sa servante de couleur.

A Sur Grande-Terre il y a les monts ondulants et les plages langoureuses.

2 J'adore le contraste entre les deux îles. Basse-Terre a son volcan hautain et sa jungle ténébreuse.

B Maintenant, je comprends pourquoi. Dans l'inconscient collectif, le bois demeure synonyme de cases d'esclaves.

3 Vous savez, le très vieux maître des sucres Gardel est le dernier béké à croire dans la canne à sucre.

C Certains békés acceptent maintenant que leurs filles épousent des métropolitains.

4 Mais la vie change!

D J'ai toujours rêvé de m'installer ici, sur le lieu où ils se sont aimés.

5 Elle est capricieuse, la «vieille dame». Ça, c'est notre nom pour la Soufrière.

E Les autres se sont reconvertis dans le commerce ou l'import.

6 Quand j'ai commencé à renouveler les poutres de la vieille maison, on s'est demandé pourquoi.

F Personne ici n'a oublié la dernière éruption de 1976 qui a entraîné l'évacuation de toute la région.

la Guadeloupe

La Guadeloupe
La Martinique

•Caracas
VENEZUELA

- 1493: Cristóbal Colón (= Christophe Colomb) a découvert la Guadeloupe, qui se composait à l'époque de deux îles, Basse-Terre et Grande-Terre, séparées par un bras de mer. De nos jours les deux «îles» sont reliées par une étroite langue de terre. Basse-Terre est la plus grande et la plus montagneuse.
- 1635: La France a commencé sa colonisation de l'archipel.
- Situation: au centre de l'arc antillais
- Capitale: Pointe-à-Pitre dont la population est de 100 000 habitants
- Population: 392 000
- Statut: à la fois un département français et une région regroupant les îles de Saint-Martin, Saint-Barthélemy, la Désirade, Marie-Galante et les Saintes
- Avantages:

  1 sa situation géographique privilégiée pour les touristes:
  à 1½ h de vol de Caracas
  à 3 h de New York
  à 4 h de Mexico
  à 4 h de Montréal

  2 l'implantation des zones industrielles près des installations portuaires favorisant l'exportation

B Trouvez dans les bulles une phrase qui démontre . . .

1 une décision rare à l'époque.
2 une augmentation du taux de mariages entre Français métropolitains et Français guadeloupéens.
3 que la vieille industrie est en pleine disparition.
4 que Basse-Terre et Grande-Terre ne sont pas du même genre.
5 la persistance des souvenirs de la servitude des Noirs.
6 un certain degré de romantisme.
7 le pouvoir immense de la Soufrière.

Trois îles francophones:
2 La Martinique

8.21 *La mémoire des esclaves*

MARTINIQUE
TRACES D'ERRANCE

PAR PATRICK CHAMOISEAU

«NÉES DE TALONS NUS», LES «TRACES» SONT LA MÉMOIRE DES ESCLAVES. LE PRIX GONCOURT 1992 NOUS ENTRAÎNE SUR CES SENTIERS DANS UNE LANGUE EXUBÉRANTE COMME LA FORÊT TROPICALE.

EN «PAYS-MARTINIQUE», il y a les routes construites par les colons. Elles quittent les rivages, pénètrent dans les terres, relient les champs et sucreries, les moulins et les ports, les bourgs et les *habitations* – les plantations antillaises –, les villes et les forts. Elles sont là, bien visibles, asphaltées, éclairées, le plus souvent droites, à peine soumises aux bosselures de la topographie. Mais il y a aussi ce que nous appelons, ici, les *traces*. Ce sont de petites sentes erratiques, étroits chemins de boue, tortueux, petites pelades entrelacées à travers les *raziés*, ces fouillis d'herbes folles. Les maires d'aujourd'hui les ont cimentées, et elles sillonnent le «Pays-Martinique» dans un entrelacement d'immense toile d'araignée.

Les traces n'ont pas été faites par les colons. Elles proviennent de ceux qui n'ont pas laissé d'archives écrites. Ceux que l'on n'acclame pas dans les monuments ou sur les plaques commémoratives des grands-places et des rues. Les traces sont nées des talons nus des peuplades amérindiennes, très tôt exterminées, puis des nègres marrons qui, fuyant les plantations esclavagistes, se réfugièrent dans les hauteurs et dans les bois profonds. Elles gardent mémoire des immigrants venus de l'Inde et de l'Asie après l'abolition de l'esclavage et qui durent, eux aussi, tenter d'arc-bouter d'improbables racines dans ce sol étranger.

En suivant les routes, on s'abandonne à la trajectoire des colons européens, à leurs belles grands-cases békées et à la foule des monuments qu'ils nous ont laissés. Les dépliants regorgent de ces itinéraires, dont la logique est celle du voyage touristique. Une sorte de projection rectiligne qui traverse, impatiente, l'épiderme du pays: «J'ai vu, je sais et je repars». La logique des traces est celle de l'errance: on ne va pas vers quelque utilité, on va en contact disponible, on sent le visible et l'in-visible, on respire les lieux et les pierres, on devine les temps et les époques, on s'émeut, on s'agrandit de manière un peu mieux humaine. On entre en relation avec le total d'un pays. Quand j'ai compris cela, il m'est arrivé souvent pour moi-même, entre deux écritures, de traverser mon pays natal selon l'emmêlement des routes et des traces. Tous les peuples qui se sont retrouvés là m'accompagnent, chacun me soufflant à l'oreille ou au cœur un peu de sa présence, soupirs, rires et secrets.

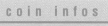

coin infos

la Martinique

La Guadeloupe
La Martinique

•Caracas
VENEZUELA

- Statut: DOM (département d'outre-mer, comme la Guadeloupe) depuis 1946
- Superficie: 1 102 km^2
- Population: 358 000 habitants
  97% Noirs et Métis
  1% Blancs créoles (békés)
  1% Indiens
  1% Blancs métropolitains
- Chef-lieu: Fort-de-France
- L'île est dominée par le volcan, Montagne Pelée.
  1902: Le volcan a détruit la ville de St-Pierre.
- Industries principales: bananes, sucre, rhum

A Trouvez dans le texte une autre façon de dire les phrases suivantes.

1 abandonnent le littoral
2 ondulations dans le terrain
3 chemins qui ne sont pas fixes
4 témoignage littéraire
5 vite effacées
6 nous rappellent les
7 chercher à implanter
8 se livre à la piste
9 débordent de
10 la surface du terrain

B *Questionnaire à choix multiples*

Relisez l'article, puis indiquez la bonne conclusion de chaque constatation: **a**, **b** ou **c**.

1 Les routes construites par les colons ...
  a longent la côte.
  b s'appellent les «traces».
  c tournent vers l'intérieur.
2 Ces routes sont ...
  a bien aménagées.
  b entretenues par les forçats.
  c en mauvais état.
3 Les traces ont une forme ...
  a aussi ...
  b plus ...
  c moins ... permanente qu'autrefois.
4 Les traces sont une sorte de témoignage du passé des ...
  a esclaves.
  b colons.
  c militaires.
5 Les Asiatiques sont arrivés aux Antilles ...
  a avant ...
  b avec ...
  c après ... les esclaves noirs.
6 Les itinéraires des traces ...
  a passent par des gorges.
  b abondent.
  c attirent la foule.
7 Dans les traces on peut sentir ...
  a les parfums exotiques.
  b l'émeute.
  c le passé.
8 L'auteur traverse la Martinique ...
  a en écrivant.
  b quand il n'écrit pas.
  c pour lire les écritures en route.

CONSOLIDATION

A consulter: Perfect and imperfect, pp.195–6

Ecrivez au passé la section du texte depuis «En suivant les routes ...» jusqu'à «... avec le total d'un pays.». De temps en temps vous aurez à choisir entre le passé composé et l'imparfait.

8.22 *L'esclavage aboli*

Chez les Français et surtout chez les Antillais français, le nom de Victor Schoelcher est connu et respecté par tout le monde pour son dévouement à l'abolition de l'esclavage.

A Lisez le petit rapport ci-dessous et trouvez les phrases qui indiquent que . . .

1 Schoelcher est honoré partout en Martinique.

2 Peut-être avec justification, on vénère moins l'Impératrice que lui.

3 La femme de l'Empereur venait d'une famille qui utilisait les Noirs comme main-d'œuvre.

4 Napoléon était moins égalitaire que les meneurs de la Révolution.

5 Haïti allait exercer une influence pionnière.

6 La section de la loi qui devait éradiquer la répression des Noirs ne fonctionnait pas.

7 Schoelcher s'applique avec dévouement à sa tâche.

8 Les esclaves commencent à avoir une vie à eux.

B Traduisez en anglais depuis «Dix-neuf ans d'un travail . . .» jusqu'à la fin de l'article.

Tandis que l'église des Trois Ilets et la Pagerie continuent à offrir les touchants souvenirs de l'Impératrice (dont son petit lit d'enfant), Victor Schoelcher, arrachant les esclaves à leurs chaînes en 1848, annonce d'autres temps: tous les villages des Antilles françaises l'honorent.

LE SOUVENIR DE SCHOELCHER

Schoelcher en rues, statues, monuments, lycée, bibliothèques. Pas un village qui n'honore son nom, d'une manière ou d'une autre. L'un d'eux, aux portes de Fort-de-France, se l'est même annexé tout entier comme parrain. Vénération discrète, mais éclatante ubiquité d'une mémoire que l'Histoire a faite, non sans raison, plus grande que Joséphine.

La Révolution française a aboli l'esclavage. Epoux d'une fille de planteur, Bonaparte l'a rétabli. Les Noirs de Saint-Domingue se sont révoltés et ont gagné. La première république noire du monde, Haïti, est proclamée en janvier 1804. «Maintenant que la roue s'est mise à tourner, écrit le gouverneur de la Barbade britannique à son ministre londonien, personne ne peut dire où et quand elle s'arrêtera».

Victor Schoelcher est arrivé aux Antilles en 1829 pour y vendre la porcelaine de son père alsacien. Ce qu'il voit, malgré le Code Noir, censé protéger les esclaves, le révolte. Dix-neuf ans d'un travail de missionnaire acharné le mèneront jusqu'en juillet 1848, où le gouvernement de la jeune république, conduit par Lamartine, qu'il a convaincu, signe son tout premier décret: l'esclavage sera entièrement aboli dans toutes les colonies et possessions françaises. Soixante-douze mille bêtes de somme deviennent d'un coup Français à part entière. Libres, et bien décidés à en profiter, ils s'échappent dans les campagnes et se lancent dans une existence qui leur appartient en propre.

CONSOLIDATION

A consulter: Past historic, pp.197–8

1 Mettez au passé simple tous les verbes dans l'article qui sont au passé composé, au futur ou au présent de narration.

Exemple: n'honore ⟶ n'honora

A consulter: Gender of nouns, p.184

2 Sans regarder de nouveau *Le souvenir de Schoelcher* ni consulter un dictionnaire, écrivez *un* ou *une* devant chacun des noms suivants qui figurent dans le texte:

monument	lycée	bibliothèque	village
vénération	mémoire	raison	esclavage
époux	planteur	république	monde
gouverneur	ministre	code	gouvernement
décret	colonie	coup	existence

Trois îles francophones:
3 La Réunion

DOSSIER · DOSSIER

Il ne faut pas croire que toutes les îles qui ont subi l'influence française se trouvent aux Antilles (regardez encore une fois la carte de la francophonie, à la page 3). Ecoutons maintenant Sabine, qui vient d'une île francophone en plein océan Indien – la Réunion.

8.23 *La Réunion vue par Sabine*

A Sabine Comorossami, jeune Réunionnaise, parle de son île. Recopiez en gros la carte et les cases qui l'entourent. Ecoutez les observations de Sabine et remplissez les cases.

| le créole |

| l'université |

Océan Indien

AFRIQUE

MADAGASCAR

Ile Maurice

La Réunion

| l'administration |

| le DEUG |

coin infos

la Réunion

- Situation: 193 km au sud-ouest de l'île Maurice
- Statut: DOM (département d'outre-mer) et région dans l'océan Indien
- Superficie: 2 510 km^2
- Population: 550 000
- Chef-lieu: St-Denis
- Exportations principales: sucre, tabac, parfum
- Industries qui se développent: le secteur tertiaire et le tourisme
- Problèmes majeurs:
  1 le manque de cultures vivrières
  2 le taux de chômage général (30 + %) et surtout parmi les moins de 25 ans:
    jeunes gens – 51%
    jeunes femmes – 65%

B Sabine parle du travail et du chômage à la Réunion. Complétez la grille ci-dessous avec de courtes phrases tirées de la discussion pour montrer ce qu'elle a dit sous les rubriques suivantes.

Le chômage		[2 points]
Les secteurs de travail		[3 points]
Les entreprises		[3 points]
Les jeunes		[5 points]
Les familles		[2 points]
Le RMI		[1 points]

8.24 *Quiz-Trois-Iles:*
Le jeu des vingt questions

Ecoutez la cassette et participez au quiz pour voir combien de choses vous vous rappelez sur la Guadeloupe, la Martinique et la Réunion.

La France dans le monde

Au cours de ces dossiers, on a vu que la France et les Français ont un rôle et une influence profonds dans le monde entier. Mais la France et les Français à leur tour reçoivent aussi, tout comme n'importe quel pays, des idées et des influences d'autrui et d'ailleurs.

8.25 *La France vit de la mondialisation*

Nous finissons cette unité en écoutant les paroles d'un expert, Jean-François Bayart, directeur du CERI (Centre d'études et de recherches internationales), qui nous explique son point de vue sur la France et la mondialisation.

Interviewer D'un bout à l'autre de la planète, on boit du Coca, on mange au Mac Do. La mondialisation va-t-elle **1** .... l'humanité, faire de nous des clones?

Jean-François Bayart Nous **2** .... les mêmes produits, mais pas de la même façon. **3** .... une Mercedes n'a pas la même signification pour un Allemand et pour un Nigérian. Le second **4** .... la voiture par un imam (dignitaire musulman). La voiture **5** .... dans son pays un prestige plus grand qu'en Allemagne. Elle **6** .... plus de voyageurs, elle **7** .... une histoire plus chaotique à cause de l'état des routes africaines … La mondialisation, c'est aussi la réinvention des différences d'un pays à l'autre, même à travers de simples biens de consommation.

Interviewer La mondialisation n'est-elle pas dirigée par les Etats-Unis?

Jean-François Bayart Il n'y a pas un foyer de mondialisation, mais plusieurs. Les Etats-Unis en **8** .... partie, l'Europe aussi. Le café espresso italien ou la baguette française **9** .... un peu partout. L'Asie orientale **10** .... un grand consommateur de cognac mais, ici encore, à sa manière. En France, le cognac **11** .... après le repas. En Chine, la bouteille **12** .... en mangeant. Sur un autre registre, un pays comme la Malaisie est un foyer de mondialisation. Dans la mesure où il **13** .... réussite économique et culture musulmane, le modèle malaisien est observé avec intérêt en Iran, par exemple. La mondialisation n'est pas un flux cohérent. Il y a des mondialisations de tout type: économique, financière, technique, religieuse …

Interviewer Aujourd'hui, les sociétés sont presque toutes organisées selon les règles du marché. Ne **14** .... -elles pas **15** .... par se ressembler?

Jean-François Bayart Le marché et le capitalisme ne **16** .... pas partout de façon identique. Même entre pays occidentaux, il y a des différences. En France, un responsable d'entreprise qui est critiqué **17** .... vite que son honneur est bafoué. D'où la difficulté à **18** .... en place des méthodes d'évaluation des cadres, par exemple. Aux Etats-Unis, c'est le principe du contrat qui **19** .... Il est normal pour un professeur d'université d'être noté par ses élèves. En France, c'est inconcevable. On **20** .... d'autres spécificités dans le capitalisme et l'organisation de la société en Asie. Par exemple, la diaspora chinoise **21** .... habilement .... les structures familiales pour faire des affaires. Il en **22** .... de même en Asie centrale ou en Afrique. Or qu'y a-t-il de plus spécifique à un pays que les relations familiales?

Interviewer Face à un monde qui **23** .... de plus en plus vite, la France ne **24** .... -t-elle pas d'être tentée de **25** .... à l'intérieur des frontières?

Jean-François Bayart D'abord, la France est bien armée face aux défis de la mondialisation. Elle **26** .... en quelques décennies et, aujourd'hui, c'est l'un des plus grands exportateurs de la planète. Elle **27** .... donc de la mondialisation. Et puis, le monde **28** .... toujours .... Nous n'avons pas à **29** .... entre, d'une part, la perte de notre âme dans la mondialisation et, d'autre part, le repli sur une identité française qui **30** .... éternelle. La culture d'un pays n'est pas fixe. Elle **31** .... sans cesse en «réinventant» à sa façon des apports étrangers.

A Remplissez tous les blancs dans la transcription de l'interview en trouvant les verbes qui manquent.

B Après avoir relu la transcription complète, expliquez <u>en anglais</u> les expressions suivantes.

1 d'un bout à l'autre de la planète
2 à cause de l'état des routes africaines
3 à travers de simples biens de consommation
4 il n'y a pas un foyer de mondialisation
5 à sa manière

6 sur un autre registre
7 selon les règles du marché
8 Qu'y a-t-il de plus spécifique à un pays?
9 face aux défis de
10 le repli sur une identité française

C *Face à face*

Voici un jeu de rôles structuré.

A Présentatrice/Présentateur de télévision.
B Expert(e) sur la mondialisation.

Ayant décidé vos rôles, préparez et suivez le fil de conversation ci-dessous, en utilisant le langage et les idées dans l'interview pour vous aider.

A veut savoir l'étendue de la mondialisation dans le pays de B.
B donne des exemples.
A demande une liste des choses dans le pays de B qu'on a déjà mondialisées, comme le café espresso italien ou la baguette française.
B donne des exemples.
A veut savoir comment on voit les USA dans le pays de B.
B donne des exemples pratiques de l'influence américaine.
A demande des exemples de l'influence de la France chez B.
B donne une liste d'exemples.
A voudrait savoir ce que le pays de B pourrait faire pour maximiser son influence sur le plan mondial.
B cite plusieurs foyers de mondialisation où son pays a un rôle à jouer.

CONSOLIDATION

A consulter: Comparatives and superlatives, pp.191–2

1 Trouvez dans le texte les équivalents français des phrases suivantes.
   a a greater standing
   b more travellers
   c a more chaotic (hi)story
   d what is more specific than . . . ?
   e more and more quickly
   f one of the largest exporters
2 Maintenant, soyez contestataire! Exprimez en français le contraire de chaque phrase ci-dessus.
3 Changez les courtes phrases suivantes, en y ajoutant en français l'idée entre parenthèses, exprimée en anglais.
   a de simples biens de consommation   (*less simple*)
   b un grand consommateur   (*one of the most . . .*)
   c une réussite étonnante   (*as . . .*)
   d une culture profondément musulmane   (*more . . .*)
   e le modèle rigide   (*the most . . .*)
   f les structures familiales   (*most . . .*)
   g un flux cohérent   (*the least . . .*)

8.26 *Travail de synthèse*

Ecrivez une composition de 300 mots sur «le français dans le monde», en utilisant n'importe quelles idées imprimées dans les diverses sections de l'unité. Pour ne pas purement emprunter ces idées aux textes, et pour leur apporter une saveur personnelle, utilisez aussi des expressions dans la *Case-phrases*.

CASE-PHRASES

J'ai appris que . . .
Mlle X a dit que . . .
Selon un commentateur/une commentatrice . . .
Je suis d'avis que . . .
Il me semble que . . .
Selon toute évidence . . .
Il va sans dire que . . .
(Pour) autant que je sache, . . .
Un sondage récent révèle que . . .
J'ai lu dans la presse que . . .
Monsieur Y a montré comment . . .
C'est mon opinion que . . .
J'ai l'impression que . . .
Les faits suggèrent que . . .
Il est évident que . . .
Il est évident que . . .

Study Skills for Advanced French

Effective listening

When you listen with understanding, you use the same basic skills as in reading. You **scan, select, discard, contextualise** and **match**, as described for reading on pages 174–5. So far, so good. These skills will take you far, but, before you can employ them when you listen to French, your ear has to make sense of the mass of sound entering it.

Unlike when reading, the English speaker's ear is at a disadvantage with spoken French, because of the different way in which English is produced. When we speak English, we use what is called a *tonic stress*. English beats like a drum in a band or orchestra, whereas French glides like a trombone in a piece of syncopated jazz. That is one reason why French speech can sound very sexy.

The other reason relates to the nasal quality of French. The *glide* of French gives it its intonation, but it's the *nasal* vowels *an/en/in/on/un* or, in certain circumstances, *am/em/im/om/um*, that give it its characteristic sound. An excellent French teacher, a Mr Bill Price, once put those vowels together in the sentence *Prends un bon vin blanc!* It will help you with your listening if you can commit this little sentence to memory and think nasal, because it is the nasal sounds which tend to get lost. When you have the feeling, which we all do at times, that a word or part of a word has simply gone missing somewhere between the speaker and you, it will most likely be a nasal vowel which is responsible. So, it is worth repeating that the golden rule is 'Think nasal'!

However, there are other traps for the ear (*traquenards*). Below is a checklist of the major difficulties. Keep it close by for reference, and every time you have a listening assignment, check everything you miss or half-hear against it. You should soon be much more confident about your listening.

Les traquenards de l'écoute: tableau de vérifications	
Point	**Exemples**
voyelles nasales	*vin[gt], en compte, quant à*
élisions (*d', l', m', n', qu', t', s'*)	*d'entrer, l'angoisse, m'en servir, n'ont rien vu, il faut qu'on parte, je t'envoie, s'en souvient*
liaisons	*quand on, quant à, pas encore, dans un*
chiffres/nombres/numéros	*40, 400 40 et ¼*
abréviations/sigles	*CE, CGT, BCBG, TGV, RU, resto, Catho*
inversions	*toujours est-il, aussi avons-nous, peut-être est-ce*
verbe + préposition	*vous permet . . . de recevoir, j'ai à vous parler*
é ou *ais* (*ait/aient*)?	*dansé* ou *dansais?* *devraient contribuer*
au subjonctif	*il faut qu'on ait, quel(le) que soit*

Tune in!

To attune yourself to French, watch French films, watch French TV and tune in to French radio. Don't expect to understand much at first, but get used to the sound, try to pick out key words, and you will gradually find that more of it makes sense. Your teacher may be able to lend you tapes of francophone singers – ideally with the lyrics.

Effective reading

Almost all of you, following an advanced French course, will be good readers of your own mother tongue. You will probably not even realise that you may have excellent reading skills, far in advance of the average. You will apply these skills almost naturally without thinking about them as you bring them into use. Yet they will have been learned and developed, usually during your primary school career, then further extended during your time at secondary school.

You will not be aware that you **scan** and **select, discard, contextualise** and **match** words, phrases and sentences as a matter of course.

When it comes to reading French, you will maximise your potential, just as you did in your first language, by being aware of the skills you can use and develop, and by applying them consciously every time you have to read for understanding.

Scanning and selecting

When you first look at a text, avoid the temptation to read right through, trying to look up and understand every word as you go. Instead, *scan* through the whole text, or perhaps the first section, to get a general ideal of what it's all about. To help yourself scan, get used to *selecting* series of *key words* or *phrases*. These words and short phrases will give you an initial feel of the drift of the article.

Discarding

The ability to discard unnecessary language from a statement is one of the easiest reading skills to develop. When we put together our thoughts, either in spoken or written form, we use a great number of what are called 'fillers',

words or expressions which fill out the sentence without affecting the basic, underlying meaning. If when you come across a complex sentence, you do the opposite and *discard* non-basic items from the sentence, it will be very much easier to make sense of what you read.

> **Study skills tip**
> Start a list of fillers in your vocabulary book (or wherever else you keep your French notes) and keep adding to it through the months ahead. Then, if you start thinking 'filler!' each time one of them pops up in a reading text, it will help your understanding greatly, because you will be consciously removing it from the clutter and revealing the base sentence.

Contextualising

When you *contextualise*, you simply put a word, phrase or sentence in its context. Another term for it might be 'educated guesswork'. Take, for instance, the first family description ("On les reconnaît de loin … ") in section 1.1, page 6. The meaning of *ne décanille pas* may not be immediately obvious to you, but, if you have worked out from the earlier part of the text that the family are addicted to their electronic screens, then you can apply that information to this case and work out that *ne décanille pas* means something like 'can't leave (it) alone', 'can't tear himself away from'. This is your way in.

Matching

Matching is probably the most common skill you develop when you extend your reading powers in French, and it functions whenever you match a word or expression with something from your first language. Speakers of mother-tongue English have an advantage here over Dutch, German and Scandinavian people: as much as 80 per cent of our abstract vocabulary is identical with or similar to what we read on the French page, since intellectual English is based on French and/or Latin.

The problem is that meaning and usage will have changed since the French kings ruled the British Isles. So words which look identical may often have a somewhat different meaning nowadays. If we learn to make suitable adjustments of meaning, it should, therefore, be possible for us to match almost all of the abstract French vocabulary we encounter with what we know in English.

Read around

- Read French newspapers and magazines whenever you have the chance. *Le Parisien* is a particularly useful one.
- Use the Internet to read on-line newspapers.
- Try some *bandes dessinées* (BD) such as Astérix, Tintin, etc.
- Subscribe – or see whether your teacher could take out a class subscription to, e.g, *Le Journal des Enfants* or *Phosphore.*
- Use the Web, starting with *http://www.yahoo.fr*

Effective speaking

Pronunciation and intonation are important, not only for making yourself understood but also because they communicate your respect for the Francophones you talk with.

The *Coin accent – prononciation* and *Coin accent – intonation* sections in each unit will help you to achieve your target. No one is asking you to speak with a perfect French accent, but you can sound reasonably French if you apply yourself by continually listening and practising. Above all, if you can get to a French-speaking country during your course, this will put the seal on your efforts.

As you work through the various *Coins*, try hard to imitate the speakers who are the same gender as you and tape yourself, so that you can hear where your sounds are not quite accurate and also where you are doing well. The following small pointers should also help you:

1 Speak reasonably quietly, don't shout.
2 Speak calmly, trying to control the sound that comes out.
3 Think of yourself as a different person when you speak French.
4 As a consequence, try to have a different French voice from your English one.
5 Remember each time that you speak that there are two elements to the sound of what you say – pronunciation and intonation. Try to hear them separately and to work on both.
6 Ask your teacher/*assistant(e)*/francophone friend to tell you the weak and strong points of your pronunciation and intonation.
7 Find a French voice which you really like and gradually learn to sound like it.
8 If you are male, lower your voice as far as is comfortable when you speak.
9 French sounds sexy. Without going overboard, try to sound sexy when you speak French. Then, as you improve, tone down the sultriness!

To help you improve your conversation skills right from the beginning of the course, on pages 178–9 are some lists of expressions for saying *oui/non/ peut-être*. During the next few weeks, your teacher will introduce some supplementary speaking activities to allow you to begin to speak with real confidence and to have great fun in the process.

Presenting and discussing a topic

Many of you will have a topic to present and discuss during your oral exam. If you carry out the suggestions in the key points below, you will be in a good position to get the best possible results.

Preparation: four key points

1 Choose a topic which is of personal interest to you. You are much less likely to talk well about something you find boring.
2 Choose a topic that is not too difficult or wide-ranging for you to prepare. If you feel that the themes suggested by your teacher are a little beyond you, do not be afraid to ask for another topic, or make suggestions of your own. Your teacher will be pleased that you want to do the job properly. Large numbers of students could perform much better in the oral exam, simply by choosing a more appropriate topic. However, be warned: avoid GCSE topics such as 'your holidays'. Check the topics indicated in your syllabus; these may give you ideas.
3 Whatever your topic, make sure you learn the 80–100 key words that underpin it. If necessary, ask your teacher or a friend to test you on that vocabulary, since, apart from Point 2 above, lack of the key language is the main reason for failing to do justice to yourself in the oral test.
4 Practise your presentation and general topic material in pairs, with one partner interviewing the other.

Taking up a definite stance on an issue

1 If your syllabus requires you to take up a definite stance on a specific issue you have chosen, you need the appropriate language to put a case logically and to express a variety of agreement and disagreement. The *Cases-phrases,* e.g. on pages 89, 151, 164 and 173, will help you to do this.
2 Remember to relate the theme you have chosen to the target country and culture. For example, if you decided to discuss *le tabagisme en France* then *France* is a key word just as much as *tabagisme*. A *generalised* preparation on the problems associated by you with cigarette-smoking cannot possibly allow you to do well. Sample cases, problems, statistics, press sources **must** relate to France.
3 Remember, also, that because you are defending a particular point of view, the examiner may seem rather contrary, not to say difficult. It is quite easy for you to forget that the examiner is playing a rôle, via which he or she gives you some opposition, and for you to see that opposition as a personal attack on you. It is not!

Speaking about texts

Your syllabus may require you to speak about one or more texts in **English**. This exercise has certain pitfalls. If you are aware of these, it will help you to perform well in the exercise.

Dos and don'ts:

1 Avoid the most common error of technique, which is to try to provide a French *translation* of the set passage(s), when what is required is communication in French of the main ideas.
2 Instead, be ready to paraphrase and to put key ideas more **simply** than in the text, especially if the style of the writer is very deep, wordy or flowery.
3 Avoid the temptation to try to pack everything in when you talk about the text. This leads to a loss of any sort of spontaneity.
4 Instead, start by taking a careful look at what you are asked to do and underline or highlight on your test paper the key points you must communicate.
5 Make sure you work these points into your side of the conversation, whether or not the examiner mentions them.

Interpreting

If your oral exam includes an interpreting task, remember that professional interpreting is such a demanding set of skills that would-be interpreters go to special courses or colleges in order to learn! So you can be confident that you are not going to be asked to function like a professional after a few terms in the Sixth Form.

Points to remember:

1 If you always try to render the exact equivalent of what one speaker has said to another, you are liable to lose your composure at some time during the task.
2 Instead, do not be afraid to give an approximate rendering, if you are not sure of the right vocabulary, expression or grammar to use.
3 Part of the skill of interpreting is to be able to communicate the speakers' mood or reactions, albeit in a neutral or tactful manner, since your personality should not influence directly the dialogue between the two principals and the way it develops.
4 So, if one speaker is very pleased with the situation, do not be afraid to communicate some idea of her/his positive feelings. If, on the other hand, a speaker is angry, it will be more helpful for you to tone down this anger in your interpretation, with expressions such as *Mme David a un petit problème avec . . . ! M. Bergson trouverait peut-être difficile d'accepter ça.*
5 When students first start practising interpreting tasks, many assume that it is going to be much easier working from French to English than the other way round. This is frequently not the case.
6 So, keep an open mind and don't enter the task with the preconceived notion that the French-to-English side of the dialogue will be easier. All sorts of factors such as mood, attitude, precise statements, generalisations will affect the ideas you have to interpret. If you retain an open mind as to the balance of the task, you are so much more likely not to falter through an attack of nerves brought on by an exaggerated notion of the level of difficulty.

Le béni-oui-oui

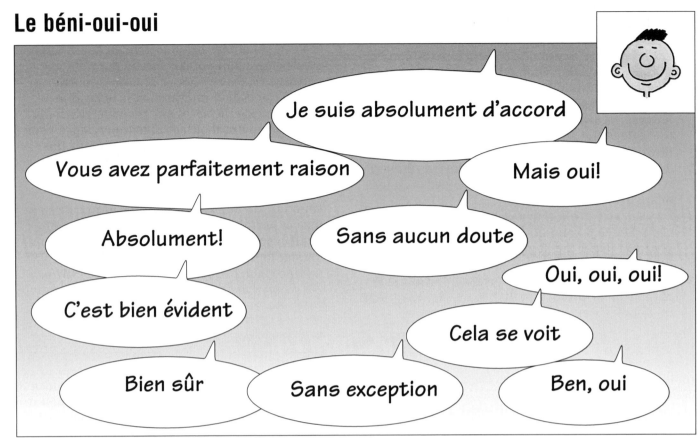

Pour être contestataire!

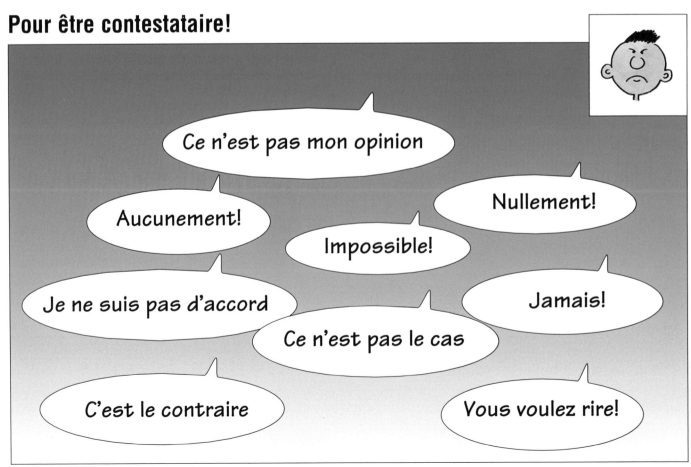

Ménager la chèvre et le chou!

Paraît-il

Ce n'est pas décidé

Oui et non

C'est une possibilité

Impossible de savoir

Je trouve difficile de juger

Dans le meilleur des mondes

Comme vous voulez

Ça pourrait être le cas

Ça dépend

Rendre coup pour coup

C'est dans la nature des choses

Tu veux rire!

Qu'est-ce que tu es (drôle)!

Pour qui me prends-tu?

Je me défends

A d'autres!

Autrefois

Elle/Il a de l'allure!

Dans la mesure du possible

Nous sommes tous partis du même fumier

(Pour) autant que je sache

C'est dans mes compétences

Dans mon enfance

Il faut un peu de tout pour faire un monde

Tu divagues!

Pour être (bête), tu es (bête)!

On ne discute pas des goûts et des couleurs

Ton copain dans la merde!

Effective writing

The following general pointers and checklists should help you maximise your writing potential as you work through the course. Use the following tips to extend and improve your written French:

1 Keep a vocabulary book in which you note all new words and phrases that you come across in your work. Include noun genders, notes on irregular plurals and similar key details, not just isolated words.

2 Use the new items when you speak and write, as soon as you can after noting them.

3 Re-use in future assignments key phraseology on which your teacher has already passed favourable comment.

4 If you try to express a complicated idea by translating it direct from English, guessing at how you are to put it across in French, your work is liable to be full of errors. Instead, when you write in French, use and adapt what you have seen and heard from French speakers via text and tape.

5 Spend five to ten minutes checking any piece of work for errors on completion, before you hand it in. Use the checklist on page 181 to scan for individual categories of error during those five or ten minutes.

General practical writing tips
The following tips are based on examiner's guidelines, so they are worth following!

- Write on alternate lines. The extra space between the lines will allow you to see your own errors more clearly and to make neater alterations.
- Get into the habit of crossing out errors with a single line. This will help your work to look as neat as possible.
- For important tests, assignments and exams, use an ink (not a ball-point) pen to maximise your neatness.
- Unless you have a medical condition related to your hands, do not use pencil for written assignments.
- When you start your fair copy, write on alternate lines.

Writing essays
If your French essay is to receive a good mark, it needs to achieve three equally important things:

1 to be a **relevant** response to the question asked;

2 to be argued in a structured, **well-organised** way;

3 to be grammatically **accurate**.

It's quite a challenge to keep focused on all three points, but if you use the following list of guidelines you will soon develop good essay habits and raise the level of your writing.

Make a plan and keep it relevant
1 Think about different possible points of view in response to the question and jot down key points for each.

2 Decide whether you favour one particular opinion: jot down reasons why and evidence to support your view.

Write in a structured way
1 Start with an **introductory paragraph** – not too long – setting out why the subject is important and the possible responses to the question.

2 Write the **main part** of the essay, which should be around two-thirds of the total piece:

- deal first with the points of view you find less convincing, saying why, backed up with evidence/examples
- now put forward your own views on the question, backing them up with evidence/examples

3 Write your concluding paragraph – again, not too long.

- refer to the title to show you are still sticking to the question
- make it clear whether you are strongly in favour of one particular response or whether you feel there is equal merit on both sides and are leaving it to your readers to decide for themselves. It is sometimes appropriate to end with one of the following:
  – a question to take the debate a stage further
  – a quotation to sum up your point of view.

Check your grammatical accuracy

Spend at least ten minutes (in an exam) or an hour (if it is coursework) checking the accuracy of your work before you hand it in. Use this checklist.

Nouns and pronouns
- check the gender

Adjectives
- have you made them feminine and/or plural where necessary?

Verbs
- have you used the right tense?
- have you used the right ending to go with the subject?
- for perfect tenses, check your choice of *être* or *avoir* and make sure that past participles agree where necessary
- watch out for irregular forms – you can check them in the back of your dictionary or in the back of this book

Accents
- ´ ` ^ ¨ and *ç*: check they are all in place

Negatives
- *ne . . . pas/jamais/que/plus* – make sure they all have their second half in the right place

Qui/Que
- make sure you have chosen the right one

Prepositions
- make sure you have chosen the right one

Inversions
- remember that you need to invert and add hyphens (and sometimes a **t**):
- after direct speech: *"Vous croyez?"* demanda-t-il.
- after starting a sentence with *peut-être, aussi,* etc.: *"Peut-être pourrait-on dire que . . ."*

Writing formal letters

You are probably already reasonably confident about writing informal letters to French friends. However, for writing more formal letters to a person you don't know or in a business context, there are certain conventions you need to follow, as explained on the right.

---

1 125 Springfield Avenue
Rutland
Bartingham
BE12 3LX
Grande-Bretagne
0044 1234 654321

2/3 Société Protectrice des Animaux
39 Boulevard Berthier
75847 Paris Cedex 17
France

4 A Bartingham, le 17 mars 2001

5 Madame/Monsieur

6 Objet: Informations sur les expériences sur les animaux en France

7 Je suis étudiante en terminale au collège de Rutland à Bartingham dans le comté du Bartshire en Grande-Bretagne. J'étudie le français comme matière principale et j'ai décidé de faire un Travail d'Etude et de Recherche sur les animaux qui souffrent à cause d'expériences scientifiques. La réputation de votre organisation dans ce domaine est établie et c'est la raison pour laquelle je vous écris. Mon travail ne serait pas complet, et serait très difficile, sans vous impliquer.

En conséquence, j'ai l'honneur de solliciter quelques minutes de votre temps afin que vous puissiez m'envoyer tous documents ou brochures qui seraient susceptibles de m'aider.

Par avance je vous sais gré de votre collaboration et vous assure que votre contribution sera mentionnée comme il se doit.

Ci-joint un coupon-réponse international pour l'affranchissement de votre réponse.

8 Je vous prie de croire, Madame/Monsieur, à ma sincère reconnaissance et à mes sentiments distingués.

Sarah Foster

Sarah Foster

---

1 Put your own address top left.

2 Next, on the right, put the name of the person you are writing to, if you know it. Remember to include *Monsieur* or *Madame*.

3 Next, on the right below the name, put the address of the person you are writing to.

4 Next, on the right below the name and address, put the name of your town and the date. Remember that the months do not have capital letters, and the date needs *le*, e.g. *le 23 mars 2001*.

5 Next, on the left, open your letter by writing one of the following:
- if you know you are writing to a man, put *Monsieur*
- if you know you are writing to a woman, put *Madame*
- if you are writing to an organisation and not to an individual, put *Madame/Monsieur*
- Do NOT include the person's name here
- Do NOT include *Cher* or *Chère* unless you already know the person quite well.

6 State very briefly what your letter is about: *Objet: . . .*

7 Next, the text of the letter, divided into paragraphs for clarity.

8 Finally, sign off with one of the standard French phrases for ending a letter. These are longer and more formalised than in English.
- For 'Yours faithfully' (letter to an organisation when you are not addressing an individual), say: *Je vous prie d'agréer, Messieurs, l'expression de mes sentiments distingués.*
- For 'Yours sincerely' (formal letter to an individual), say: *Croyez, Madame/Monsieur, à l'expression de mes sentiments respectueux.*

Written coursework

Coursework presents an excellent opportunity for you to write enthusiastically and imaginatively on topics in which you are genuinely interested, with fewer pressures on you than in the traditional exam room.

Types of assignment

Before you start to choose your topic themes, remember that it should be possible for you to produce assignments which include any of the following:

1 essays on literary texts
2 essays on drama texts
3 social, economic, historical and topical discussions
4 biographies
5 newspaper and magazine-type reports and reviews
6 film reviews, commentaries and analyses
7 radio and television discussions/programmes
8 your own personal experiences in the target country/countries (underpinned by French-language materials germane to your topic)
9 diary extracts as if written by one of the characters in a book/film, etc.
10 dialogues/interviews as if spoken by characters in a book/film, etc.

First golden rule: focus on *la francophonie*

Whatever your choice of topic, follow the golden rule and make sure that the majority of what you write relates specifically to the target country. Generalised discussions, such as those on smoking, drugs, alcohol, where all the written material discusses problems, solutions, philosophical issues with little or no reference to France/Quebec/Algeria, etc., will score much more poorly than they would have, had you included many concrete examples set in *la francophonie* to illustrate your points.

Variety of themes within your class group

Your chances of success will be greatly helped if you avoid writing on exactly the same topics or themes as other people within your teaching group. If several members of your class choose to write on exactly the same sub-topic, the following unfortunate patterns occur:

- Large differences of ability within the group show themselves very clearly to the examiner or moderator, since you will tend to make use of similar and sometimes identical material and ideas. Weaker candidates' ways of expressing those ideas will be more obviously faltering and contain shakier language which the examiner can easily compare with that of the stronger candidates.
- There will be relatively little freshness about the work produced within the group.
- It will be difficult to avoid even accidental collaboration with fellow students, which is nearly always spotted by the examiner.
- There is likely to be a rush towards deadline-time, to find some different material from that of others in the group. This can produce chaos.

Second golden rule: choose a topic you like

All of the unfortunate circumstances we have just looked at can easily be avoided, if you choose topics which you, personally, like or for which you have a genuine interest. Examiners and moderators are all agreed that when candidates write about something that has meaning for them, results are so much better. So, choose topics you actually like. Your enthusiasm and affection will mean that you put more hard effort into them, with results to match.

Checklist

When you plan and complete each piece of work, go through the checklist below:

I have ...

1 chosen a subject that is relevant .....✓.....
2 incorporated all the points to support my title .....✓.....
3 acknowledged my sources in a bibliography at the end .....✓.....
4 used footnotes, where necessary .....✓.....
5 used factual knowledge to give concrete examples of my main ideas .....✓.....
6 made frequent reference to French-speaking countries and people .....✓.....
7 shown genuine enthusiasm for my subject .....✓.....
8 made sure I have not committed plagiarism .....✓.....

Using dictionaries

You will maximise your progress during your course if you develop really effective dictionary skills. Here are some practical guidelines on how to take your dictionary skills to advanced level.

Which kind of dictionary?

In *Tout droit!* we suggested that, beyond GCSE, you should initially work with a bilingual (French–English and English–French), dictionary and work towards using a monolingual (French–French) dictionary. To become more at ease with the French–French resource, train yourself to look at the explanation of the item in a monolingual dictionary after you have found out from the French–English what the word means, using a monolingual dictionary for at least half the time by the half-way point of your course.

Seven key points

Attention to these basic pointers will make it much easier for you to learn your way around the dictionary.

1   The most important thing is to know what kind of word (part of speech) you are dealing with. The abbreviations accompanying the target word in the dictionary will normally tell you.

Abbr.	French	English
adj	*adjectif*	adjective
adv	*adverbe*	adverb
inf	*infinitif*	infinitive
nf	*nom féminin*	feminine noun
nfpl	*nom féminin pluriel*	plural feminine noun
nm	*nom masculin*	masculine noun
nmpl	*nom masculin pluriel*	plural masculine noun
prép	*préposition*	preposition
v	*verbe*	verb
vi	*verbe intransitif*	intransitive verb
vt *or* vtr	*verbe transitif*	transitive verb

2   A sentence is built around the verb. If you identify the verb first, it will help you make sense of the whole statement. Verbs in the dictionary are in their infinitive form, whereas in the passage you are reading or listening to they will occur in a variety of different persons and tense forms. For instance, when you read section 1.9 you will come across these verb forms among others (the infinitives are given in brackets):

souffre (souffrir), veux (vouloir), connu (connaître), remis (remettre), s'en rend compte (se rendre compte de, which will be listed under **r**), *voie (voir), pourrait (pouvoir),* etc.

3   Remember that *-ment* at the end of a French adjective usually turns it into an adverb, whose English equivalent will normally (but not always) end in **-ly**. However, be careful, because *-ment* can also be a noun ending and occasionally a verb ending. Spot the noun and the verb in the following list:

tellement, seulement, médicament, vraiment, fréquemment, entament

4   A capital letter in the middle of a sentence – e.g. in section 2.1: *Pas-de-Calais, Valenciennes* – tells you that the word is a proper noun. So it may not be in your dictionary. However, you will at least know that you are dealing with the name of a place, person, animal, organisation, etc. With a listening passage, of course, you cannot see the capitals but if you hear a mysterious word, it could be the name of someone or somewhere. You will probably be right at least half the time.

5   English speakers have a great advantage when dealing with French, since over 70 per cent of our own intellectual or abstract vocabulary came from our French conquerors after 1066 and from the common Latin they brought along with them. (German, by comparison, is over 70 per cent different!)

- French nouns with the following endings often have similar English equivalents:
- *-tion* or *-sion* (e.g. *conversation, version*).
- *-ment* (e.g. *appartement*)
- *-age, -ance* or *-ence* (e.g. *cage, élégance, apparence*)
- *-aire* often gives *-ery/-ary* (e.g. *secrétaire*)
- *-eur* often gives *-or* (e.g. *docteur*)
- *-el* often gives *-al* (e.g. *personnel*).

6   However, be careful when making assumptions. Words which look similar to English ones may have different meanings in English. In section 1.8, for example, what is the meaning of *populaire, envie, insensible, marches, compagne, refusé, occupé*?

7   Many words have several meanings. For example, Annie Ernaux's mother is *d'origine populaire*, but 'popular origin' makes no sense. The dictionary may have given 'popular' as the first meaning of *populaire*, but you need to look further to the second meaning – working-class – for the true meaning.

Grammar reference

1 *Nouns*

1.1 *Gender of nouns (naming words)*

1.1.1

In French there are two genders, *masculine* and *feminine*. An animate noun (a person or animal) normally takes the gender corresponding to the sex of the creature or person referred to:

un chien (m)   *une chienne* (f)
un conducteur (m)   *une conductrice* (f)

Note Many nouns referring to animals have only one gender:

un papillon, un serpent, une souris, une tortue, une girafe

1.1.2

Other than for people and most animals (see 1.1.1), there is no relationship between the gender of a noun and the notion of sex. Thus, with a concrete object or abstract notion, the gender will simply be grammatical, often without any apparent rhyme or reason:

un *foulard* but ***une*** *écharpe* (= two sorts of scarf)
la *religion* but ***le*** *communisme*

1.1.3

Since it is grammar which determines the gender of nouns, there are certain noun endings which are generally either masculine or feminine. The main ones are:

Generally masculine endings
-(i)er
-et
-t
-eur
-age (two syllables +)
-ment (two syllables +)

Examples: *fermier, gibier, berger, verger, projet, rejet, chat, contrat, menteur, proviseur, courage, marécage, froment, serment.*

Generally feminine endings
-e
-té
-ée
-ère
-ière
-erie
-ette
-ion
-tion

Examples: *ferme, marche, bonté, santé, chaussée, cheminée, commère, manière, épicerie, camaraderie, fillette, gestion, station.*

There are, however, exceptions to every rule. It is worth writing up in your vocabulary book the exceptions you come across for each ending. Without any doubt, the nouns which cause most difficulty are those ending in **-e**, but which are masculine. Here is a short list of the most common of these:

acte, adverbe, beurre, caractère, casque, centre, cercle, chèque, chiffre, cimetière, cirque, coffre, collège, commerce, compte, conte, contrôle, costume, derrière, dialogue, disque, divorce, domaine, doute, drame, évêque, exemple, fleuve, foie, génie, genre, groupe, incendie, kiosque, lycée, magazine, malaise, manque, masque, massacre, mélange, mensonge, meuble, monde, monopole, musée, nombre, organe, parapluie, pétrole, peuple, pique-nique, pôle, portefeuille, principe, proverbe, refuge, règne, remède, reste, rêve, réverbère, ridicule, risque, rôle, royaume, sable, service, sexe, siècle, signe, silence, singe, songe, squelette, stade, style, symbole, texte, timbre, triomphe, type, ulcère, véhicule, verbe, verre.

1.2 *Plural of nouns*

As in English, the great majority of nouns form their plural with the ending **-s**:

des députés, des rats, les maisons, les circonstances

There are, however, modifications and exceptions to this general rule; major ones are noted overleaf.

1.2.1

Nouns which end in **-s**, **-x** or **-z** in the singular do not change in the plural:

une fois → des fois

Nouns ending in **-(e)au** or **-eu** add an **-x** in the plural:

un chapeau → des chapeaux
un feu → des feux

Exceptions: *bleus/landaus/pneus.*

The plural of nouns ending in **-al** is **-aux**:

un cheval → des chevaux

Exceptions: *bals, carnavals, chacals, festivals, récitals, régals.*

1.2.2

There are some nouns ending in **-ail** and **-ou** whose plurals are **-aux** and **-oux**:

bail → baux; soupirail → soupiraux;
travail → travaux; vantail → vantaux;
vitrail → vitraux;

bijou → bijoux; caillou → cailloux; chou → choux;
genou → genoux; hibou → hiboux; joujou → joujoux;
pou → poux

1.2.3

There are some very common nouns which are only used in the plural:

les alentours, les ciseaux, les devoirs (homework),
les échecs (chess), *les environs, les fiançailles,*
les frais, les funérailles, les lunettes, les mœurs,
les pourparlers, les vacances

1.2.4

Proper nouns can be singular or plural:

la France, les Alpes, les Etats-Unis

Family names traditionally have no **-s** in the plural:

les Martin, les Cauchi-Martin, les Dumas

1.2.5

Compound nouns form their plurals by adding the plural ending to the logical element(s):

une pomme de terre → des pommes de terre
un arc-en-ciel → des arcs-en-ciel
un coupe-papier → des coupe-papier
un porte-avions → des porte-avions
un chou-fleur → des choux-fleurs

un coffre-fort → des coffres-forts
un sourd-muet → des sourds-muets

Note
Monsieur → Messieurs
Madame → Mesdames
Mademoiselle → Mesdemoiselles

1.3 *Articles*
1.3.1

The use of the indefinite article (= a/an)
The indefinite article is used with an abstract noun + adjective:

*avec **une** douleur incroyable*	with incredible pain
*une femme d'affaires d'**une** ambition indisputable*	a businesswoman with definite ambition

Where English uses the indefinite article simply to indicate a person's job, nationality, rank or religion, French leaves it out:

Elle est infirmière.	She's a nurse.
Il est Ecossais.	He's a Scot.
Elle était adjointe.	She was a deputy mayor.
Sa mère n'est pas catholique.	Her mother is not a Catholic.

But, if the job, nationality, etc., is accompanied by an adjective, then the indefinite article is used, as in English:

C'est une infirmière impeccable.	She's a first-class nurse.
C'était une adjointe expérimentée.	She was an experienced deputy mayor.

The article is also left out after verbs like *créer, devenir, élire, mourir, naître, nommer, rester*:

Il est devenu chirurgien.	He became a surgeon.
Françoise a été élue députée.	Françoise was elected an MP.

1.3.2

The partitive article: *du/de la/de l'/des*
This article is used to indicate a certain (vague) quantity and corresponds to the English 'some'. It is a combination of *de* and the definite article.

*Il faut **du** temps pour se décontracter.*	You need (**some**) time to relax.
*Je faisais **de la** gymnastique.*	I used to do (**some**) gymnastics.
*Lisez **des** bouquins scientifiques.*	Read (**some**) scientific books.

Note In English, the word 'some' is often omitted. The French equivalent always has to be put into the sentence.

The partitive article is just *de* when:

a an adjective comes in front of a plural noun:

*Il a **de** grands pieds.*
*Nous sommes **de** bons amis.*

Except when the adjective and the noun are so closely associated as to belong together: *des petits pois, des jeunes gens*.

b it is used in a negative phrase:

*Je n'ai plus **de** pain.*
*Il n'y a pas **de** filles ici.*

Exceptions: statements starting with *ce n'est pas/ce n'était pas/ce ne sera pas*, etc.

Examples: *Ce n'est pas **de la** confiture de fraises.*
*Ce n'était pas **du** meilleur goût.*

2 *Pronouns*

2.1 *Personal pronouns*

2.1.1

A pronoun takes the place of a noun in a phrase or sentence. The form of the pronoun depends on whether it is the subject of the sentence or the object (direct or indirect).

		subject	direct object	indirect object
singular	1st person	*je*	*me*	*me*
	2nd person	*tu*	*te*	*te*
	3rd person	*il/elle*	*le/la*	*lui*
plural	1st person	*nous*	*nous*	*nous*
	2nd person	*vous*	*vous*	*vous*
	3rd person	*ils/elles*	*les*	*leur*

Examples:

Je me présente.   *je* = subject;
                me = direct object
Je les aime tous.   *je* = subject;
                les = direct object
Elle t'envoie une photo.   *elle* = subject;
                t' (te) = indirect object

Je voudrais leur parler.   *je* = subject;
                leur = indirect object
Ça lui fera plaisir.   *lui* = indirect object
Vous me la donnez.   *vous* = subject;
                me = indirect object;
                la = direct object

2.1.2

Emphatic pronouns are used:

a after prepositions;
b in order to emphasise or draw attention to a person or thing.

singular	1st person	*moi*
	2nd person	*toi*
	3rd person	*elle, lui*
plural	1st person	*nous*
	2nd person	*vous*
	3rd person	*elles, eux*

*Je t'envoie une photo **de moi**.*   I'm sending you a photo **of me**.
*C'était insupportable **pour eux**.*   It was unbearable **for them**.
***Toi**, tu es difficile!*   **You** are difficult!
***Lui**, il était toujours en retard!*   **He** was always late!

2.1.3

The pronoun *on*
On is always the subject of the verb and has the following two uses:

a as the equivalent of the English pronoun 'one' (= you/someone)

On refers to people in general:

***On** doit manger et boire pour vivre.*   **One** must eat and drink to live.
***On** y est tranquille.*   **One/You** can be quiet there.

or to an indefinite person:

***On** sonne.*   **Someone's** ringing.
***On** vous demande.*   **Someone's** asking for you.

or it is used in a form of the passive:

*Ici **on** parle allemand.*   German (is) spoken here.

b as an equivalent of the pronoun *nous*

When *on* is the equivalent of *nous* in casual speech, the **verb** is in the 3rd person singular, but the **adjective** or the past participle acts as if it were with *nous*:

*On **va** au cinéma.*	We're going to the cinema.
*On **est** toujours venu**s** ici.*	We always came here.
*On **est** complice**s**.*	We're in it together.

Note When *on* is the object of the verb, it changes to *vous*:

*Ça **vous** aide à comprendre.*	That helps **one/people** to understand.

2.1.4

En and *y* have two uses:

a as adverbial pronouns, the equivalent of the English 'from (out of) there/(to) there'

*J'**en** suis revenu hier.*	I came back **from there** yesterday.
*Elle **en** est sortie.*	She has come out **of there**.
*J'**y** vais.*	I'm going **(to) there**.
*Je l'**y** ai rencontrée.*	I met her **there**.

b as personal pronouns, representing *de* or *à* + noun

*Parlons-**en**!*	Let's talk **about it**. (*parler **de***)
*J'**y** pense.*	I'm thinking **about it**. (*penser **à***)

2.1.5

Object pronouns are placed immediately in front of the verb (even in a negative expression: *il la voit, il ne la voit pas*).

If there is more than one object pronoun, they are placed in front of the verb in the following order:

me				
te	le	lui		
nous	la	leur	y	en
vous	les			
se				

The only exceptions are positive commands, where object pronouns follow the verb, with a hyphen between verb and pronoun:

*Regarde-**la**! Allez-**y**!*

In such commands, *me* and *te* become *moi* and *toi*, except when they are followed by *y* or *en*:

*Parle-**moi**! Lève-**toi**! Va-**t**-en!*

If there are several object pronouns (this rarely happens), they come after the verb as follows:

	nous			
le	vous			
la	lui			
les	leur	y	en	
	moi (m')			
	toi (t')			

*Donne-**m'en**!*
*Apporte-**le-nous** ici!*

If the command is negative, the normal order of pronouns applies:

*Ne **me le** dis pas!*

2.2 Qui/que/où/dont
2.2.1

The relative pronoun *qui* (who/which/that) is the subject of the verb:

*Un quatre-pièces **qui** appartient à mes enfants.*	A four-room flat **which** belongs to my children.
*Une boum **qui** s'achèvera très tard.*	A party **that** will finish very late.
*Ecoutez Anne-Sophie **qui** vous parle.*	Listen to Anne-Sophie, **who** is talking to you.

2.2.2

The relative pronoun *que* (whom/which/that) is the direct object of the verb. It is shortened to *qu'* before a vowel, whereas *qui* is never shortened.

*C'est un livre **que** vous avez adoré.*	It's a book **that** you adored.
*Pourquoi sortir avec un garçon **qu'**on n'aime pas?*	Why go out with a boy **whom** you don't like?

2.2.3

Où indicates place:

*La boum **où** je l'ai vu.*	The party **where/at which** I saw him.

Note *Où* and *que* can also indicate **when** something happened/may happen:

*Le jour **où** ...*	The day **when/on which** ...

*Le jour **où** tu as accepté mon invitation ...*

The day **on which** you accepted my invitation ...

*Un jour **que** ...*
*Un jour **que** je flânais dans les rues ...*

One day **when** ...
One day **when** I was wandering round the streets ...

2.2.4

Dont is a relative pronoun corresponding to the English 'of which/of whom/whose'.

*... **dont** le nombre est variable*

of which the number varies

*un ami **dont** je connaissais la sœur*

a friend **of whom** I knew the sister (= whose sister I knew)

*l'expérience **dont** parle le livre*

the experience **of which** the book is talking (= the experience the book is talking about)

*J'ai acheté cinq livres, **dont** deux sont rares.*

I bought two books, **of which** two are rare.

2.3 Possessive pronouns

A possessive pronoun takes the place of a noun which has already been mentioned. It changes according to:

- the person of the owner;
- the gender and number of the thing/person possessed.

The English equivalents are 'mine'/'yours'/'hers'/'ours', etc.

Possessive pronouns are as follows:

Possessor	Object possessed			
	singular		plural	
	masculine	feminine	masculine	feminine
je	le mien	la mienne	les miens	les miennes
tu	le tien	la tienne	les tiens	les tiennes
il/elle	le sien	la sienne	les siens	les siennes
nous	le nôtre	la nôtre	les nôtres	
vous	le vôtre	la vôtre	les vôtres	
ils/elles	le leur	la leur	les leurs	

*Le chien de Jean est plus beau, mais **le mien** est plus intelligent.*

John's dog is nicer looking, but **mine** is more intelligent.

*Quel appartement – **le nôtre** ou **le sien**?*

Which flat – **ours** or **his/hers**?

2.4 Demonstrative pronouns

2.4.1

Demonstrative pronouns indicate and replace nouns which have already been mentioned. The English equivalents are 'this one'/'that one'/'those'/'the ones'. In French, they are formed as follows:

singular		plural	
masculine	feminine	masculine	feminine
celui	celle	ceux	celles

*Quelle voiture? – **Celle** de Claire.*

Which car? – **That** of Claire (= Claire's).

*Je préfère **ceux** (les vins) de la Loire.*

I prefer **those** from the Loire.

2.4.2

When they need to be more precise, demonstrative pronouns often add *-ci* and *-là* and are the equivalent of the English 'this one (here)'/'those (there)', etc.

*Quelle robe vas-tu prendre? – **Celle-ci**.*

This one (here).

*Qui sont les coupables? – **Ceux-là**.*

Those (over) there.

Note These compound forms very often have a second meaning, corresponding to the English 'the latter'/'the former'.

On choisit Carmen ou Ghislène?
***Celle-ci** est plus expérimentée.*

The latter is more experienced.

J'aime lire Stendhal et Camus.
***Celui-là** est du 19ᵉ siècle.*

The former is from the 19th century.

2.5 Negative pronouns, adjectives and adverbs

In addition to *ne ... pas* there is a whole range of negative expressions using *ne*:

Pronouns, adjectives

ne ... aucun
ne ... nul
ne ... personne
ne ... rien

Adverbs

ne ... aucunement
ne ... guère
ne ... jamais
ne ... nullement
ne ... plus
ne ... point
ne ... que

A negative pronoun or adjective may be the subject or the object of the verb. If it is the subject, it comes at the beginning of the clause.

Personne ne sait comment.	**No one** knows how.
*Je n'ai vu **personne**.*	I saw **no one**.

Negative pronouns, adjectives and adverbs take the place of *ne ... pas* in the sentence.

*Elle **ne** sortait **plus** seule.*	She **no longer** went out alone.
*Elles **n'**ont **plus** de problèmes.*	They have **no more** problems.
*Il **n'**était **point** d'accord.*	He did **not** agree **at all**.

3 *Adjectives*

3.1 *Agreement of adjectives*

An adjective gives information about a noun. In French, an adjective agrees in gender and number with the noun to which it refers. Normally, the adjective adds the ending **-e** in the feminine and **-s** in the plural.

un grand plaisir	*une grande soirée*
son meilleur film	*les meilleures chances*

3.2 *Adjectival endings*

3.2.1

The adjectives *beau/nouveau/vieux* end in **-el/-eil** in front of a masculine noun beginning in a vowel or a silent **h**.

un bel ami
le nouvel an
un vieil hôtel

These adjectives form their masculine plural with the ending **-x**.

de beaux amis
les nouveaux livres
de vieux amis

3.2.2

Adjectives ending in **-al** in the masculine singular form their plural with **-aux**:

un devoir familial → des devoirs familiaux
un ordre général → des ordres généraux

3.2.3

There are certain masculine endings which change noticeably in the feminine form.

beau → belle
nouveau → nouvelle
fou → folle
mou → molle
vieux → vieille

Adjectives ending in **-er** change to **-ère** in the feminine.

cher → chère

Adjectives ending in **-f** change to **-ve** in the feminine.

neuf → neuve

Adjectives ending in **-s** change to **-se** in the feminine, with the exception of *bas, épais, gras, gros* and *las* which double the **-s** and add **-e**.

gris → grise
gras → grasse
bas → basse

Adjectives ending in **-x** form their feminine singular with **-se**:

heureux → heureuse

Exceptions are: *fausse, rousse* and *douce*.

Adjectives ending in **-el, -eil, -en** and **-on** double the final consonant in the feminine.

cruel → cruelle
pareil → pareille
ancien → ancienne
bon → bonne

All adjectives ending in **-et** double the final consonant in the feminine, with the exception of *complet, discret, inquiet* and *secret*, where the ending becomes **-ète**.

coquet → coquette
complet → complète

Adjectives ending in **-ot** form the feminine with **-ote**, with the exception of *boulot, pâlot, sot* and *vieillot* which double the **-t**.

idiot → idiote
pâlot → pâlotte

Adjectives ending in **-c** form their feminine with **-che** or **-que**.

franc → franche
public → publique

Certain adjectives form their feminine with the help of a special suffix: **-euse** (for most adjectives ending in **-eur**) and **-trice** (for many adjectives ending in **-teur**).

menteur → menteuse
indicateur → indicatrice

A certain number of feminine adjectives have special forms which need to be learned.

long → longue
frais → fraîche
favori → favorite
malin → maligne

3.2.4

Masculine adjectives ending in **-s** stay the same in the masculine plural.

un chapeau gris → des chapeaux gris

Masculine singular adjectives ending in **-e** stay the same in the feminine singular.

un jeune homme → une jeune femme

3.3 *Position of adjectives*
3.3.1

In French, some adjectives come in front of the noun, but the majority come **after** the noun.

l'amour excessif
leurs plats favoris
une destination précise
mes origines italiennes

3.3.2

There are a small number of frequently used adjectives which are normally placed **in front of** the noun. For the most part, these adjectives are very short, being of one or two syllables. The most common are:

beau	joli	sot
bon	long	vaste
grand	mauvais	vieux
gros	meilleur	vilain
haut	moindre	
jeune	petit	

un long séjour
un vaste terrain
mes meilleurs amis
une jeune employée
la meilleure solution
les moindres problèmes

3.3.3

Certain adjectives may be placed in front of **or** after the noun. They change meaning according to their position. The most common of these adjectives are explained below:

un ancien élève	a former pupil
un bâtiment ancien	an ancient building
un brave homme	a good chap
un soldat brave	a brave/courageous soldier
un certain nombre	a certain (unspecific) number
un succès certain	a definite success
ma chère amie	my dear friend
un cadeau cher	an expensive present
la dernière fois	the last (final) time
l'année dernière	last (the previous) year
de grands artistes	great artists
un homme grand	a tall man
une haute idée	a noble (elevated) idea
une tour haute	a high (tall) tower
un honnête homme	a decent man
une opinion honnête	an honest opinion
la même idée	the same idea
l'idée même!	the very idea!
le pauvre chat	the poor cat
une famille pauvre	a poor family
ma propre invention	my own invention
une assiette propre	a clean plate
de pure fantaisie	pure (sheer) fantasy
de la neige pure	pure snow
mon unique espoir	my only (sole) hope
je suis fils unique	I'm an only son/child

3.4 *Interrogative adjectives:* quel(s)/quelle(s)

The interrogative adjectives *quel(s)/quelle(s)* agree in gender and number with the noun they describe and are formed as follows:

	masculine	feminine
singular	*quel*	*quelle*
plural	*quels*	*quelles*

Quelle *a été ta réaction?*	**What** was your reaction?
Quels *sont tes passe-temps?*	**What** are your hobbies?
Quelles *idées a-t-il énoncées?*	**What** ideas did he express?
Quel *toupet!*	**What** a cheek!

3.5 *Demonstrative adjectives:* ce, cet, cette, ces

These adjectives are **demonstrative**, that is, they point out or emphasise the noun referred to, and are the equivalent of the English 'this'/'that'/'these'/ 'those'. They agree in gender and number with the nouns they describe and are formed as follows:

	masculine	feminine
singular	*ce/cet*	*cette*
plural	*ces*	*ces*

Note In front of a masculine noun beginning with a vowel or silent **h**, *cet* is used instead of *ce*.

*Je n'aime pas **ce** genre de film.*	I don't like **this/that** kind of film.
*J'étais intéressé par **cet** instrument.*	I was interested in **this** instrument.
*dans **cette** région*	in **this** region
***ces** démonstrations impulsives*	**these** impulsive demonstrations

3.6 Tout/toute/tous/toutes

The adjective *tout* agrees in gender and number with the noun it describes and is the equivalent of the English 'all'/'every'.

*On peut **tout** lire, voir **tous** les films, participer à **toutes** les conversations.*	One can read **everything**, see **all** the films, take part in **all** the conversations.
***toute** ma vie*	**all** my life
***tous** les membres de la famille*	**all** members/**every** member of the family
***tous** les jours comme ça*	**every** day like that

Note *Tout* is often used as an adverb corresponding to the English 'completely'/'quite'/ 'totally'. When *tout* is used in this way there is no agreement.

*Elle a parlé **tout** gentiment.*	She spoke **quite** kindly.
*Ils ont parlé **tout** honnêtement.*	They spoke **totally** honestly.

3.7 *Possessive adjectives:* mon, ma, mes, *etc.*

A possessive adjective shows the owner. It agrees in gender and number with the noun it describes. The forms of the possessive adjectives are:

	singular		plural
	masculine	feminine	
1st person singular (*je*)	*mon*	*ma*	*mes*
2nd person singular (*tu*)	*ton*	*ta*	*tes*
3rd person singular (*il/elle*)	*son*	*sa*	*ses*
1st person plural (*nous*)	*notre*	*notre*	*nos*
2nd person plural (*vous*)	*votre*	*votre*	*vos*
3rd person plural (*ils/elles*)	*leur*	*leur*	*leurs*

***mon** prof d'anglais*	**my** English teacher
***ma** sœur*	**my** sister
***mes** camarades*	**my** schoolfriends
***ses** défauts*	**her/his/its** faults
***vos** parents*	**your** parents
***notre** nouvelle rubrique*	**our** new column
***leur** émission théâtrale*	**their** theatre broadcast

Note In front of a feminine noun beginning with a vowel or a silent **h**, *mon, ton, son* are used instead of *ma, ta, sa*.

***mon** enfance*	**my** childhood
***ton** épreuve*	**your** exam
***son** absence*	**his/her/its** absence

3.8 *Comparatives*

There are three types of comparative statement:

- inferior comparison (= the idea of **less**)

*Il est **moins** intelligent (**que** Nadine).*	He is **less** intelligent (**than** Nadine).

- equal comparison (the idea of **as ... as**)

*Nous avons une équipe **aussi** efficace (**que** l'autre).*	We have **as** efficient a team (**as** the other).

- superior comparison (the idea of **more ... than**)

*C'est une solution **plus** acceptable (**que** leur suggestion).*	It's a **more** acceptable solution (**than** their suggestion).

Thus, if we wish to make a comparison, all we have to do is to place *moins/aussi/plus* in front of the adjective we wish to modify and *que* in front of the noun or pronoun with which the comparison is being made.

3.9 *Superlatives*

Superlatives convey the idea of 'most'/'least'. To put something in the superlative, we put the definite article (*le/la/l'/les*) or a possessive adjective (*mon/ma/mes*, etc.) in front of *plus* or *moins*.

*C'était **le/son moins** grand succès.*	It was **the/his least** great success.
*Les circonstances **les plus** difficiles.*	**The most** difficult circumstances.

Note   As in English, *bon* and *mauvais* are irregular in the comparative and the superlative:

	comparative	superlative
bon	*meilleur*	*le/la/les meilleur(e)(s)*
mauvais	*pire*	*le/la/les/pire(s)*

*C'était **une meilleure** collègue.*	She was **a better** colleague.
*Nous nous trouvons dans **les pires** difficultés.*	We find ourselves in **the worst** of difficulties.

4   *Adverbs*

An adverb tells you **how** an action is carried out.

*Parlez **lentement** s'il vous plaît!*
*Elle a répondu **franchement**.*
*Il habitait **toujours** là.*

4.1 *Types of adverb*

Adverbs give you information about the **time**, the **manner**, the **place** or, occasionally, the **cause** of the action. In English, they frequently end in **-ly**. In French, they often end in **-ment**, which is normally added to the feminine form of the adjective to form the adverb.

time	manner	place	cause
rarement	*facilement*	*là*	
régulièrement	*ainsi*	*partout*	*pourquoi*

4.2 *Adverbial phrases*
4.2.1

French often uses a noun or a noun + adjective to avoid an adverbial form.

noun	noun + adjective
avec condescendance	*d'un air déçu*
sans patience	*d'une façon admirable*

4.2.2

French avoids using strings of adverbs which tend to weigh down the sentence. Instead of:

totalement stupidement	totally stupidly

the natural French would be:

avec une stupidité totale	with total stupidity

4.3 *Position of adverbs*
4.3.1

The adverb is normally positioned **after** the verb (or the auxiliary verb) which it modifies.

*Elle atteignait **graduellement** son but.*	She was **gradually** achieving her aim.
*Elle a parlé **honnêtement** de sa difficulté.*	She talked **honestly** about her difficulty.
*Il avait **complètement** négligé de le faire.*	He had **completely** omitted to do it.

4.3.2

When an adverb modifies an adjective or another adverb, it is normally placed before this adjective/adverb.

*une décision **totalement** illogique*	a **totally** illogical decision
*un ami **toujours** fidèle*	an **ever**-faithful friend

4.3.3

There is a small number of adverbs which, when used at the start of a sentence, cause the verbs which follow them to be inverted. The most common of these are *encore*, *rarement* and *ainsi*.

Il a repris ses études. Encore faut-il qu'une fac l'accepte.	He has resumed his studies. It still remains for a college to offer him a place.
Rarement lisait-il les journaux.	He rarely read the papers.
Ainsi conclut-elle son discours.	This was how she finished her speech.

4.4 *Comparative and superlative adverbs*
4.4.1

Like adjectives, adverbs may have:

• comparative forms:

> ***plus** correctement*
> ***aussi** correctement*
> ***moins** honnêtement*

- superlative forms:

    le plus correctement
    le moins honnêtement

4.4.2

Since the adverb is not adjectival, the word *le* in the superlative form is invariable, i.e. it never changes for a feminine or plural subject, but always stays the same.

*Elle chantait **le** plus doucement qui soit.*
*Ils travaillaient **le** plus dur possible.*

4.5 Plus que/plus de; moins que/moins de

4.5.1

Plus que/moins que

To express the ideas 'more than'/'less than', French uses *plus que/moins que*.

*Elle est **plus** intelligente que son ami.*	She is **more** intelligent **than** her friend.
*Peut-être **moins** souvent que toi.*	Perhaps **less** often **than** you.

4.5.2

Plus de/moins de

Plus de/moins de are used with a number.

*Ils ont **moins de** quinze joueurs.*	They've **fewer than** fifteen players.
*Il y avait **plus d'**une centaine d'élèves.*	There were **more than** a hundred or so pupils.

5 Conjunctions

A conjunction is a joining word which acts as a link between clauses or ideas. Here is a list of the main conjunctions you need to be able to recognise and use.

à cause de	because of
à mesure que	(in proportion) as
ainsi que	as also, like
alors que	whereas
aussi bien que	as well as
depuis que	since (= from the time that)
donc	so, then (= therefore)
en raison de	because of
or	now (beginning a paragraph or part of a story)
ou bien	or else
ou ... ou	either ... or

pendant que	while (= during the time that)
pourtant	however, yet
puisque	seeing that, since (= because)
quand (bien) même	even if + (conditional)
que	replaces *comme, lorsque, quand* to avoid their being repeated in a second clause
tandis que	whereas, whilst (= contrast)
toutefois	however, nevertheless
vu que	seeing that, since

6 Verbs

6.1 Present

6.1.1

The great majority of verbs belong to three types which are probably very familiar to you. The verbs in these three types always use the same endings. The endings used to form the present tense are shown in the table below.

aimer (type 1)		finir (type 2)		vendre (type 3)	
j'	aim**e**	je	fin**is**	je	vend**s**
tu	aim**es**	tu	fin**is**	tu	vend**s**
il elle	aim**e**	il elle	fin**it**	il elle	vend
nous	aim**ons**	nous	fin**issons**	nous	vend**ons**
vous	aim**ez**	vous	fin**issez**	vous	vend**ez**
ils elles	aim**ent**	ils elles	fin**issent**	ils elles	vend**ent**

Note In all tenses, verbs ending in **-cer** add a cedilla (**ç**) to the **c** in front of an **a** or an **o**.

*Le travail commen**çait** à huit heures.*

Verbs ending in **-ger** add an **e** between the **g** and an **a** or an **o** in all tenses.

*Dans le temps on man**geait** trop de viande rouge.*

6.1.2

More than 90% of the verbs you will use are perfectly regular. There remain approximately 8%, which are irregular in the present tense. To help you, we have included these verbs in the table on pages 203–8.

6.1.3

When an action which started in the past is still going on in the present, French uses the present, usually with *depuis*.

J'étudie le français depuis cinq ans.

I **have been studying** French **for** five years.

6.1.4

The narrative or dramatic present

In French, in order to communicate the dramatic nature of a past event (especially in a personal conversation or in the press), the present is often used instead of the past, to make the description more dramatic.

*Je **me promène** dans la rue, je **fais** un peu de lèche-vitrines, quand il m'**aborde**, **demande** de l'argent et me **menace**!*

I **was walking** along the street **doing** a bit of window-shopping, when he **came up** to me, **demanded** money and **threatened** me!

6.2 *Imperative*

6.2.1

The **imperative** is mainly used to express:

- an order (*Tais-toi!*)
- a prohibition (*N'insistez pas!*)
- an exhortation (*Essayons une dernière fois!*)
- a request (*Ne me laisse pas seul!*)
- a wish (*Soyez les bienvenus!*)

6.2.2

Generally speaking, the imperative, which can only exist in the present, uses the present tense of the verb, without any mention of the subject.

	aimer (type 1)	finir (type 2)	vendre (type 3)
2nd person singular	aime	finis	vends
1st person plural	aimons	finissons	vendons
2nd person plural	aimez	finissez	vendez

(tu) Sors de la cave!
(nous) Ne restons pas ici!
(vous) Mangez moins!

Note   Type 1 verbs (= **-er** verbs, including *aller*) lose their **-s** in the command form of the second person singular.

Range la chambre!
Parle-lui plus gentiment!
Va au lit!

But   *Aller* keeps the **-s** of the second person singular when followed by *y*: *Vas-y!*

6.2.3

Avoir, être and *savoir* have a special imperative form.

	avoir	être	savoir
2nd person singular	aie	sois	sache
1st person plural	ayons	soyons	sachons
2nd person plural	ayez	soyez	sachez

Aie confiance! Ne soyons pas bêtes! Sachez la vérité!

6.3 *Reflexive verbs*

6.3.1

In general, a **reflexive verb** is one in which the person or thing doing the action does it to him/her/itself.

*Je **m'**habille avec soin.*
*Ils veulent **se** sentir libres.*

6.3.2

The verb is accompanied by a **reflexive pronoun** belonging to the same person as the subject of the verb.

je	**me**	rappelle
tu	**te**	rappelles
il/elle/on	**se**	rappelle
nous	**nous**	rappelons
vous	**vous**	rappelez
ils/elles	**se**	rappellent

6.3.3

The verb is **reflexive**:

- when the subject suffers the action him/her/itself:
  *Je **me** rase à sept heures et demie.*

- when the action occurs between two or more subjects:
  *Vous **vous** opposez sans cesse.*

- as a way of expressing a passive action:
  *Le vin **se** boit frais.*

- with certain verbs which need an object pronoun to complete their sense:
  Il s'est précipité du balcon.

6.4 *Perfect* (le passé composé)

6.4.1

The perfect is used for expressing past actions of which we can see the beginning or the end. These actions often follow on from one another.

*Je **me suis levé**, j'**ai mis** mes vêtements, j'**ai pris** un petit café. Puis, je **suis allé** au travail.*

6.4.2

The perfect is also used as the equivalent of the **perfect tense** in English. It is formed in a similar way to the English, using *avoir* as an auxiliary, where English uses *have*:

*Elle **a** fini.*	She (**has**) finished.
*J'**ai** vendu ma vieille bagnole.*	I(**'ve**) sold my old banger.

6.4.3

For the most part, the perfect is formed from the present tense of the auxiliary *avoir* followed by the **past participle** of the verb.

aimer (type 1)		finir (type 2)		vendre (type 3)	
j'**ai**	aimé	j'**ai**	fini	j'**ai**	vendu
tu **as**	aimé	tu **as**	fini	tu **as**	vendu
il/elle/on **a**	aimé	il/elle/on **a**	fini	il/elle/on **a**	vendu
nous **avons**	aimé	nous **avons**	fini	nous **avons**	vendu
vous **avez**	aimé	vous **avez**	fini	vous **avez**	vendu
ils/elles **ont**	aimé	ils/elles **ont**	fini	ils/elles **ont**	vendu

6.4.4

Some intransitive verbs (verbs which do not take a direct object) use the auxiliary *être* NOT *avoir* in the perfect tense. They are:

aller	*venir*
arriver	*partir*
entrer	*sortir*
descendre	*monter*
rester	*tomber*
naître	*mourir*

plus their compounds, of which *rentrer* and *revenir* are the most familiar. They can be listed as six pairs of opposites (as above), making them easier to remember.

Note All reflexive verbs form their perfect tense with *être*.

6.4.5

The past participle of a normal *être* verb agrees with its subject in gender and number.

je suis	*allé(e)*
tu es	*venu(e)*
elle est	*montée*
il est	*descendu*
on est	*entré(e)(s)*
nous sommes	*sorti(e)s*
vous êtes	*resté(e)(s)*
elles sont	*parties*
ils sont	*montés*

However, the past participle of a reflexive verb agrees with the **reflexive pronoun** and only if it is a **direct object**. As this is the case nine times out of ten, there is no problem, since it looks as if the past participle is agreeing with the subject, just like one of the ordinary *être* verbs in 6.4.4.

Elle s'est habillée.
Ils se sont lavés.
Elles se sont levées.

However, if the reflexive pronoun is an **indirect object**, there will be no agreement, and the past participle may look incomplete to you.

*Elle **s'**est promis un petit cadeau.*
*Ils **se** sont parlé.*
*Elles **se** sont envoyé des lettres.*

6.4.6

Past participles are often used as adjectives. These participle adjectives must agree with their subject just like any other adjective.

un homme expérimenté
une présidente respectée
les pays développés
deux personnes bien connues

6.4.7

Certain past participles are used as nouns. These **participle nouns** are masculine or feminine, singular or plural, according to the gender and number of the subject.

un(e) employé(e)
un(e) délégué(e)
les nouveaux arrivés

6.4.8

The past participle of a verb formed with *avoir* **never** agrees with the subject.

Elles ont été là.

Instead, it agrees in gender and number with a **preceding direct object**.

*Quant à Sylvie, ses parents **l'**ont gâté**e**.*
*Des **livres** que vous avez emprunté**s**.*

6.5 *Imperfect*

6.5.1

The **imperfect** is different from the perfect tense (the *passé composé*, see 6.4) and the past historic (the *passé simple*, see 6.8). Sometimes called the 'used to/was tense', it is the tense of:

* past description
  *Il **était** moins gras à l'époque.*

* interrupted action in the past
  *Je **me maquillais** quand il a téléphoné.*

* repetition in the past
  *Tous les soirs je **devais** couper du bois.*

* past habit
  *Je **faisais** de la gymnastique.*
  *C'**était** l'époque où j'**adorais** sortir.*

6.5.2

We use the imperfect when we can see neither the beginning nor the end of the action, or the series of actions. Compare:

*Le Premier ministre Major **gouvernait** pendant la guerre du Golfe.*
*Le Premier ministre Thatcher **a gouverné** onze ans.*

In the first sentence the verb is in the imperfect, since the action of governing was in the process of happening and had not been completed. In the second, we are talking about a completed action. **Imperfect = incomplete.**

6.5.3

The imperfect is easy to form. The imperfect stem of every verb is the same as the stem of the first person plural of the present tense.

	aimer (type 1)	finir (type 2)	vendre (type 3)	avoir
je	aim**ais**	finiss**ais**	vend**ais**	av**ais**
tu	aim**ais**	finiss**ais**	vend**ais**	av**ais**
il/elle/on	aim**ait**	finiss**ait**	vend**ait**	av**ait**
nous	aim**ions**	finiss**ions**	vend**ions**	av**ions**
vous	aim**iez**	finiss**iez**	vend**iez**	av**iez**
ils/elles	aim**aient**	finiss**aient**	vend**aient**	av**aient**

The only exception is *être*:

être	
j'	ét**ais**
tu	ét**ais**
il/elle/on	ét**ait**
nous	ét**ions**
vous	ét**iez**
ils/elles	ét**aient**

6.6 *Pluperfect*

6.6.1

The **pluperfect** relates a past action, which happened before another past action. In English, it is often called the 'had tense'.

*Céline a aperçu l'agent que nous **avions rencontré** devant le café.*	Céline spotted the policeman, whom we **had met** in front of the café.
*J'ai compris que tu **étais montée** là-haut.*	I realised that you **had gone** up there.

6.6.2

The pluperfect is formed by using the **imperfect** of the *avoir/être* auxiliary together with the **past participle** of the verb.

auxiliary = *avoir*			
j'	avais	rencontré	I had met, etc.
tu	avais	rencontré	
il/elle/on	avait	rencontré	
nous	avions	rencontré	
vous	aviez	rencontré	
ils/elles	avaient	rencontré	
auxiliary = *être*			
j'	étais	monté(e)	I had climbed, etc.
tu	étais	monté(e)	
il/elle/on	était	monté(e)(s)	
nous	étions	monté(e)s	
vous	étiez	monté(e)(s)	
ils/elles	étaient	monté(e)s	

6.7 *Future*

6.7.1

The **future** indicates the time to come. In English, it is often called the 'shall/will tense'. In French, this tense is relatively easy to form. With verbs of Types 1 and 2, we add the endings of the present tense of *avoir* to the **infinitive** of the verb.

	aimer (type 1)	finir (type 2)	
je/j'	aim**erai**	fin**irai**	I shall/will love/finish, etc.
tu	aim**eras**	fin**iras**	
il/elle/on	aim**era**	fin**ira**	
nous	aim**erons**	fin**irons**	
vous	aim**erez**	fin**irez**	
ils/elles	aim**eront**	fin**iront**	

Note   The future is formed in the same way for Type 3 verbs. The only difference is that you have to remove the **e** from the infinitive before adding the *avoir* endings.

	vendre (type 3)	
je	vend**rai**	I shall/will sell, etc.
tu	vend**ras**	
il/elle/on	vend**ra**	
nous	vend**rons**	
vous	vend**rez**	
ils/elles	vend**ront**	

S'il est difficile, je **contacterai** *la police.*
L'équipe **finira** *par gagner le championnat.*
Ils lui **rendront** *l'argent prêté.*

6.7.2

There are a certain number of very common verbs with an irregular future **stem**. The endings are exactly the same as for regular verbs. Below is a short list of the most commonly used irregular futures.

j'aurai	I shall/will have
j'enverrai	I shall/will send
il faudra	it will be necessary
je ferai	I shall/will do/make
j'irai	I shall/will go
il pleuvra	it will rain
je saurai	I shall know
je serai	I shall/will be
je tiendrai	I shall hold
il vaudra	it will be worth
je viendrai	I shall come
je verrai	I shall see
je voudrai	I shall want/like

There are many others which can be found in the verb tables on pages 203–8.

Note   If the adverbs *quand* and *lorsque* have a future sense, they are followed by the future tense.

… quand l'un ou l'autre **paiera**	… when one or the other pays
Je viendrai lorsque tu **décideras**.	I shall come when you decide.

Compare:

Quand je paie les billets, il me dévisage.	When(ever) I pay for the tickets, he stares at me.

Here, the verb is in the present, because there is no future sense.

6.7.3 Future perfect

If you want to describe something that 'will have happened', you need the future perfect tense. It works in a similar way to the ordinary perfect, except that *avoir* and *être* have to be in their future tense form:

Quand est-ce que tu **auras fini** *tes devoirs?*	When will you have finished your homework?

Watch out for the following sentence structure in French: notice that you need to use the future in the first part of the sentence, and the future perfect in the second part.

Ils **pourront** *aller au cinéma quand ils* **auront fait** *la vaisselle!*	They can go to the cinema when they've done the washing up!

6.8 *Past historic* (le passé simple)

6.8.1

The **past historic** is the literary equivalent of the perfect tense (the *passé composé*) and is only used in written language. It is sometimes used in journalism, but is more common in novels and short stories. The *tu* and *vous* forms are very seldom used.

6.8.2

The three types of verb form the past historic as follows:

	aimer (type 1)	finir (type 2)	boire (type 3)
je/j'	aim**ai**	fin**is**	b**us**
tu	aim**as**	fin**is**	b**us**
il/elle/on	aim**a**	fin**it**	b**ut**
nous	aim**âmes**	fin**îmes**	b**ûmes**
vous	aim**âtes**	fin**îtes**	b**ûtes**
ils/elles	aim**èrent**	fin**irent**	b**urent**

Note   Type 3 verbs form the past historic either with **-us** or **-is**. Often, if the past participle of the verb ends in **-u**, the past historic of the verb will be of the **-us** type (exception: *vendu*, but *vendis*).

j'ai aperçu   *j'aperçus*
j'ai connu   *je connus*

There are other exceptions: consult the verb tables on pages 203–8.

6.8.3

Avoir and *être* form their past historic as follows:

avoir		être	
j'	eus	je	fus
tu	eus	tu	fus
il/elle/on	eut	il/elle/on	fut
nous	eûmes	nous	fûmes
vous	eûtes	vous	fûtes
ils/elles	eurent	ils/elles	furent

6.8.4

Tenir, *venir* and their compounds form the past historic as follows:

tenir		venir	
je	tins	je	vins
tu	tins	tu	vins
il/elle/on	tint	il/elle/on	vint
nous	tînmes	nous	vînmes
vous	tîntes	vous	vîntes
ils/elles	tinrent	ils/elles	vinrent

6.9 *Conditional present*

6.9.1

Compare the two sentences below.

*Si vous **continuez** à boire, vous **serez** dans un drôle d'état.* — If you continue drinking, you will be in a real state.

*Si vous **continuiez** à boire, vous **seriez** dans un drôle d'état.* — If you continued drinking, you would be in a real state.

In the first sentence, the verbs are in the **present** and **future**. In the second, they are in the **imperfect** and the **conditional**. When a past event is being described, the **future** is replaced by the **conditional** to give the idea of the future in the past.

6.9.2

To form the basic conditional, we add the **imperfect** endings to the **future** stem of the verb.

aimer (type 1)	finir (type 2)	vendre (type 3)
j'aimer**ais**	je finir**ais**	je vendr**ais**
tu aimer**ais**	tu finir**ais**	tu vendr**ais**
il/elle aimer**ait**	il/elle finir**ait**	il/elle vendr**ait**
nous aimer**ions**	nous finir**ions**	nous vendr**ions**
vous aimer**iez**	vous finir**iez**	vous vendr**iez**
ils/elles aimer**aient**	ils/elles finir**aient**	ils/elles vendr**aient**

avoir	être
j'aur**ais**	je ser**ais**
tu aur**ais**	tu ser**ais**
il/elle/on aur**ait**	il/elle/on ser**ait**
nous aur**ions**	nous ser**ions**
vous aur**iez**	vous ser**iez**
ils/elles aur**aient**	ils/elles ser**aient**

*Me **laisserais-tu** partir seule?* — **Would you let** me go off alone?

*Tu **aurais** une petite chance.* — You **might have** a chance.

*Ça **pourrait** finir.* — That **might/could** finish.

*Ils **pourraient** se demander pourquoi.* — They **might** wonder why.

6.9.3

In French, the conditional is also used for reported speech which is open to doubt or conjecture and so it is quite common in journalism, when a report is being made before the facts can be checked. English usually gives this feeling of 'not yet confirmed' by means of a qualifying phrase, e.g. 'it was said that . . .', 'apparently . . .'.

Il y aurait une foule de 12 000 personnes.	There was said to be a crowd of 12,000.
Sa femme ne saurait rien de tout ça.	His wife apparently knows nothing about all that.

6.10 *Conditional perfect*

The **conditional perfect** in French is the equivalent of the English 'should have/would have'. It is formed by using the conditional present of *avoir* or *être* followed by the past participle of the verb.

*Elle **aurait voulu** venir.*	She **would have wanted** to come.
*Autrement, je **serais rentré**.*	Otherwise, I **should have** come back.
*Encore deux minutes et les prisonniers **se seraient échappés**.*	Two more minutes and the prisoners **would have** escaped.
*Le responsable **aurait dû** savoir.*	The person in charge **should have** known.

6.11 *Subjunctive*

6.11.1

Whereas the indicative mood expresses real facts, the **subjunctive mood** communicates certain facts which belong to the mind, i.e. our desires, wishes, fears and regrets. For example, compare these three sentences.

Je sais qu'il reviendra.	I know he'll come back.
Je crains qu'il ne revienne.	I'm afraid he may come back.
Je souhaite qu'il revienne.	I want him to come back.

6.11.2

Normally, to form the **present subjunctive**, we use the stem of the third person plural of the present indicative plus the endings **-e, -es, -e, -ions, -iez, -ent**.

aimer (type 1)	finir (type 2)	vendre (type 3)
j'aim**e**	je finiss**e**	je vend**e**
tu aim**es**	tu finiss**es**	tu vend**es**
il/elle/on aim**e**	il/elle/on finiss**e**	il/elle/on vend**e**
nous aim**ions**	nous finiss**ions**	nous vend**ions**
vous aim**iez**	vous finiss**iez**	vous vend**iez**
ils/elles aim**ent**	ils/elles finiss**ent**	ils/elles vend**ent**

However, as you might expect, *avoir* and *être* are irregular.

avoir	être
j'aie	*je sois*
tu aies	*tu sois*
il/elle/on ait	*il/elle/on soit*
nous ayons	*nous soyons*
vous ayez	*vous soyez*
ils/elles aient	*ils/elles soient*

6.11.3

The subjunctive is used after:

- *il faut* or another order + *que*

*Il **faut que vous alliez** à la banque.*	You **have to go** to the bank./**It's essential that you go** to the bank.

- an emotion + *que*, the most common expressions being:

désirer que, vouloir que, souhaiter que, aimer mieux que, s'étonner que, regretter que, préférer que, être content/curieux/désolé/fâché/heureux/honteux/ravi que

Je m'étonne qu'elle soit venue.	I'm astonished that she came.
Elle est contente que tu réussisses.	She's pleased you are succeeding.
Il préfère qu'elle parte.	He prefers her to leave.

- the following expressions:

bien que	*afin que*
quoique	*pour que*
avant que	*sans que*
pourvu que	*supposé que*
jusqu'à ce que	*que . . . que*
à condition que	*non que*
à moins que (+ *ne*)	

Pour que tu saches la vérité . . .	So that you (may) know the truth . . .
Pourvu qu'il fasse le nécessaire . . .	Provided he does what's necessary . . .
Bien qu'il réagisse comme ça . . .	Although he reacts/may react like that . . .

6.11.4

Although it is not often used, you need to be able to recognise the **imperfect subjunctive** as you may come across it in reading texts, particularly in literature. It is formed by combining the stem of the past historic with the following endings:

-sse, -sses, ^-t, -ssions, -ssiez, -ssent

It is used, like the present subjunctive, where there is some doubt being expressed.

*Il ne pouvait pas croire qu'elle **fût** la même fille.* — He couldn't believe she was the same girl.

*Ils n'ont pas permis que nous **sortissions**.* — They didn't allow us to go out.

In everyday French, the present subjunctive is nearly always used instead of the imperfect subjunctive.

6.12 *Passive*

6.12.1

Look at these two sentences:

Une 205 Peugeot a renversé Mme Bernard. — A Peugeot 205 ran over Mme Bernard.
Les sapeurs-pompiers ont transporté Mme Bernard à l'hôpital. — The fire brigade took Mme Bernard to hospital.

Now look at the following version of these two sentences:

*Mme Bernard **a été renversée** par une 205 Peugeot.* — Mme Bernard **was run over** by a Peugeot 205.

*Mme Bernard **a été transportée** par les sapeurs-pompiers à l'hôpital.* — Mme Bernard **was taken** to hospital by the fire brigade.

In the first version of these two sentences, the **subject** of the verb **does** the action, and we say that the verb is in the **active voice**. In the second version, the **subject** of the verb **receives** the action which is done by someone or something else. Here, we say that the verb is in the **passive voice**.

6.12.2

Because a form of the verb *être* is used in every passive construction, the past participle of the main verb functions like an adjective, agreeing in number and gender with its subject:

*Nous avons été renversé**s**.*
*Elles ont été renversé**es**.*

6.12.3

To form the passive of the verb, French uses the past participle of the verb after the auxiliary *être*. By way of example, here are the passive forms of the first person singular of the verb *transporter*:

present: *je **suis** transporté(e)* = I am taken
imperfect: *j'**étais** transporté(e)* = I was taken
future: *je **serai** transporté(e)* = I will be taken
conditional: *je **serais** transporté(e)* = I would be taken
perfect: *j'**ai été** transporté(e)* = I've been/was taken
pluperfect: *j'**avais été** transporté(e)* = I'd been taken
past historic: *je **fus** transporté(e)* = I was taken

6.13 *Constructions with the infinitive*
6.13.1

In French, you will often come across an infinitive linked to another verb by a preposition, normally *à* or *de*. The following lists give you the most common of these verbs:

***à* + infinitive**

aboutir à	*enseigner à*
s'accoutumer à	*s'habituer à*
aider à	*se hasarder à*
s'amuser à	*hésiter à*
s'appliquer à	*s'intéresser à*
apprendre à	*inviter à*
s'apprêter à	*se mettre à*
arriver à	*s'obstiner à*
s'attendre à	*parvenir à*
avoir à	*passer son temps à*
avoir du mal à	*perdre son temps à*
se borner à	*persister à*
chercher à	*se plaire à*
commencer à	*prendre plaisir à*
consentir à	*se préparer à*
consister à	*renoncer à*
*continuer à**	*se résigner à*
contribuer à	*rester à*
se décider à	*réussir à*
destiner à	*songer à*
encourager à	*tarder à*
engager à	*tenir à*

***de* + infinitive**

accuser de	*conseiller de*
achever de	*se contenter de*
s'arrêter de	*continuer de**
avertir de	*convenir de*
avoir envie de	*craindre de*
avoir peur de	*décider de*
blâmer de	*défendre de*
cesser de	*se dépêcher de*
commander de	*désespérer de*

dire de
s'efforcer de
empêcher de
s'empresser de
s'ennuyer de
essayer de
s'étonner de
éviter de
s'excuser de
faire semblant de
feindre de
féliciter de
finir de
se hâter de
jurer de
manquer de
menacer de
mériter de
offrir de
omettre de
ordonner de
oublier de

pardonner de
parler de
permettre de
persuader de
prendre garde de
prier de
promettre de
proposer de
recommander de
refuser de
regretter de
remercier de
se repentir de
reprocher de
résoudre de
risquer de
soupçonner de
se souvenir de
supplier de
tâcher de
tenter de
se vanter de

*The verb *continuer* may be used with either *à* or *de*.

6.13.2

There is another group of verbs which link **directly** to an infinitive:

Elle **va travailler** avec nous.	She's going to work with us.
L'arbitre **a dû décider** vite.	The referee had to decide quickly.
Je **ne voulais pas rester**.	I didn't want to stay.
Il **faut donner** autant que l'on a reçu.	You should give as much as you have received.

Here is a list to help you:

aimer
aimer mieux
aller
avouer
compter
courir
croire
daigner
déclarer
désirer
devoir
écouter
entendre
entrer
envoyer
espérer

*faire**
falloir
laisser
oser
paraître
pouvoir
préférer
prétendre
regarder
retourner
savoir
sembler
sentir
valoir mieux
voir
vouloir

Faire + infinitive needs special attention. Note the following examples:

Elle le fait siffler.	She makes him whistle.
Elle lui fait siffler la chanson.	She makes him whistle the song.

If *faire* is linked directly to a simple infintive, the pronoun object is direct. If the infinitive has a direct object of its own, the pronoun with *faire* becomes indirect.

Note In spoken French, people tend just to use the direct object in all circumstances, so you may well hear *elle le fait siffler la chanson*.

6.13.3

Certain adjectives are also linked to an infinitive by *à* or *de*:

Je suis **enclin à** vous **croire**.	I'm inclined to believe you.
Sa famille était **heureuse d'accueillir** le jeune Allemand.	His/Her family were happy to welcome the young German.

The following list should be helpful:

à + **infinitive**: *enclin à, disposé à, prêt à, propre à, prompt à, lent à, lourd à, le/la seul(e) à, le premier/la première à, facile à, difficile à*

de + **infinitive**: *heureux de, capable de, certain de, content de, sûr de*

6.13.4

Certain nouns are linked to an infinitive by *de*:

Vous avez **le droit de** vous **plaindre**.	You have the right to make a complaint.
Elle n'a pas eu **le temps de s'échapper**.	She didn't have time to escape.

Here is a list of the most frequent of these nouns:

le besoin de
la bonté de
le désir de
le droit de

l'honneur de
l'occasion de
le plaisir de

6.13.5

Beaucoup, plus, moins, trop, suffisamment, quelque chose, rien and *énormément* are linked to an infinitive by *à*:

*Le déménagement lui avait donné **beaucoup à faire**.*	Moving house had given him/her a lot to do.
*Elle avait **moins à rattraper** que lui.*	She had less to catch up than him.
*J'ai **quelque chose à** leur **dire**.*	I've got something to tell them.
*Il n'a jamais **rien à faire**.*	He's never got anything to do.

Nouns can be linked to an infinitive in the same manner:

*J'ai des tas de choses **à** faire.*	I've got loads to do.
*J'ai un examen **à** passer.*	I've got an exam to sit.

6.13.6

Pour/Afin de and *sans* link directly to an infinitive. They are used frequently in both spoken and written French.

***Pour améliorer** leur connaissance en langue étrangère . . .*	To improve their knowledge of a foreign language . . .
***Pour avoir** si souvent **dormi** . . .*	Because I had slept so often . . .
*Je suis trop âgée **pour suivre** des cours à la fac.*	I'm too old to take a college course.
***Afin de répondre** à tous les types de demandes . . .*	In order to respond to all types of demand . . .
***Sans vouloir** vous insulter . . .*	Without wishing to insult you . . .

Irregular Verb Table

Infinitive	Past participle / Present participle	Present	Future	Conditional	Perfect	Pluperfect	Imperfect	Past historic
ACHETER	acheté achetant	j'achète tu achètes il/elle/on achète nous achetons vous achetez ils/elles achètent	j'achèterai	j'achèterais	j'ai acheté	j'avais acheté	j'achetais	j'achetai
ALLER	allé allant	je vais tu vas il/elle/on va nous allons vous allez ils/elles vont	j'irai	j'irais	je suis allé(e)	j'étais allé(e)	j'allais	j'allai
APPELER	appelé appelant	j'appelle tu appelles il/elle/on appelle nous appelons vous appelez ils/elles appellent	j'appellerai	j'appellerais	j'ai appelé	j'avais appelé	j'appelais	j'appelai
APPRENDRE voir PRENDRE								
S'ASSEOIR	assis asseyant	je m'assieds tu t'assieds il/elle/on s'assied nous nous asseyons vous vous asseyez ils/elles s'asseyent	je m'assiérai	je m'assiérais	je me suis assis(e)	je m'étais assis(e)	je m'asseyais	je m'assis
AVOIR	eu ayant	j'ai tu as il/elle/on a nous avons vous avez ils/elles ont	j'aurai	j'aurais	j'ai eu	j'avais eu	j'avais	j'eus
BALAYER	balayé balayant	je balaie tu balaies il/elle/on balaie nous balayons vous balayez ils/elles balaient	je balaierai	je balaierais	j'ai balayé	j'avais balayé	je balayais	je balayai
BATTRE	battu battant	je bats tu bats il/elle/on bat nous battons vous battez ils/elles battent	je battrai	je battrais	j'ai battu	j'avais battu	je battais	je battis
BOIRE	bu buvant	je bois tu bois il/elle/on boit nous buvons vous buvez ils/elles boivent	je boirai	je boirais	j'ai bu	j'avais bu	je buvais	je bus
CHANGER voir MANGER								
COMMENCER	commencé commençant	je commence tu commences il/elle/on commence nous commençons vous commencez ils/elles commencent	je commencerai	je commencerais	j'ai commencé	j'avais commencé	je commençais	je commençai
COMPRENDRE voir PRENDRE								
CONDUIRE	conduit conduisant	je conduis tu conduis il/elle/on conduit nous conduisons vous conduisez ils/elles conduisent	je conduirai	je conduirais	j'ai conduit	j'avais conduit	je conduisais	je conduisis
CONNAÎTRE	connu connaissant	je connais tu connais il/elle/on connaît nous connaissons vous connaissez ils/elles connaissent	je connaîtrai	je connaîtrais	j'ai connu	j'avais connu	je connaissais	je connus
CONSTRUIRE voir CONDUIRE								

Infinitive	Past participle / Present participle	Present	Future	Conditional	Perfect	Pluperfect	Imperfect	Past historic
CORRIGER	corrigé corrigeant	je corrige tu corriges il/elle/on corrige nous corrigeons vous corrigez ils/elles corrigent	je corrigerai	je corrigerais	j'ai corrigé	j'avais corrigé	je corrigeais	je corrigeai
COURIR	couru courant	je cours tu cours il/elle/on court nous courons vous courez ils/elles courent	je courrai	je courrais	j'ai couru	j'avais couru	je courais	je courus
COUVRIR voir **OUVRIR**								
CROIRE	cru croyant	je crois tu crois il/elle/on croit nous croyons vous croyez ils/elles croient	je croirai	je croirais	j'ai cru	j'avais cru	je croyais	je crus
DÉCOUVRIR voir **OUVRIR**								
DÉCRIRE voir **ÉCRIRE**								
DÉRANGER voir **MANGER**								
DESCENDRE	descendu descendant	je descends tu descends il/elle/on descend nous descendons vous descendez ils/elles descendent	je descendrai	je descendrais	je suis descendu(e)	j'étais descendu(e)	je descendais	je descendis
DEVENIR voir **VENIR**								
DEVOIR	dû devant	je dois tu dois il/elle/on doit nous devons vous devez ils/elles doivent	je devrai	je devrais	j'ai dû	j'avais dû	je devais	je dus
DIRE	dit disant	je dis tu dis il/elle/on dit nous disons vous dites ils/elles disent	je dirai	je dirais	j'ai dit	j'avais dit	je disais	je dis
DIRIGER voir **CORRIGER**								
DISPARAÎTRE voir **PARAÎTRE**								
DORMIR	dormi dormant	je dors tu dors il/elle/on dort nous dormons vous dormez ils/elles dorment	je dormirai	je dormirais	j'ai dormi	j'avais dormi	je dormais	je dormis
ÉCRIRE	écrit écrivant	j'écris tu écris il/elle/on écrit nous écrivons vous écrivez ils/elles écrivent	j'écrirai	j'écrirais	j'ai écrit	j'avais écrit	j'écrivais	j'écrivis
S'ENDORMIR	endormi endormant	je m'endors tu t'endors il/elle/on s'endort nous nous endormons vous vous endormez ils/elles s'endorment	je m'endormirai	je m'endormirais	je me suis endormi(e)	je m'étais endormi(e)	je m'endormais	je m'endormis
S'ENNUYER	ennuyé ennuyant	je m'ennuie tu t'ennuies il/elle/on s'ennuie nous nous ennuyons vous vous ennuyez ils/elles s'ennuient	je m'ennuierai	je m'ennuierais	je me suis ennuyé(e)	je m'étais ennuyé(e)	je m'ennuyais	je m'ennuyai
ENVOYER	envoyé envoyant	j'envoie tu envoies il/elle/on envoie nous envoyons vous envoyez ils/elles envoient	j'enverrai	j'enverrais	j'ai envoyé	j'avais envoyé	j'envoyais	j'envoyai
ÉPELER voir **APPELER**								

Infinitive	Past participle / Present participle	Present	Future	Conditional	Perfect	Pluperfect	Imperfect	Past historic
ESPÉRER	espéré espérant	j'espère tu espères il/elle/on espère nous espérons vous espérez ils/elles espèrent	j'espérerai	j'espérerais	j'ai espéré	j'avais espéré	j'espérais	j'espérai
ESSAYER	essayé essayant	j'essaie tu essaies il/elle/on essaie nous essayons vous essayez ils/elles essaient	j'essaierai	j'essaierais	j'ai essayé	j'avais essayé	j'essayais	j'essayai
ÊTRE	été étant	je suis tu es il/elle/on est nous sommes vous êtes ils/elles sont	je serai	je serais	j'ai été	j'avais été	j'étais	je fus
EXAGÉRER voir **ESPÉRER**								
FAIRE	fait faisant	je fais tu fais il/elle/on fait nous faisons vous faites ils/elles font	je ferai	je ferais	j'ai fait	j'avais fait	je faisais	je fis
FALLOIR	fallu	il faut	il faudra	il faudrait	il a fallu	il avait fallu	il fallait	il fallut
SE LEVER	levé levant	je me lève tu te lèves il/elle/on se lève nous nous levons vous vous levez ils/elles se lèvent	je me lèverai	je me lèverais	je me suis levé(e)	je m'étais levé(e)	je me levais	je me levai
LIRE	lu lisant	je lis tu lis il/elle/on lit nous lisons vous lisez ils/elles lisent	je lirai	je lirais	j'ai lu	j'avais lu	je lisais	je lus
LOGER voir **MANGER**								
MANGER	mangé mangeant	je mange tu manges il/elle/on mange nous mangeons vous mangez ils/elles mangent	je mangerai	je mangerais	j'ai mangé	j'avais mangé	je mangeais	je mangeai
MENACER voir **COMMENCER**								
METTRE	mis mettant	je mets tu mets il/elle/on met nous mettons vous mettez ils/elles mettent	je mettrai	je mettrais	j'ai mis	j'avais mis	je mettais	je mis
MOURIR	mort mourant	je meurs tu meurs il/elle/on meurt nous mourons vous mourez ils/elles meurent	je mourrai	je mourrais	je suis mort(e)	j'étais mort(e)	je mourais	je mourus
NAGER voir **MANGER**								
NAÎTRE	né naissant	je nais tu nais il/elle/on naît nous naissons vous naissez ils/elles naissent	je naîtrai	je naîtrais	je suis né(e)	j'étais né(e)	je naissais	je naquis
NÉGLIGER voir **CORRIGER**								
NETTOYER	nettoyé nettoyant	je nettoie tu nettoies il/elle/on nettoie nous nettoyons vous nettoyez ils/elles nettoient	je nettoierai	je nettoierais	j'ai nettoyé	j'avais nettoyé	je nettoyais	je nettoyai
OBTENIR voir **TENIR**								
OFFRIR voir **OUVRIR**								

Infinitive	Past participle / Present participle	Present	Future	Conditional	Perfect	Pluperfect	Imperfect	Past historic
OUVRIR	ouvert / ouvrant	j'ouvre, tu ouvres, il/elle/on ouvre, nous ouvrons, vous ouvrez, ils/elles ouvrent	j'ouvrirai	j'ouvrirais	j'ai ouvert	j'avais ouvert	j'ouvrais	j'ouvris
PARAÎTRE	paru / paraissant	je parais, tu parais, il/elle/on paraît, nous paraissons, vous paraissez, ils/elles paraissent	je paraîtrai	je paraîtrais	j'ai paru	j'avais paru	je paraissais	je parus
PARTIR	parti / partant	je pars, tu pars, il/elle/on part, nous partons, vous partez, ils/elles partent	je partirai	je partirais	je suis parti(e)	j'étais parti(e)	je partais	je partis
PAYER	payé / payant	je paie, tu paies, il/elle/on paie, nous payons, vous payez, ils/elles paient	je paierai	je paierais	j'ai payé	j'avais payé	je payais	je payai
PERMETTRE voir **METTRE**								
PLACER voir **COMMENCER**								
SE PLAINDRE	plaint / plaignant	je me plains, tu te plains, il/elle/on plaint, nous nous plaignons, vous vous plaignez, ils/elles se plaignent	je me plaindrai	je me plaindrais	je me suis plaint(e)	je m'étais plaint(e)	je me plaignais	je me plaignis
PLAIRE	plu / plaisant	je plais, tu plais, il/elle/on plaît, nous plaisons, vous plaisez, ils/elles plaisent	je plairai	je plairais	j'ai plu	j'avais plu	je plaisais	je plus
PLEUVOIR	plu / pleuvant	il pleut	il pleuvra	il pleuvrait	il a plu	il avait plu	il pleuvait	il plut
POUVOIR	pu / pouvant	je peux, tu peux, il/elle/on peut, nous pouvons, vous pouvez, ils/elles peuvent	je pourrai	je pourrais	j'ai pu	j'avais pu	je pouvais	je pus
PRÉFÉRER voir **ESPÉRER**								
PRENDRE	pris / prenant	je prends, tu prends, il/elle/on prend, nous prenons, vous prenez, ils/elles prennent	je prendrai	je prendrais	j'ai pris	j'avais pris	je prenais	je pris
PRODUIRE voir **CONDUIRE**								
SE PROMENER	promené / promenant	je me promène, tu te promènes, il/elle/on se promène, nous nous promenons, vous vous promenez, ils/elles se promènent	je me promènerai	je me promènerais	je me suis promené(e)	je m'étais promené(e)	je me promenais	je me promenai
PROMETTRE voir **METTRE**								
PRONONCER voir **COMMENCER**								
RANGER voir **MANGER**								
RAPPELER voir **APPELER**								
RECEVOIR	reçu / recevant	je reçois, tu reçois, il/elle/on reçoit, nous recevons, vous recevez, ils/elles reçoivent	je recevrai	je recevrais	j'ai reçu	j'avais reçu	je recevais	je reçus
RECOMMENCER voir **COMMENCER**								
RECONNAÎTRE voir **CONNAÎTRE**								

Infinitive	Past participle / Present participle	Present	Future	Conditional	Perfect	Pluperfect	Imperfect	Past historic
RÉDUIRE voir **CONDUIRE**								
REMETTRE voir **METTRE**								
REMPLACER voir **COMMENCER**								
REPRENDRE voir **PRENDRE**								
RESTER	resté restant	je reste tu restes il/elle/on reste nous restons vous restez ils/elles restent	je resterai	je resterais	je suis resté(e)	j'étais resté(e)	je restais	je restai
RETENIR voir **TENIR**								
RÉVÉLER voir **ESPÉRER**								
REVENIR voir **VENIR**								
REVOIR voir **VOIR**								
RINCER voir **COMMENCER**								
RIRE	ri riant	je ris tu ris il/elle/on rit nous rions vous riez ils/elles rient	je rirai	je rirais	j'ai ri	j'avais ri	je riais	je ris
SATISFAIRE voir **FAIRE**								
SAVOIR	su sachant	je sais tu sais il/elle/on sait nous savons vous savez ils/elles savent	je saurai	je saurais	j'ai su	j'avais su	je savais	je sus
SENTIR	senti sentant	je sens tu sens il/elle/on sent nous sentons vous sentez ils/elles sentent	je sentirai	je sentirais	j'ai senti	j'avais senti	je sentais	je sentis
SERVIR	servi servant	je sers tu sers il/elle/on sert nous servons vous servez ils/elles servent	je servirai	je servirais	j'ai servi	j'avais servi	je servais	je servis
SORTIR	sorti sortant	je sors tu sors il/elle/on sort nous sortons vous sortez ils/elles sortent	je sortirai	je sortirais	je suis sorti(e)	j'étais sorti(e)	je sortais	je sortis
SOUFFRIR	souffert souffrant	je souffre tu souffres il/elle/on souffre nous souffrons vous souffrez ils/elles souffrent	je souffrirai	je souffrirais	j'ai souffert	j'avais souffert	je souffrais	je souffris
SOURIRE voir **RIRE**								
SE SOUVENIR voir **VENIR**								
SUFFIRE	suffi suffisant	je suffis tu suffis il/elle/on suffit nous suffisons vous suffisez ils/elles suffisent	je suffirai	je suffirais	j'ai suffi	j'avais suffi	je suffisais	je suffis
SUIVRE	suivi suivant	je suis tu suis il/elle/on suit nous suivons vous suivez ils/elles suivent	je suivrai	je suivrais	j'ai suivi	j'avais suivi	je suivais	je suivis
SURPRENDRE voir **PRENDRE**								
SE TAIRE	tu taisant	je me tais tu te tais il/elle/on se tait nous nous taisons vous vous taisez ils/elles se taisent	je me tairai	je me tairais	je me suis tu(e)	je m'étais tu(e)	je me taisais	je me tus

Infinitive	Past participle Present participle	Present	Future	Conditional	Perfect	Pluperfect	Imperfect	Past historic
TENIR	tenu tenant	je tiens tu tiens il/elle/on tient nous tenons vous tenez ils/elles tiennent	je tiendrai	je tiendrais	j'ai tenu	j'avais tenu	je tenais	je tins
TRADUIRE voir **CONDUIRE**								
VALOIR	valu valant	je vaux tu vaux il/elle/on vaut nous valons vous valez ils/elles valent	je vaudrai	je vaudrais	j'ai valu	j'avais valu	je valais	je valus
VENIR	venu venant	je viens tu viens il/elle/on vient nous venons vous venez ils/elles viennent	je viendrai	je viendrais	je suis venu(e)	j'étais venu(e)	je venais	je vins
VIVRE	vécu vivant	je vis tu vis il/elle/on vit nous vivons vous vivez ils/elles vivent	je vivrai	je vivrais	j'ai vécu	j'avais vécu	je vivais	je vécus
VOIR	vu voyant	je vois tu vois il/elle/on voit nous voyons vous voyez ils/elles voient	je verrai	je verrais	j'ai vu	j'avais vu	je voyais	je vis
VOULOIR	voulu voulant	je veux tu veux il/elle/on veut nous voulons vous voulez ils/elles veulent	je voudrai	je voudrais	j'ai voulu	j'avais voulu	je voulais	je voulus
VOYAGER voir **MANGER**								

Vocabulary

The first meaning(s) of each word or phrase in this list corresponds to its use(s) in the context of this book. Alternative meanings are **sometimes** given to avoid confusion, especially if these meanings are more common. This list contains only the vocabulary found in *Droit au but!* – it does **not** replace your dictionary (see page 183). Adjectives have been given in the masculine singular form only.

A

à l'eau de rose   *sentimental, soppy*
à l'instar de   *after the fashion of*
à la rigueur   *if need be, possibly, at a pinch*
à souhait   *perfect(ly), exactly right*
abîmer   *to ruin, spoil*
accablant   *damning; overwhelming*
s'acharner   *to go/work at furiously, unrelentingly*
actif   *working; active*
action (f) sociale   *social services*
affalé   *slumped, collapsed*
affectation (f)   *appointment, posting*
affecté   *appointed, posted; affected*
affectif   *emotional*
agrégé (m)   *a secondary school teacher who has passed the highly competitive* agrégation *exam*
aide-soignante (f)   *nursing auxiliary, State Enrolled Nurse*
aller bon train   *to make good progress*
alliance (f)   *bond, union*
allocations (fpl) familiales   *family allowance, child benefit*
antan: d'antan   *of yesteryear, of long ago*
antenne (f) parabolique   *satellite dish*
anthropométrie (f)   *anthropometry: the scientific study of human-body measurements*
anxiolytique   *tranquillising, calming*
apanage (m)   *prerogative, privilege*
apparat (m)   *pomp*
apport (m)   *contribution, supply*
apprendre à ses dépens   *to learn to one's cost*
arc-bouter   *to buttress*
arnaque: c'est de l'arnaque (fam.)   *it's a rip-off*
s'arracher quelque chose   *to fight over something*
arranger   *to suit, be convenient*
arrêté   *fixed, firm*
s'assumer   *to come to terms with oneself*
assurance (f)   *insurance*
astreinte (f)   *constraint, obligation*
atout (m)   *advantage; trump*
s'atteler à   t*o get down to, get busy with*
aulne (m)   *alder*
austral   *southern*

avoir maille à partir avec   *to get into trouble with, have a brush with*
avoir de la poigne   *to be firm(-handed)*
azote (m)   *nitrogen*

B

bafoué   *flouted, scorned*
bagne (m)   *hard labour*
balaise (or balèze) (fam.)   *hefty, brawny*
baliser   *to signpost, mark out*
baragouinage (m)   *gibberish*
baraque (f) (fam.)   *shack*
barbouillé   *smeared*
bariolage (m)   *riot (of colours)*
bas (m) de laine   *savings, nest-egg*
basculement (m)   *re-orientation; swing; overturning*
basculer   *to fall apart, topple over; to swing (over)*
bâton (m): retour de bâton   *kickback (as of gunshot)*
baver: en baver (fam.)   *to have a hard time of it*
bavure (f)   *'unfortunate mistake' (ironic); blot*
benne (f)   *truck*
berge (f)   *(river)bank*
besogne (f)   *job, work*
biais (m)   *device, expedient;* par le biais de   *by means of*
bide (m) (fam.)   *flop*
bigre (fam.)   *gosh!*
blafard   *pale, pallid*
Blédine (f)   *brand of baby cereal*
bobard (m) (fam.)   *lie, fib, tall story*
bordereau (m)   *note, slip*
bosse: avoir la bosse des maths   *to be good at maths*
bosser   *to slog/slave away, work hard*
bouc (m) émissaire   *scapegoat*
boucler   *to surround, seal off*
bouclier (m)   *(riot) shield*
braise (f)   *ember;* aux yeux de braise   *fiery eyed*
braquer   *to pull a gun on*
bredouiller   *to stammer (something)*
brevet (m)   *certificate, diploma*
bribe (f)   *snatch (of conversation), scrap*
brimade (f)   *vexation*
brin (m)   *bit;* un brin foufou   *a bit scatty*
briquet (m)   *cigarette lighter*

brouiller   *to blur, mist up*
brouter de   *to graze on*
BTS (m) (Brevet de technicien supérieur)
   vocational qualification taken after baccalauréat
bulletin (m)   *school report; bulletin, report*
buté   *stubborn, obstinate*

C

cabale (f)   *conspiracy, cabal*
cachet (m)   *fee; tablet; character*
cadre (m) de vie   *living environment*
cafouilleux (fam.)   *chaotic*
cage (f) d'escalier   *stairwell*
caïd (m)   *'big shot'*
calanque (f)   *rocky inlet*
câlin (m)   *cuddle*
carcan (m)   *shackles, yoke, restraint*
caritatif   *charitable*
carrelé   *tiled*
ce n'est pas demain la veille   *it's not going to happen in a hurry*
censé   *supposed to*
chaire (f)   *pulpit; rostrum*
chaloupé   *rolling*
se chamailler   *to squabble, row, bicker*
chantage (m)   *blackmail*
chapardage (m)   *pilfering, petty theft*
charnière (f)   *crossover; turning point*
chauffard (m)   *hit-and-run driver; reckless driver*
chétif   *sickly*
chiffre (m) d'affaires   *turnover*
chope (f)   *tankard, 'pint'*
CHR (m) (centre hospitalier régional)   *regional hospital*
cible (m)   *target*
citrouille (f)   *pumpkin*
claque (f)   *blow, slap in the face*
cliché (m)   *photo, negative*
clope (m/f) (fam.)   *cigarette, fag*
colonie (f) (de vacances)   *summer camp*
colza (m)   *rapeseed*
combines (fpl)   *schemes, fiddles*
complaisant   *indulgent*
complice (m/f)   *accomplice*
concubinage (m)   *living together, cohabitation*
conjoint (m)   *spouse*
conscience (f)   *awareness*
convoiter   *to covet*
copeaux (mpl)   *wood shavings*
copie (f)   *print, version (of film)*
coquet   *smart, well turned-out*
costaud   *sturdy, well built*
se cotiser   *to club together*
coup (m) de fil (fam.)   *phone call*
craquant (fam.)   *cute, irresistible*
craquer   *to crack, fall apart; to creak, crunch, crackle*

D

décalé   *moved forward or back*
décès (m)   *death*

décharge (f)   *rubbish tip, dump*
déchets (mpl)   *waste, rubbish, refuse*
se décontracter   *to relax*
défi (m)   *challenge*
se défoncer (fam.)   *to work like a dog*
défrayer la chronique   *to be in the news*
défricher   *to clear*
délaisser   *to abandon, desert*
demeure (f)   *residence*
désuet   *outdated, old-fashioned*
digue (f) de mer   *sea wall*
délit (m)   *crime, offence*
démarreur (m)   *starter (for engines)*
démissionner   *to resign, hand in one's notice*
se dépêtrer   *to extricate oneself*
dépotoir (m)   *rubbish dump, tip*
dérapage (m)   *something that has got out of hand; skid*
dérive: partir à la dérive   *to go drifting off*
se dérober   *to shy away; to slip away*
désaffecté   *disused*
DESS (m) (Diplôme d'études supérieures spécialisées)   *postgraduate diploma in an applied subject (one year)*
détendre   *to relax, ease tension*
détenir   *to hold*
devis (m)   *estimate, quote*
devise (f)   *currency; motto*
différend (m)   *difference of opinion, disagreement*
dispositif (m)   *plan of action; device*
se donner une contenance   *to give an impression of composure, to disguise lack of composure*
douillet   *cosy, snug*

E

éblouir   *to dazzle*
éclaboussé   *spattered*
s'éclipser (fam.)   *to clear off, slip away*
écolo (m/f) (fam.)   *environmentalist*
écouteurs (mpl)   *headphones*
écrin (m)   *casket, case*
égrener   *to shell, pick (fruit) off*
émarger   *to draw one's salary, be paid*
embaucher   *to take on, hire*
emblée: d'emblée   *straight away, at once*
éméché   *tipsy, merry*
émoussé   *blunted, dulled*
s'émouvoir   *to be moved, upset*
s'emparer   *to seize, grab*
empesté   *stinking*
emprunté   *self-conscious, awkward*
en boucle   *end-to-end*
en cachette   *on the sly, secretly*
en cavale   *on the run*
en deçà de   *short of; on this side of*
en garde à vue   *in police custody*
en pointillé   *stop-and-start*
en prime   *to boot; prime (f)   free gift*
en revanche   *on the other hand*
en tête   *in the lead*
en vrac   *higgledy-piggledy, jumbled up; in bulk*

engoncé *cramped, restricted, tight in*
engouement (m) *infatuation, craze, fad*
engrenage (m) *system; vicious circle*
enjeu (m) *(something at) stake, important issue*
enrayer *to check, stop*
entraînement (m) *driving force; training*
entrave (f) *constraint, obstacle*
s'épancher auprès de *to pour out one's feelings to, open one's heart to*
épanoui *beaming, radiant*
épater *to amaze, impress*
éperon (m) *outcrop, spur*
éreinté (fam.) *shattered, worn out*
escarmouche (f) *skirmish*
escroquerie (f) *fraud, swindling*
essor (m) *rapid expansion*
essuyer les plâtres (fam.) *to have all the initial problems to put up with*
estaminet (m) *tavern*
estivant (m) *summer visitor*
étancher *to quench; to staunch*
état-major (m) *staff; staff headquarters*
étau (m) *vice;* l'étau se resserre *the noose is tightening*
être bien/mal dans sa peau (fam.) *to feel at ease/ ill-at-ease with oneself*
être bien dans sa tête (fam.) *to have one's head screwed on*
être du ressort de *to be the responsibility of*
étrier (m) *stirrup*
exigeant *demanding*
exutoire (m) *outlet, release*

F

faire le cochon pendu (fam.) *to hang upside down (hooking one's knees round a bar)*
faire les frais de *to be the main subject of*
faire la part belle à *to give (someone) more than his/her due*
faire preuve de *to show*
(se) faire son trou (fam.) *to make a niche for oneself*
faire la une *to be front-page news*
faste (m) *splendour, pomp*
féerie (f) *spectacular; enchanted world*
ferme: ça puait ferme *it stank something awful;* cinq ans de prison ferme *a full five years' imprisonment*
figurant (m) *(film) extra*
filature (f) *mill; spinning; tailing, shadowing*
filer (fam.) *to clear off, dash off*
filière (f) *career path*
fléau (m) *scourge, curse*
fleuret (m) *foil (in fencing)*
flirt (m) *brief romance; boyfriend/girlfriend*
forçat (m) *convict*
force est de (+ inf.) *one has to*
fortune: de fortune *makeshift, rough-and-ready*
fourgon (m) cellulaire *police/prison van*
frangine (f) (fam.) *sister*
frayère (f) *spawning ground*

frime: c'est pour la frime (fam.) *it's just for show, just to impress*
frimer *to show off*
se fringuer (fam.) *to get done/dressed up*
fringues (fpl) (fam.) *clothes, gear*
fumiste (m/f) *phoney; skiver*

G

gâchette (f) *trigger*
gâchis (m) *waste; mess*
galère: c'est la galère *it's a grind*
galon (m) *stripe; braid*
garde (f) *childcare; care*
gardes (mpl) champêtres *rural police*
garrigue (f) *scrubland*
gaver *to feed non-stop, stuff*
gent: la gent féminine *the fair sex;* gent (f) *tribe, race*
(le) gîte et (le) couvert *board and lodging*
gouailleur *cheeky, cocky*
goujat (m) *lout, boor*
goûter (m) *(after-school) snack*
graphie (f) *way of writing*
gravier (m) *gravel*
grignoter *to gnaw/nibble/eat away at*
grisé *carried away;* l'argent l'a grisé *the money went to his head*
gros plan (m) *close-up*
grouiller *to mill about, swarm*

H

haltérophile (m/f) *weight lifter*
haut de gamme *up-market*
HEC (f) (l'école des Hautes études commerciales) *top French business college*
helvétique *Swiss*
Hémicycle (m) (de l'Assemblée nationale) *benches of the National Assembly (Parliament)*
HLM (m/f) (habitation à loyer modéré) *council flat (equivalent)*
hormis *besides*
hors-jeu (m) *offside*
houblon (m) *hop*
houleux *tumultuous; stormy*
huissier (m) *bailiff; usher*

I

ibérique *Iberian, i.e. Spanish or Portuguese*
illico *straight away, pronto*
inadapté *maladjusted, with behavioural problems*
indemnisé *compensated, indemnified*
indemnité (f) *payment, allowance*
inébranlable *steadfast, unwavering*
infatigable *indefatigable, tireless*
inopiné *unexpected, sudden*
intégral *complete*
intégrant: faire partie intégrante de *to be an integral part of*
interpeller *to question; to arrest; to attack verbally*
IUT (m) (Institut universitaire de technologie) *institute teaching two-year technical courses*

J

jalonner   *to line, stretch along*
jaser   *to chat away*
jauger   *to size up*
jeter de la poudre aux yeux de quelqu'un   *to impress someone*
juteux   *lucrative; juicy*

K

kinésithérapeute (m/f)   *physiotherapist*

L

lande (f)   *moor*
laque (f)   *hair-spray*
léché   *polished*
lésiner sur   *to skimp on*
lézarder au soleil   *to bask in the sun*
licencier   *to make redundant, lay off*
limoger   *to dismiss, fire*
logiciel (m)   *software, application program*
lorgner sur   *to have one's eye on, to eye (up)*
louper (fam.)   *to mess up, flunk*
lune: vieilles lunes (fpl)   *outdated ideas*

M

mail (m)   *e-mail*
main-d'œuvre (f)   *workforce*
malin   *smart, clever; cunning*
mamie (f) gâteau   *softie of a granny*
manège (m)   *(pony) ring; fairground merry-go-round*
marécageux   *marshy*
marraine (f)   *godmother*
se marrer (fam.)   *to have a good laugh*
mas (m)   *house or farm in South of France*
mât (m)   *pole, post; mast*
matou (m)   *tomcat*
matraque (f)   *cosh, truncheon*
mécène (m)   *patron*
mégot (m) (fam.)   *cigarette end, fag end*
mesquin   *mean, stingy, petty*
mets (m)   *dish*
midinette (f)   *young shopgirl, office girl*
mièvrerie (f)   *sentimentality, mawkishness*
minerai (m) de fer   *iron ore*
miroiter   *to sparkle, gleam;* faire miroiter   *to paint in glowing colours, to paint an enticing picture of*
mobile (m)   *motive*
môme (m/f)   *kid*
monoparental   *single-parent*
monstre (m) sacré   *idol, star*

N

nappe (f) phréatique   *groundwater*
navrant   *distressing, upsetting*
NDLR (f) (note de la rédaction)   *ed. (editor's note)*
névralgique: le centre/point névralgique   *nerve centre*
nocif   *harmful*
nuisances (fpl)   *pollution*
nul   *useless, worthless; hopeless; nil*

O

opiner du bonnet   *to nod (in agreement)*
ordonnance (f)   *prescription*
ores: d'ores et déjà   *already*
ornière (f)   *rut*
d'outre-Rhin   *from across the Rhine, i.e. German*

P

pacotille (f)   *cheap trash*
pagaille (f)   *mess, shambles;* semer la pagaille   *to mess (something) up*
palmarès (m)   *list of winners, list of best*
pan (m)   *part, section*
Panurge: être un/se conduire en mouton de Panurge   *to follow like a sheep*
parpaing (m)   *breeze-block*
parrain (m)   *godfather*
passer aux aveux   *to make a confession*
patrimoine (m)   *heritage, inheritance*
paumé (fam.)   *screwed up, dropped-out*
pavillon (m)   *house, lodge*
pécule (m)   *savings, nest-egg*
pédiatre (m/f)   *paediatrician*
pelade (f)   *alopecia (here, 'bare patch')*
peloton (m) de queue   *stragglers*
penaud   *sheepish, contrite*
peser à quelqu'un   *to weigh someone down, get someone down*
piètre   *wretched, sorry, paltry*
piger (fam.)   *to get (it), twig*
piste (f) sonore   *soundtrack*
plaquer (fam.)   *to ditch, drop, chuck in, give up*
plateau (m)   *(film) set*
pleurnicher   *to whine, snivel*
pneumatique (m)   *system of sending messages in tubes, using compressed air; message sent this way*
pognon (m) (fam.)   *dosh, money*
point: un point c'est tout   *and that's that, that's all there is to it*
pointer son nez (fam.)   *to begin to appear on the horizon*
poivré (fam.)   *plastered*
pompon: tenir le pompon (fam.)   *to take the biscuit, to beat everything*
portable (m)   *laptop*
porter sur   *to be about, concern; to focus on*
porte-voix (m)   *megaphone*
potin (m)   *gossip, tittle-tattle; din; fuss*
pour autant   *for all that*
préconiser   *to recommend*
prélèvement (m) de muqueuses/de sang   *mucous/blood sample*
prélever sur   *to deduct from, take from*
premier: jeune premier   *young actor who plays romantic lead*
se prendre en charge   *to take responsibility for oneself*
prendre conscience (de)   *to become aware (of)*
prépa (f) (fam.): classe préparatoire   *class preparing students for entry exams to the Grandes Ecoles*

prestance (f) *presence, bearing*
prévenance (f) *thoughtfulness, consideration*
se priver de *to do without, go without*
procès-verbal (m) *statement; minutes*
provisoirement *temporarily, provisionally*
proxénète (m) *procurer*
proxénétisme (m) *procuring*
puéricultrice (f) *paediatric nurse, nursery nurse*

Q

quitte à (+ inf.) *even if it means*

R

rabibocher (fam.) *to reconcile, bring together (again)*
râblé *stocky*
raccordement (m) *connection, linking*
raclée (f) (fam.) *beating, thrashing*
ragaillardir *to cheer up*
razzia (f) *raid*
récidiver *to re-offend*
réclusion (f) *imprisonment*
recul (m) *distance; decline; recoil*
rédiger *to write, compose, draft*
refiler (fam.) *to fob off (on)*
régal (m) *delight, treat*
(se) régaler *to treat (oneself)*
remaniement (m) *(ministerial) reshuffle; reorganisation*
s'en remettre à *to leave it up to*
remise (f) *presentation, delivery; discount; postponement*
remontant (m) *pick-me-up, tonic*
rentabiliser *to make profitable, make pay*
rentable *profitable, financially viable*
repère (m) *reference point; landmark; marker*
répertorier *to list, itemise*
se représenter *to imagine*
revendiquer *to (lay) claim (to)*
rivage (m) *shore*
rocambolesque *incredible*
roseau (m) *reed*

S

saccadé *spasmodic, halting; jerky*
saccager *to lay waste, wreck, devastate*
scénariste (m/f) *scriptwriter*
serviable *obliging, willing to help*
services (mpl) sanitaires *health services*
sévir *to hold sway*
sevrage (m) *weaning; giving up*
sida (m) (syndrome immunodéficitaire acquis) *AIDS*
sigle (m) *acronym*
sillonner *to criss-cross, cut across*
siroter (fam.) *to sip*

souche (f) *stock*
sous-traitance (f) *subcontracting*
station (f) balnéaire *seaside resort*
stupéfiant (m) *narcotic; (adj.) astounding, staggering*
subventionner *to subsidise, grant funds to*
supplétifs (mpl) *back-up troops*
suture: points (mpl) de suture *stitches*

T

tamis (m) *sieve*
tanner (fam.) *to badger, pester; to tan*
tchatche (f) (fam.) *blethering, yacking, fast-talking*
temps (m) fort *main thrust*
tenir le coup *to hold one's drink*
ténu *tenuous, flimsy*
ternir *to drain of colour; to tarnish*
tête (f) brûlée *desperado*
tirer au sort *to pick at random; to draw lots*
titre: à titre privé *personal, in a private capacity*
toile (f) *(spider's) web; cloth*
tourbière (f) *peat bog*
tournage (m) *shooting (of film)*
tout un chacun *every one of us; anyone and everyone*
toxicomane (m/f) *drug addict*
toxicomanie (f) *drug addiction*
tracas (mpl) *worries*
tracasser (fam.) *to worry, bother*
train-train (m) *humdrum routine*
trempe (f) (fam.) *hiding, thrashing*
trempé *robust, sturdy; soaked, drenched*
tribunal (m) *court (of justice)*
trier *to sort out, grade, select*
trouille: avoir la trouille *to be scared to death*
truquer *to rig, fix; to fiddle; to fake*
TSA (Techniques des systèmes automatisés) *computer studies*

U

uninominaux (mpl) *for a single member*

V

vendeur (m) à la sauvette *(unauthorised) street trader*
verbaliser *to book*
verger (m) *orchard*
villégiature (f) *holiday, vacation*
vivier (m) *fish lake*
vivrier *food-producing*
vouloir: en vouloir à quelqu'un *to hold it against someone;* je m'en veux de … *I could kick myself for …*

Z

zonard (m) (fam.) *dropout*

Acknowledgements

The authors and publishers are grateful to the following for permission to include material in the text:

pp.6–7 Le jeu des sept familles © *Phosphore* – Bayard-Presse, 1998; **p.9** Sondages © *Marie-Claire*, mai 1989; **p.11** extract from *L'Etranger*, Albert Camus © Editions Gallimard; **p.12** Que reste-t-il de nos amours? © *Le Figaro*, 1992; **pp.14–15** Mère-fille: tout sauf l'indifférence © *Prima*, mai 1992; **p.16** Mon bébé souffre d'un manque de présence paternelle © *Femme actuelle*, n° 407; **p.17** *coin infos* from www.diplomatie.fr; **p.19** Avec ma petite-fille je fais du patin à roulettes, Dorothée Jonte © *Le Parisien/Aujourd'hui*, 22/2/98; **p.24** *coin infos* from www.diplomatie.fr; **p.27** Alcool: le fléau des femmes fragiles © *France-Soir*, 1/4/98; **pp.28–9** Dépendance? Mais c'est comme ça que je me décontracte, Frédéric Folliot © *Phosphore* – Bayard-Presse, 1997; **p.30** Cigarettes et stress: la ronde infernale © *Le Parisien/Aujourd'hui*, 28/5/92; **pp.36–7** Drogues douces: la dépénalisation en débat, Régis de Closets © *Le Parisien/Aujourd'hui*, 24/3/98; **pp.38–9** Je donnerais tout pour oublier l'héroïne, Christian Sorg © *Télérama*, 12/10/94; **pp.40–1** Drogue: l'échec suisse, Laurent Mossu © *Le Figaro*; **p.44** Le tour de France du littoral en péril, Jacqueline Meillon © *Le Parisien/Aujourd'hui*; **pp.46–7** Nicolas Hulot apprend aux enfants à respecter la mer, Frédéric Mouchon © *Le Parisien/Aujourd'hui*, 9/4/98; **p.49** *coin infos*, sources: ministère de l'Economie, des Finances et de l'Industrie/Observatoire de l'Energie; Institut français de l'environnement; **p.51** *coin infos*, sources: ministère de l'Aménagement du Territoire et de l'Environnement; Muséum national d'histoire naturelle; Institut français de l'environnement; **p.54** Sauver la nature, Pierre Lachkareff © *France-Dimanche*, 10–16/8/91; **p.55** *coin infos* from www.diplomatie.fr; **p.55** *coin infos*, sources: Unedic; Institut français de l'environnement; **pp.56–7** Etes-vous écolo?, Gina Dalmasso © *Phosphore* – Bayard-Presse, 1998; **pp.58–60** Aperçu historique: l'affaire Dreyfus, Michel de Carné © *Ouest-France*, 15/10/94; **p.61** extract from *Un Sac de billes*, Joseph Joffo, Collection Le Livre de Poche Jeunesse © Hachette Livre; **pp.62–3** Nos parents ne nous parlent pas de leur passé © *Le Parisien/Aujourd'hui*, 16/1/98; **p.65** *coin infos* from www.diplomatie.fr; **p.68** Témoignage © *OK*, 14–20/10/91; **pp.70–1** Maîtriser l'immigration et accueillir l'étranger, Jeanne Ardent © *Ouest-France*, 21/2/97; **p.73** Explosion de colère à la «cité des harkis», Benoît Charpentier © Le Figaro, 24/7/91; **p.74** Fania Niang © *Marie-Claire*; **p.76** Enfants de deux couleurs, Danièle Lederman © *Marie-Claire*, 1988; **pp.80–1** L'âge d'or du cinéma © *Paris-Match*, 23/2/79; **p.84** «Une star doit rester fugitive», Frédéric Mitterrand © *Phosphore* – Bayard-Presse, 1989; **p.87** Les metteurs en scène de la Nouvelle Vague, Danièle Heyman/Michel Delain © *L'Express*, 4/10/80; **p.88** *coin infos* from www.diplomatie.fr; **p.89** *coin infos* from www.diplomatie.fr; **p.91** extract from *Madame Bovary*, Gustave Flaubert © Flammarion; **p.94** La gloire de Pagnol © *Télérama*, 29/8/90; **p.95** extract from *Le Château de ma mère*, Marcel Pagnol, © Bernard de Fallois; **p.97** Maigret et les caves du Majestic, Gérard Pangon © *Télérama*, 5/8/98; **pp.98–9** Les méga-cinémas © *Le Parisien/Aujourd'hui*, 21/6/96; **p.100** Sortir au cinéma © *L'Express magazine*, 6/8/98; **p.100** *coin infos* from www.diplomatie.fr; **p.104** L'Europe dope les traducteurs, Jean Darriulat © *Le Parisien/ Aujourd'hui*, 20–21/12/97; **p.105** *coin infos* from www.diplomatie.fr; **p.106** Adjudant Nadine Maleig; Virginie, un futur «patron» © *La Dépêche du Midi*, 28/6/99; **p.107** *coin infos* from www.diplomatie.fr; **p.108** Quotas de femmes, Catherine Llouquet © *France-Soir*, 31/10/97; **p.111** *coin infos* from www.diplomatie.fr; **p.114** Belgique: Jacques, 67 ans, vit sur ses économies, Paul Bertrand © *Le Parisien/Aujourd'hui*, 20/10/92; **p.118** extract from *Topaze*, Marcel Pagnol, © Bernard de Fallois; **p.121** Deux lycéens condamnés pour avoir joué aux espions, François Vignolle © *Le Parisien/Aujourd'hui*, 5/8/99; **p.124** Enfants perdus © *Le Point*, 17/4/89; **p.128** Elle détourne un hélicoptère pour libérer l'homme qu'elle aime, Patrice Bertrand © *Le Parisien/Aujourd'hui*, 3/3/89; **p.131** Les «pirates du rail» prennent le train en marche, Lucien Miard © *Le Figaro*, 6/8/91; **p.133** Peu de bavures, mais des dérapages © *Le Parisien/Aujourd'hui*, 17/12/97; **pp.140–1** Daniel Cohn-Bendit, Luc Brunet © *L'Etudiant*, 10/97; **p.163** Musique à Montréal, Christophe Bergeron © *La Presse, Montréal*, 3/12/98; **p.165** *coin infos* from www.diplomatie.fr; **p.172** La France vit de la mondialisation, Yann Mens © *Phosphore* – Bayard-Presse, 10/97.

Picture acknowledgements

Cover *The Gulf of Marseilles seen from l'Estaque*, c.1883 (oil on canvas) by Paul Cézanne (1839–1900 © courtesy of the Metropolitan Museum of Art, New York/Roger Viollet, Paris/Bridgeman Art Library, London/ New York; **p.8** Jerrican/Dufeu; **p.9** Jerrican; **p.10** Hoviv; **p.11** *t* Camera Press; *b* cover of *L'Etranger*, Albert Camus, Collection Folio Plus, © Editions Gallimard, Nicholas de Staël, *Figures au bord le la mer*, 1952, Kunstsammlung Nordrhein-Westfalen, Düsseldorf © ADAGP, 1996; **p.14** *t, b* Rex Features; **p.16** Jerrican/Hugo; **p.17** Keith Gibson; **p.18** *l, r* Sally & Richard Greenhill; **p.19** Sally & Richard Greenhill; **p.23** Corbis; **p.25** Rex Features; **p.27** *t* Magnum Photos/Richard Kalvar; *b* Sally & Richard Greenhill; **p.28** Jerrican/Gaillard; **p.32** Colorsport/Andrew Cowie; **p.34** Science Photo Library/Garry Watson; **p.35** Sygma; **p.37** Sygma; **p.38** Jerrican; **p.40** Rex Features; **p.43** Robert Harding; **p.44** Robert Harding; **p.46** *t* Fondation Nicholas Hulot ,*b* Jerrican/Valls; **p.47** AFP; **p.48** Jerrican; **p.51** Robert Harding; **p.53** *l, c* Keith Gibson; *cr* Jerrican/Gable; *tr* Robert Harding; *br* Trip/J Braund; **p.58** Rex Features; **p.59** Historical Newspapers; **p.61** *Un Sac de billes*, Joseph Joffo, Collection Le Livre de Poche Jeunesse © Hachette Livre; **p.62** Magnum Photos/Richard Kalvar; **p.64** cover of *Le Gone du Chaâba*, Azouz Begag, Point-Virgile 39, © Editions du Seuil 1986; **p.66** Impact Photos/Simon Shepheard; **p.68** Sally & Richard Greenhill; **p.70** Rex Features; **p.74** Hutchison Library; **p.78** Rex Features/Sipa; **p.80** *t, b* British Film Institute; **p.81** *l, r* British Film Institute; **p.82** *t, b* Ronald Grant Archive; **p.83** Ronald Grant Archive; **p.84** *l* Ronald Grant Archive; *r* Rex Features; **p.85** Ronald Grant Archive; **p.87** *all* Rex Features; **p.90** Rex Features; **p.91** Ronald Grant Archive; **p.93** Starface; **p.94** British Film Institute; **p.95** Magnum Photos/Martine Franck; **p.100** Cahiers du Cinema; **p.104** John Townson/Creation; **p.106** Jerrican; **p.107** Jerrican/Bramaz; **p.108** Sygma; **p.110** Sally & Richard Greenhill; **p.111** Sygma; **p.112–3** Ronald Grant Archive; **p.114** Hutchison Library; **p.117** Keith Gibson; **p.119** Hoviv; **p.121** Keith Gibson; **p.123** Roger Scruton; **p.124** Keith Gibson; **p.127** Jerrican/Sittler; **p.128** AFP; **p.131** Impact Photos/Michael Dent; **p.133** Jerrican/Labat/ Lanceau; **p.135** Katz Pictures; **p.140** *l* Sygma/J Haillot; *r* Sygma/La Scour; **p.142–3** *t, b* Jerrican; **p.143** *tr, br* Jerrican; *cr* Robert Harding; **p.146** *t* Robert Harding; *b* John Townson/Creation; **p.148** Tourism Flanders-Brussels; **p.150** Belgian Tourist Office; **p.157** Trip Photo Library; **p.158** *l* Impact Photos/Alan le Garsmeur; *r* Magnum Photos/ Stuart Franklin; **p.159** Robert Harding; **p.161** Robert Harding; **p.163** *t* La Presse, *b* Photo Denis Courveille, La Presse; **p.164** Robert Harding; **p.167** *t* Corbis; *b* Robert Harding; **p.168** Trip Photo Library; **p.170** Frank Spooner/Roger Viollet.

(*t* = top, *b* = bottom, *c* = centre, *l* = left, *r* = right)

While every effort has been made to contact copyright holders, the publishers apologise for any omissions, which they will be pleased to rectify at the earliest opportunity.